권능과 축복을 전이 받는 비결을 알려주는 가이드

하나님의 복을 전이 받는 법

강요섭 지음

영들의 전이를 모르면 영적싸움에 실패한다.
성도에게 영들의 전이를 바르게 알리는 책.

축복과 저주의 영의 전이를 바르게 알려주는 책

성령

하나님의 복을 전이 받는 법

성령

들어가는 말

　예수를 믿고 성령으로 거듭난 성도는 축복도 전이 되고, 악한 영도 전이 될 수 있다는 것을 반드시 알아야 합니다. 성도는 육적이면서 영적인 존재입니다. 그래서 성령도 사람을 통하여 하나님의 뜻을 이루려고 합니다. 사단도 사람을 이용하여 세상을 사단의 나라가 되게 하려고 혼신의 노력을 하는 것입니다. 영적 싸움의 과정에서 성도에게 귀신도 침입을 할 수가 있습니다. 성령으로 장악을 당할 수도 있습니다. 다시 말해서 축복도 전이될 수가 있고, 악한 영도 전이될 수가 있습니다.

　성도들이 세상을 살아갈 때에 영들의 전이는 시시각각 이루어지고 있습니다. 그렇기 때문에 성도는 축복의 영과 악한 영의 전이에 대하여 바르게 알고 대처해야 합니다. 저는 이 책에서 독자들에게 어떻게 하면 축복을 전이 받을 수 있는지를 알게 할 것입니다. 축복의 전이는 하나님으로부터 축복을 받은 사람을 통하여 전이 됩니다.

　아무리 성령으로 거듭난 성도라도 육적인 상태가 되면 악한 영의 전이가 될 수 있습니다. 축복도 사람을 통하여 전이되고, 악한 영의 전이 역시 사람을 통하여 전이 된다고 보아야 예방이 가능합니다. 그래서 성도는 사람을 잘 만나야 합니다. 악한 영의 전이를 막으려면 어떻게 해야 합니까? 말씀과 성령으로 충만해야 가능합니다. 사람의 힘과 능력으로는 악한 영의 전이를 막을 수가 없습니다. 반드시 성령으로 충만을 받아야 악한 영의 전이를 방어하고 몰아낼 수가 있는 것입니다. 축복을 전이 받는 것도 중요하지만 받은 축복을 보존하는 것 또한 중요한 것입니다.

  독자들은 이 책을 통하여 축복이 어떻게 전이 되는가를 알게 됩니다. 축복을 전이 받으려면 어떻게 해야 하는지도 알게 됩니다. 반대로 악한 영의 전이는 어떠한 경로를 통하여 자신에게 전이되는 지도 알게 될 것입니다. 아무쪼록 이 책을 통하여 영적인 눈이 열리고 영적으로 사고하는 계기가 되시기를 바랍니다. 아브라함의 축복을 전이 받는 계기가 되시기를 소원합니다.

주후 2013년 05월 20일
충만한 교회 성전에서
저자 강요셉목사.

목　차

들어가는 말-3

1부 축복의 전이

　1장 축복이 전이 되는 통로들-7

　2장 하나님의 축복을 전이 받는 비결-30

　3장 아브라함이 축복을 받은 비결-45

　4장 축복은 기사와 이적을 따라가야 받는다.-58

　5장 축복은 지도자 통해 전이 된다.-71

　6장 성령의 권능을 전이 받는 비결-87

2부 인간생활 간 영의 전이

　7장 일반적인 영의 전이-102

　8장 가정생활 간 영의 전이-121

　9장 친구들을 통한 영의 전이-132

　10장 교우들을 통한 영의 전이-138

　11장 동거를 통한 영의 전이-147

　12장 감정을 통한 영적 전이-156

3부 세상생활 통한 영들의 전이

　13장 시각 매체를 통한 영의 전이-177

　14장 주술적 물건 통한 영의 전이-193

　15장 풍속을 통한 영들의 전이-199

　16장 장소를 통한 영적 전이-206

　17장 전이와 손상을 구별하는 비결-216

4부 영적인 청소

18장 장소에 머무는 귀신이 있다.-235

19장 영적인 청소를 합시다.-246

20장 가정 사업장의 영적 청소-259

21장 마음을 정화시키는 비결-267

22장 영적 진단을 주기적으로 받아라.-273

5부 선과 악의 분별 능력 개발

23장 영적인 묶임을 분별하라-279

24장 명상과 기수련의 위험성-285

25장 영적 상태를 분별하는 비결-292

26장 기도 안수통한 영의 전이-300

27장 영분별은 예방 신앙의 초석-307

28장 영력을 보존하는 비결-315

29장 영의 전이와 영의 흐름-322

30장 영이 약한 사람 특징-330

31장 영적 감각을 예민하게 하는 법-336

32장 영적으로 눌릴 때 조치하는 비결-342

33장 영적 식별력을 기르는 비결-346

34장 영적 충돌을 분별하는 비결-352

35장 자신의 영적상태를 분별하는 비결-359

1부 축복의 전이

1장 축복이 전이되는 통로들

(고전1:12)"내가 이것을 말하거니와 너희가 각각 이르되 나는 바울에게, 나는 아볼로에게, 나는 게바에게, 나는 그리스도에게 속한 자라 한다는 것이니, 그리스도께서 어찌 나뉘었느냐 바울이 너희를 위하여 십자가에 못 박혔으며 바울의 이름으로 너희가 세례를 받았느냐"

하나님은 사람을 통하여 우리에게 축복을 전이 시킵니다. 저는 항상 사람을 잘 만나야 한다고 강조를 합니다. 어떤 유형의 사람을 만나느냐에 따라서 인생이 달라질 수가 있기 때문입니다. 그래서 어린 아이들과 미혼자들을 축복 안수기도 할 때 "예수 이름으로 명하노니 사람을 잘 만나는 축복이 임할 지어다."하면서 안수를 합니다. 제가 이렇게 영적인 글을 써서 책을 출간하는 것도 젊은 시절에 사람을 잘 만났기 때문입니다. 군대에 가서 우수한 장군들을 만나 인생을 성공하는 법들을 배우고 전이 받았습니다.

그래서 저는 축복의 전이는 사람을 통해서 이루어진다는 것을 마음속 깊이 깨달았습니다. 이 책도 성도님들이 사람을 구별하여 만나서 아브라함의 축복을 받으면서 살아가자는 취지에서 책을 쓰는 것입니다. 성경에는 사람을 잘 만나 축복을 받은 실화가 많이 있습니다. 아브라함의 조카 롯은 아브라함을 따르면서 축복을 받았습니다. 그러나 욕심 때문에 소돔 땅을 선택하여 독립을 했다가 망한 사람이 되었습니다. 야곱의 외삼촌 라반은 야곱을 곁에 두므로 하나님의 복을 받았습니다. 애굽의 시위대장 보디발은 요셉을 종으로 들여서 하나님의 복을 받았습니다. 엘리사는 엘리야를 따라다니다가 하늘의 복을 받았습니다. 그러므로 사람은 누구를 만나느냐에 따라 복과 저주가 따른다고 할 수가 있습니다. 그러면 축복과 저주가 무엇을 통하여 전이가 되겠습니까?

1. 언어를 통하여

사람은 육적이면서 영적인 존재입니다. 영적인 세계는 말을 통하여 모든 것이 이루어집니다. 하나님은 말씀으로 천지를 창조하셨습니다. 말씀은 창조적인 능력이 있습니다. 혀는 우리의 인생을 망하게 하거나 성공시킬 능력이 있습니다. 같은 입에서 복이 나오고 저주가 나옵니다. 우리 입에서 절대로 저주가 나와서는 절대로 안 됩니다. 예수님의 말씀이 귓전을 울립니다. "마음에 가득한 것을 입으로 말함이라." 특히 하나님과 영의통로가 열린 성도의 마음(영)은 말로써 프로그램화됩니다. 믿음은 우리 안의 영이 하나님의 말씀을 들음으로써 생겨납니다. 두려움은 대적 마귀가 말한 것을 들음으로써 생겨납니다. 그리스도인들 가운데 그들의 대적인 마귀의 말을 계속 고백하는 사람들이 많습니다. 그들은 마귀의 말을 마음에 세우고 그것에 붙잡혀 삽니다.

말이 굉장히 중요합니다. 이단들이 모두 말을 통하여 성도들을 묶는 것입니다. 말을 통해서 영들의 전이가 이루어지기 때문입니다. 신천지 이만희에게 가있는 사람들이 왜 이만희에게 맹종하느냐, 이만희의 말을 통해 역사하는 귀신들이 전이 되어 분별력을 잃게 됩니다. 그래서 이만희가 말하는 것은 절대적이라고 믿기 때문에 가정도 팽개치고, 직장도 팽개치고, 학업도 팽개치고, 이만희가 말하는 대로 순종하며 따라가는 것입니다. 한마디로 이만희에게 역사하는 귀신에게 끌려다니는 것입니다. 누가 무어라고 권면해도 귀에 들리지를 않습니다. 오로지 이만희가 말하는 말만 들리기 때문입니다. 말이 이렇게 중요합니다. 그래서 성경에 죽고 사는 것이 혀의 권세에 달렸다고 하는 것입니다.

자신의 말하는 것을 분별하면서 비교해 보시기를 바랍니다. 지금 어느 말에 잡혀있습니까? 분별을 못하시겠습니까? 바로 그것이 원수가 우리의 말을 가지고 우리를 잡으려고 하는 것입니다. 진짜 성도는 하나님의 음성을 분별하여 내는 때부터 성도라고 하는 것이 타당합니다. 그 악한 마귀는 자기가 만들어낸 말들을 가지고 우리의 영 안에 왜곡되고 쓸모없는 자기 파멸적 이미지를 심어 놓기를 원합니다.

마태복음 12장 35절에서 예수님이 말씀하십니다. "선한 사람은 그 쌓은 선에서 선한 것을 내고…." 누가 그런 일을 일어나게 하는 자라고 예수님이 말씀하셨는지 주목해 보십시오. 하나님께서 그렇게 하실 거라고 말씀하지 않으셨습니다. 사람이 그렇게 하는 것입니다. 그의 머리나 지성에서 나오는 게 아니라 그의 마음에서 나온다고 하였습니다. 인생의 좋은 것과 나쁜 것이 다 마음에서 나오는데 입을 통하여 나온다고 예수님이 말씀하셨습니다. "입에 들어가는 것이 사람을 더럽게 하는 것이 아니라 입에서 나오는 그것이 사람을 더럽게 하는 것이니라."(마 15:18~19)

자신에게 좋은 말을 할 뿐 아니라 남을 축복하는 말을 해야 합니다. 성경은 칼로 찌르는 것처럼 함부로 말하는 자가 있다고 했습니다. 칼로 찌르면 어떻게 되는지 알 것입니다. 피가 나옵니다. 피는 상처입니다. 나아도 흉터가 남게 됩니다. 거기에는 아픔과 고통이 있습니다. 그래서 칼로 찌르는 것처럼 함부로 이야기하지 말고 양약처럼 살리고 힘이 되는 말을 하라는 것입니다.

시경(詩經)에 '백규지점 상가마야 사언지점 부가위야'라는 말이 있습니다. 옥의 티는 갈아서 없앨 수 있지만 말의 결함은 그럴 수 없다는 말입니다. 한 번 내뱉은 말은 결코 주워 담을 수가 없습니다. 상대방은 평생 씻을 수가 없는 상처를 입을 수 있다는 사실을 잊어선 안 될 것입니다.

우리말에도 "말 한마디에 천 냥 빚을 갚는다."는 속담이 있습니다. 당시에 천 냥이면 신분이 바뀌고 인생이 바뀔 수 있는 돈이었습니다. 말 한마디가 그렇게 중요하다는 이야기입니다.

1858년 뉴욕의 한 가정에서 아이가 태어났습니다. 그 아이는 소아마비를 앓아서 다리를 절었고 시력도 극도로 나빴습니다. 게다가 천식으로 인한 호흡 곤란 때문에 바로 앞에 있는 촛불도 끌 수 있는 힘이 없었습니다. 가까스로 생명을 연장하여 드디어 열한 살이 되던 날, 아버지는 아이에게 이런 말을 해주었습니다.

"사랑하는 내 아들아, 네가 가진 장애는 장애가 아니란다. 네가 만일 오늘 전능하신 하나님을 참으로 신뢰한다면 그리고 하나님이 너를 도와주신다면, 오히려 너의 장애로 인해 모든 사람이 너를 주목할 것이고 너는 진실로 역사에 신화 같은 기적을 남기는 놀라운 삶을 살 수 있단다."

그 후 그는 23세가 되던 해에 뉴욕 주를 대표하는 의회의 의원이 되었고 28세에 뉴욕 시장에 당선되었으며, 주지사와 부통령을 거쳐 미국 역사상 가장 어두웠던 시절 새로운 미국의 신화를 장식한 유명한 대통령이 되었고 노벨 평화상까지 수상했습니다. 그 사람은 바로 시어도어 루스벨트 (Theodore Roosevelt)대통령입니다. 우리는 남을 칭찬하고 격려하고 세워주는 말을 해야 합니다. 우리가 다른 사람에게 축복의 말을 할 때 그것이 생명이 되고 기쁨이 되고 살리는 말이 된다는 것을 기억해야 할 것입니다.

2. 동거를 통하여

동거를 한다는 것은 마음이 통했다는 것입니다. 마음이 열린 상태이므로 영들의 전이가 잘 이루어질 수 있는 것입니다. 아브라함과 롯의 경우도 동거를 통한 축복의 전이라고 볼 수가 있습니다. 동거를 통하여 자연스럽게 아브라함의 축복이 롯에게 전이가 된 것입니다. 야곱의 경우도 마찬가지입니다. 외삼촌 라반의 집에서 기거하므로 야곱에게 역사하는 하나님의 복이 외삼촌 라반의 집에 육축과 우양이 풍부하게 한 것입니다. 라반이 그것을 알고 끝까지 자기 집에 붙잡아 두려고 한 것입니다.

한 여성이 출가하여 남자의 집에 동거를 시작합니다. 그러므로 여성에게 역사하는 축복과 저주의 영이 남편의 집에 역사하기 시작을 합니다. 여성이 시집을 와서 부자가 되는 집도 있습니다. 반대로 가산을 탕진하여 망하는 집안도 있습니다. 저는 성령치유사역을 할 때 상담을 하면서 많이 체험하고 있습니다. 특히 우상 숭배를 많이 한 사람을 가정에 들이므로 귀신이 역사하여 집안이 망하는 경우가 많습니다. 그래서 옛날 어른들이 사람을 잘 들여야 한다고 강조하시는 것입니다. 저는 항상 우리 청년들에게 배우자를 선택할 때에 외모만 보지 말고, 그 심령을 읽는 눈을 개발하여 하나님의 형통의 복이 함께하는 사람을 만나야 한다고 강조를 많이 합니다.

제가 시화에서 교회를 개척하고 한창 전도를 하러 다닐 때의 이야기입니다. 전도를 하다가 시화 주공 5단지 노인정에 갔습니다. 노인정은 항상 노인들이 있기 때문에 사람을 만나기가 쉬운 장소입니다. 가서 한창 복음을 전하는데 한 여성분이 이러는 것입니다. 목사님이 하시는 말씀 모두가 맞습니다. 사람을 잘 들여야 되고 만나야 합니다. 우상을 숭배하던 사람을 배우자로 만나면 집안이 망합니다. 정말로 우상숭배는 하나님의 진노를 사는 일입니다. 저는 대구에서 아들과 함께 전자제품 도매상을 했습니다. 그 당시(1980년대) 재산이 50억 가량이 되었습니다. 그런데 하루아침에 다 날아가고 졸지에 거지가 되었습니다. 이유는 이렇습니다. 우리 가계는 대대로 예수를 믿었습니다. 그런데 큰 딸이 결혼을 했는데 지독하게 불교를 믿어 절에 다니는 사람하고 결혼을 했습니다.

그래도 저의 집이 사위의 집보다 부자이기 때문에 사위가 교회를 다녔습니다. 문제가 하나 생겼습니다. 딸이 아들을 생산하지 못하는 것입니다. 사위가 장손인데 아들을 낳지 못하는 것입니다. 딸만 넷을 낳았습니다. 그러니까, 시어머니의 성화가 심합니다. 절에 다니던 사람이 교회를 가서 저주를 받아 아들을 낳지 못한다는 것입니다. 그러면서 나는 절에 가서 빌고 너는 교회에 가서 빌어서 누가 더 신령한가 시험을 해보자고 하더랍니다. 아주 큰 죄악을 저지른 것입니다. 하나님을 시험하다니 말입니다.

그런데 문제가 발생했습니다. 딸이 어느날 꿈을 꾸니, 중이 파란 구슬을 주더랍니다. 받아가지고 뒤를 돌아서 손을 펴보니, 아무것도 없더랍니다. 이는 꿈을 정확하게 해석 하면 이렇습니다. 절의 중은 아무것도 줄 수가 없는 것입니다. 즉, 말로는 좋은 것을 준다고 하지만 실상은 아무것도 받지를 못한다는 꿈입니다. 그 꿈을 꾸고 나서 시어머니에게 이야기를 했습니다. 이야기를 하니 이번에 분명히 부처님이 아들을 주실 것이라고 했다는 것입니다. 얼마 있지 않아서 임신이 되었습니다. 낳고 보니 아들입니다. 그래서 시어머니가 내가 절에서 빌어서 아들이 생겼다고 좋아했습니다. 절에 있는 부처가 더 능력이 있다는 것입니다.

딸이 믿음이 깊었으면 속지 않았을 것인데 믿음이 깊지를 못해서 며느리도 시어머니 말에 공감을 했습니다. 그 후에 시어머니가 다니는 사찰에 행사나 일이 있으면 사찰에 물질을 가져다가 주었답니다. 사찰을 지을 때 큰돈으로 시주를 했답니다. 행사가 있으면 시주도 했답니다. 쌀도 사다가 바쳤답니다. 사위가 사업을 하는데 좀 더 크게 하기 위하여 은행대출을 받아야 했습니다. 당시 재산이 모두 아들 앞으로 되어있어서 아들이 보증을 서서 은행 대출을 받았습니다.

사업이 잘되지 않으니 자꾸 은행에서 대출을 받았습니다. 급기야는 부도가 났습니다. 그러자 보증을 선, 아들에게 갚도록 했다는 것입니다. 아들이 갚지를 못하니, 경매에 들어가 경매를 당하여 졸지에 알거지가 되어서 모든 재산을 정리하고 나니 돈 50억이 다 날아가고 삼천만 원밖에 남지 않더라는 것입니다. 그 돈으로 시화에 와서 은행 대출을 끼고 아파트를 분양 받았습니다.

그런데 은행 대출 이자를 갚지를 못했습니다. 아파트를 팔고 단독주택 지하실 방으로 옮겨야 한다는 것입니다.

하나님을 믿는 자녀가 사찰에 물질을 가져다가 주면 망합니다. 혼자만 망하는 것이 아니고 가계가 다 망합니다. 우리 영의 눈을 뜹시다. 그래서 이 분들과 같이 귀신의 저주를 자처하지 말아야 합니다.

이 경우는 남편을 잘못만나 친정까지 망한 것입니다. 마귀가 역사하는 사람을 들여서 동거를 통하여 마귀의 저주가 역사하므로 가정이 망한 것입니다.

부부가 결혼하여 같이 지내다가 보면 닮아가게 됩니다. 심지어 얼굴도 닮아가게 됩니다. 식습관도 닮아가게 됩니다. 심지어 상대방의 질병까지도 전이가 된다고 합니다. 같이 지내다가 보니 연스럽게 영들의 전이가 이루어지는 것입니다.

그래서 장가를 가려면 장모될 분을 보아라. 시집을 가려면 시아버지 될 분을 보아라. 하는 것입니다. 이는 그 아버지에 그 아들, 그 어머니에 그 딸이라는 것입니다. 동거를 통하여 좋은 점과 나쁜 점이 모두 전이가 되기 때문입니다. 우리 사람을 잘 만나도록 기도 합시다.

3. 접촉과 안수를 통하여

성경에 보면 안수를 통하여 축복을 전이 시킨 경우가 많이 있습니다. 야곱이 그 아들들에게 안수를 통하여 축복을 하였습니다. 요셉의 자녀들에게도 안수를 하면서 축복을 전이 시켰습니다. 구약 성경에 나와 있는 사례 두 가지로써 곱이 자신의 아들 유다와 요셉의 축복안수 사례만 보겠습니다.

"유다야 너는 네 형제의 찬송이 될지라. 네 손이 네 원수의 목을 잡을 것이요 네 아버지의 아들들이 네 앞에 절하리로다. 유다는 사자 새끼로다 내 아들아 너는 움킨 것을 찢고 올라갔도다. 그가 엎드리고 웅크림이 수사자 같고 암사자 같으니 누가 그를 범할 수 있으랴 규가 유다를 떠나지 아니하며 통치자의 지팡이가 그 발 사이에서 떠나지 아니하기를 실로가 오시기까지 이르리니 그에게 모든 백성이 복종하리로다. 그의 나귀를 포도나무에 매며 그의 암나귀 새끼를 아름다운 포도나무에 맬 것이며 또 그 옷을 포도주에 빨며 그의 복장을 포도즙에 빨리로다. 그의 눈은 포도주로 인하여 붉겠고 그의 이는 우유로 말미암아 희리로다"(창 49:8-12)

"요셉의 활은 도리어 굳세며 그의 팔은 힘이 있으니 이는 야곱의 전능자 이스라엘의 반석인 목자의 손을 힘입음이라. 네 아버지의 하나님께로 말미암나니 그가 너를 도우실 것이요 전능자로 말미암나니 그가 네게 복을 주실 것이라 위로 하늘의 복과 아래로 깊은 샘의 복과 젖먹이는 복과 태의 복이리로다. 네 아버지의 축복이 내 선조의 축복보다 나아서 영원한 산이 한 없음 같이 이 축복이 요셉의 머리로 돌아오며 그 형제 중 뛰어난 자의 정수리로 돌아오리로다"(창49:24-26)

축복 안수할 때 좌수와 우수가 차이가 있다는 것입니다. 반드시 우수로 축복 안수를 하고 안수를 받아야 합니다. 저는 부부를 안수할 때 꼭 오른 손을 남편의 머리에 얹고 축복 안수를 합니다. 형제도 마찬가지입니다. 형은 오른손을 얹고 동생은 좌측 손을 얹고 축복 안수를 합니다.

그런데 야곱은 좌측 손을 형 므낫세의 머리에 얹고 동생 에브라임에게는 오른손을 얹고 안수를 했다는 것입니다. 요셉이 아버지 야곱이 형인 므낫세에게 오른손을 얹도록 자리를 위치했는데 야곱이 손을 바꾸어 안수를 했다는 것입니다. 이렇게 축복 안수할 때 좌수와 우수가 차이가 있다는 것입니다.

"요셉이 그 아버지가 오른손을 에브라임의 머리에 얹은 것을 보고 기뻐하지 아니하여 아버지의 손을 들어 에브라임의 머리에서 므낫세의 머리로 옮기고자 하여 그의 아버지에게 이르되 아버지여 그리 마옵소서 이는 장자이니 오른손을 그의 머리에 얹으소서 하였으나 그의 아버지가 허락하지 아니하며 이르되 나도 안다 내 아들아 나도 안다 그도 한 족속이 되며 그도 크게 되려니와 그의 아우가 그보다 큰 자가 되고 그의 자손이 여

러 민족을 이루리라 하고"(창 48:17-19)

예수님도 안수하시면서 축복을 하셨습니다. 시몬의 장모의 열병을 치유하셨습니다. 안수를 통하여 축복을 전이시키기도 하시고 질병도 치유하시고 귀신도 축사하셨습니다.

"예수께서 베드로의 집에 들어가사 그의 장모가 열병으로 앓아누운 것을 보시고, 그의 손을 만지시니 열병이 떠나가고 여인이 일어나서 예수께 수종들더라"(마 8:14-15)
"해 질 무렵에 사람들이 온갖 병자들을 데리고 나아오매 예수께서 일일이 그 위에 손을 얹으사 고치시니"(눅 4:40)

사도행전에 보면 사마리아에서 사도 베드로와 요한은 새로운 회심자들에게 안수하며 그들을 위해 기도했습니다.

"시몬이 사도들의 안수로 성령 받는 것을 보고"(행8:18)

다메섹에서 제자 아나니아는 다소의 사울이 시력을 회복하고 성령으로 충만해지도록 그에게 안수 하였습니다. 이 경우 아나니아는 안수 한 가지로 사울에게 신체적 치유와 성령세례라는 두 가지 사역을 하였습니다. 바울이 섬겼던 에베소에 있던 제자들은 바울이 안수한 후에 성령을 받았습니다.

이런 사실들을 요약해 보면 사도행전에서 성령을 받은 자들 중 50% 이상이 다른 믿는 자들의 안수를 통해서 성령을 받았습니다. 성령을 받았다는 것은 축복을 전이 받았다는 말과 같습니다. 루살렘의 다락방과 고넬료 집안에 있던 사람들은 다른 사람이 안수하지 않고도 직접 성령 세례를 경험 했습니다. 하지만 모든 경우들을 근거로 할 때, 우리는 다른 믿는 자의 안수함으로 성령 세례와 축복을 구하는 자들을 섬기는 것은 정상적이고 성경적이라고 말할 수 있습니다.

때로는 믿는 자들이 성령의 충만을 받도록 안수 사역을 행 할 수 있는 자들은 교회의 사도 내지는 특별한 직임 자들뿐이었다는 암시를 내비치기도 합니다. 지금으로 말하면 목사님들입니다.

그러나 이런 주장은 성경의 지지를 받지 못합니다. 이런 목적으로 다메섹에서 다소의 사울에게 안수 했던 아나니아는 그저 어떤 제자 일뿐 사역이나 직임 자가 아니었지만 아나니아는 이방인을 향해 위대한 사도가 되도록 정해진 자에게 안수하라는 하나님의 지시를 직접 받았습니다.

"믿는 자들에게는 이런 표적이 따르리니 곧 그들이 내 이름으로 귀신을 쫓아내며 새 방언을 말하며, 뱀을 집어 올리며 무슨 독을 마실지라도 해를 받지 아니하며 병든 사람에게 손을 얹은즉 나으리라 하시더라"(막16:17-18)

여기서 예수님은 새 방언을 말하는 것과 치유를 받도록 병자에게 안수하는 두 가지 초자연적인 표적은 믿는 자의 증거로 따를 것임을 말씀하십니다. 이 초자연적인 표적을 실행한 것은 사도나 감독자나 복음전도자나 목사와 같은 어떤 특임자만이 소유하는 특권의 능력이 아니라, 모든 믿는 자에게 열려 있듯이 성령 사역 역시 모든 믿는 자에게 열려 있습니다. 그래서 이렇게 강조합니다. "아무에게나 경솔히 안수하지 말고 다른 사람의 죄에 간섭하지 말며 네 자신을 지켜 정결하게 하라"(딤전5:22).

여기서 바울은 디모데에게 세 가지로 구별되는 경고를 하고 있습니다. 아무에게나 경솔히 안수하지 말라, 다른 사람들의 죄 중에 동참자가 되지 말라, 네 자신을 정결하게 지키라. 두 영들 사이의 접촉이 어떤 믿는 자의 영이 순수하지 않고 어느 한쪽이 더 럽혀져 있다면 접촉으로 말미암아 다른 영혼이 해로운 영향을 받을 수 있음을 지적하고 있습니다. 이 문맥에서 제시하는 두 가지 "다른 사람의 죄에 간섭하지 말라와 네 자신을 정결하게 지키라"는 명령에 의해 명백해 집니다.

그러면 우리가 안수와 관련된 영적 위험에 대하여 방어의 수단을 살펴보겠습니다. 안수 사역은 절대로 가볍게 부주의하게 행사되어서는 아니 되고 기도와 겸손의 영 가운데 행사되어야 합니다. 성령님의 인도와 지시를 모든 단계마다 즉 누구에게 기도 할지, 언제 기도 할지, 또 어떻게 기도 할지를 구해야 합니다.

안수하는 자는 자신의 영을 위하여 성령으로 기도하여 성령의 역사로 자신의 심령을 계속 정결케 해야 합니다. 자신과 피안수자를 보호하는 보혈의 능력을 주장하는 법을 알아야 합니다. 안수하는 자 스스로가 성령님의 능력을 받아서 안수 받는 자 안에서 또는 통해서 역사하려는 모든 종류의 악한 영향력을 영적으로 이길 수 있어야 합니다. 한마디로 말씀과 체험이 같이 가야 한다는 것입니다.

이러한 안전장치가 신중하게 준수되지 않는 곳에는 안수를 하고 나서 안수하는 자 안수를 받은 자 또는 둘 다에게 영적으로 해로운 결과가 나타날 수 있는 위험이 실제로 있습니다. 이 위험은 안수하는 모든 경우에 있을 수 있지만 특히 성령 세례를 받는 경우는 우리가 성령은 하늘의 전기라 말하곤 하는데 전기의 충격이 크면 클수록 적절한 보호가 필요함과 같다고 보면 적절한 비유가 되겠습니다.

성령의 세례와 전문적인 안수사역은 앞으로 나올 "불같은 성령으로 생활하는 법"을 참고하시기를 바랍니다.

그러므로 안수는 경솔하게 받지도 말고 경솔하게 해서도 안 되는 것입니다. 안수를 통하여 축복과 저주가 전이되기 때문입니다.

4. 생활을 통하여

생활을 통해서도 축복과 저주가 전이 됩니다. 영은 시공간을 초월할 수가 있기 때문에 함께 생활을 통해서도 전이가 될 수 있는 것입니다. 그렇다면 직장 생활을 통해서도 전이가 될 수가 있는 것입니다. 우리는 영의 세계에 잠겨서 살아간다고 해도 과언이 아닙니다. 영의 세계에는 성령도 있습니다. 마귀 귀신도 있습니다. 사람의 역사도 있습니다. 그렇기 때문에 분별력을 길러야 합니다. 좋지 못한 영들의 전이를 막는 길은 성령으로 충만한 생활입니다.

영들의 전이는 여러 가지를 통해 이루어집니다. 가족, 친구, 교회, 지역, 여러 가지 매체들, 그리고 영적 지도자들을 통하여 일어납니다. 그리고 모두 긍정적인 전이 뿐 아니라, 부정적인 전이가 일어나는 도구가 될 수 있습니다. 그러면 우리가 악하고 음란한 세상에서 죄 많은 사람들과 부딪히고 살면서 부정적인 영들의 전이를 피하려면 어떻게 해야 할까요? 요한 일서 4:4절에서 요한은 이렇게 말했습니다. "너희 안에 있는 이가 세상에 있는 이보다 크심이라." 우리는 오직 성령 안에서 행할 때만이 부정적인 영들의 전이로부터 자유로울 수 있습니다. 그러므로 우리는 항상 성령 충만해야 합니다.

직장 생활을 하면서도 무시로 기도해야 합니다. 그래야 악한 영의 전이를 막을 수가 있는 것입니다. 제일 좋은 것은 성령의 인도로 좋은 직장과 상사를 만나는 것입니다. 좋은 직장에 가서 좋은 상사를 만나는 것이 축복입니다. 저는 군대에 가서 하나님을 두려워하고 섬기는 상관을 만났기 때문에 노년에 인생이 풀리고 있는 것입니다. 이것도 하나님의 축복입니다.

교회생활도 무시하지 못합니다. 영들의 전이가 가장 많이 이루어지는 곳이 보이는 유형 교회입니다. 교회에 가면 목사님의 설교를 듣습니다. 설교를 듣다가 보면 자연스럽게 영의 전이가 됩니다. 율법주의 목사님을 만나면 율법주의자가 됩니다. 성령의 역사를 따라가는 성령 충만하고 체험이 있는 목사님을 만나면 자연스럽게 성령 충만하고 체험이 있는 성도가 됩니다.

제가 어느 성도에게 들은 이야기인데 자기네 교회에는 전부 상처가 많고, 가정이 빈곤하고, 문제가 있는 성도만 있다고 합니다. 이는 서로 영적으로 맞기 때문에 같이 지내는 것입니다. 한마디로 영이 통한다는 것입니다. 어느 교회는 영육으로 성숙한 성도들이 모여서 신앙 생활하는 곳도 있습니다. 이 교회에 가정이 빈곤하고 문제가 있는 성도가 들어가도 정착을 하지 못합니다. 왜냐하면 영이 통하지 않기 때문입니다. 우리는 영적인 분별력을 길러야 합니다. 교회 생활을 통하여 자연스럽게 상대방들의 영들이 나에게 영향을 미칠 수가 있기 때문입니다.

그래서 빈곤의 고통을 당하다가 예수를 믿고 교회에 들어가서 신앙생활을 하다가 물질 축복을 받아 빈곤을 탈출한 사람이 많습니다. 60~70연대에 많은 성도님들이 빈곤의 고통을 당하다가 전도를 받고 예수를 믿어 축복을 받은 분들이 많습니다. 이분들은 정상적인 복음을 듣고 성령의 역사로 은혜 있는 신앙생활을 했기 때문입니다. 반대로 예수를 믿고 교회에 들어와 신앙생활을 했지만 정상적인 복음을 듣지 못하고 성령을 체험하지 못하므로 생활이 더 빈곤해진 분들도 있습니다.

　실제로 제가 잘 아는 어느 분은 우리 교회에 다니면서 사업이 잘 되었습니다. 집도 사고 가게도 확장을 했습니다. 그런데 무슨 이유인지는 몰라도 교회를 떠나더니 점점 사업이 어려워졌습니다. 그러자 타고 다니던 고급차도 정리해야 하는 상태에 이르렀다고 합니다. 저는 항상 이렇게 말합니다. 성도님들이여! 축복의 영이 역사하는 줄을 잡았으면 끝까지 놓지 말라고 강조를 합니다. 그것이 축복의 통로요, 축복의 줄이기 때문입니다. 우리는 이 영의 흐름을 알고 볼 수가 있어야 아브라함의 축복을 받을 수가 있는 것입니다.

　교회나 기도원을 잘못 가서 가정이 파탄되는 경우도 있습니다. 어느 집사의 이야기입니다. 기도가 되지 않고 답답하여 이곳 저곳을 방황하다가 어느 기도원에 소문을 듣고 가게 되었다는 것입니다. 저녁에 9시부터 새벽 4시까지 철야 기도를 하는 곳이라는 것입니다. 가서 저녁내 부르짖고 기도하니 마음이 편안해지는 것 같아 4달을 다녔다는 것입니다. 그런데 문제가 발생했습니다. 그렇게 부부 금슬이 좋던 부부관계에 문제가 생겨서 하루가 멀다 않고 다퉜다는 것입니다.

　그러다가 깨닫게 된 것은 그 기도원에 들어가 한 1년 정도 다닌 사람들 중에 이혼한 사람들이 많다는 것입니다. 심지어 결혼한지 2년 밖에 되지 않은 부부가 이혼을 했다는 것입니다. 기도

원장의 부부 관계를 알아보니 별거하고 혼자 지낸다는 것입니다. 남편은 저 대구에 있고, 자기는 서울에서 기도원을 하다는 것입니다. 그래서 영적으로 깊은 목사님에게 상담을 하니 그 기도원은 부부간에 이간시키고 별거시키는 영이 흐른다는 것입니다. 그래서 일주일만 지나면 부부간에 생각하지도 못한 분란이 생긴다는 것입니다.

그 소리를 들으니 정신이 번쩍 들어서 가지 않았다는 것입니다. 그곳에서 들어온 부부간에 이간시키고 별거하게 하고, 이혼시키는 영을 쫓기 위하여 우리 충만한 교회에 오게 되었다는 것입니다. 이분이 충만한 교회에 1년 정도 다니면서 심령을 치유하여 영의 만족을 누리고 부부관계도 회복하게 되었습니다.

부산에서 집사님 한분이 영적인 문제를 치유 받으려고 왔습니다. 상담을 하면서 알게 된 사실은 이렇습니다. 오십견이 와서 고통을 당하는데 단 월드에서 수련을 하면 치유된다고 해서 석 달을 다녔다는 것입니다. 다니다가 보니 오십견이 치유되었습니다. 그런데 큰 문제가 생긴 것입니다. 단 월드에서 귀신이 전이가 된 것입니다. 단 월드에 가지 않으니 이 귀신이 저녁에 잠을 자지 못하게 괴롭힌다는 것입니다. 잠이 들려고 하면 자신의 중요한 성기를 만져서 견딜 수가 없게 만든다는 것입니다. 자신의 힘으로 어찌할 수가 없었다는 것입니다. 더 큰 문제는 귀신이 자기만 괴롭히는 것이 아니고, 자신의 아들과 부인까지 장악하여 귀신이 괴롭혀서 28세가 된 아들이 직장 생활을 하지 못하고 집에서 놀고 있다는 것입니다.

　이 집사가 집회에 참석한 첫날 오후 집회에 참석하지 않은 것입니다. 이상하다고 느꼈지만 어찌할 수 없는 상태라 그냥 집회를 인도했습니다. 둘째 날 참석을 했습니다. 그래서 불러서 물었습니다. 제가 "나이가 육십이 넘은 사람이 부산에서 여기까지 왔는데 의지를 가지고 집회를 참석하여 말씀 듣고 기도해야 귀신들이 떠나가지 않겠느냐"고 말했습니다. 그랬더니 대답하는 것이 가관입니다. "귀신이 집회에 참석하지 말고 돌아다니면서 구경하자고 해서 서울 시내를 돌아 다녔다"는 것입니다. 귀신이 의지를 장악한 것입니다. 제가 "절대로 귀신이 하는 대로 순종하면 죽을 때까지 귀신을 쫓아내지 못합니다." 정신을 차리고 내가 하라는 대로 하라고 말했습니다. 둘째 날부터는 빠짐없이 집회에 참석했습니다. 제가 특별하게 관심을 가지고 안수기도를 하여 강한 성령의 불의 역사를 체험했습니다. 일단 귀신을 제압했습니다. 다행히 지방에서 오신 분들이 집중 치유를 금요일 날 해달라고 하는 분들이 많았습니다. 이분에게 참석하여 치유 받으라고 권면하니 받고 가겠다고 하여 집중 치유 간 귀신을 완전하게 쫓아냈습니다. 우리 교회 집중 치유는 매주 토요일 날 합니다. 지방에서 오시는 분들이 받겠다고 하면 금요일 날로 조정하여 치유를 합니다. 이분에게 CD를 5세트를 추천해서 듣도록 했습니다. 그리고 한 주가 지난 다음에 전화가 왔습니다. 정말로 살 것 같다는 것입니다. 이제 자기 부인과 아들도 데리고 와서 치유를 받겠다는 것입니다. 이와 같이 단전호흡이나 기치료, 단월드, 요가, 국선도와 같은 곳에 가서 수련을 할 때 귀신이 전이 되어 큰 고생을 합니다. 젊을 때는 병도 나을 수 있습니다. 그러나 귀신이 전이되었기 때문에 앞에서 말한 집사같이 영적인 문제가 발생하여 큰 고생을 할 수가 있습니다. 경각심을 가져야 합니다.

영이 약한 성도는 기도원 같은 영적문제를 가진 성도들이 많이 모인 곳은 삼가는 것이 좋습니다. 잘못하면 치유 받고 은혜 받고 능력을 받으려다가 좋지 못한 영이 전이되어 이유도 잘 모르는 고생을 할 수가 있습니다. 저는 집회 시에 영들의 전이에 주의 하라고 강조합니다. 실제로 어느 집사가 이렇게 말했습니다. 목사님이 하시는 말씀이 모두 맞습니다. 위장암 수술을 받고 너무나 영적으로 갈급하여 기도원에 갔다는 것입니다. 기도원에 가서 말씀을 듣고 기도하다가 허리가 아파서 한 달 동안 걸어 다니지도 못했다는 것입니다. 그래서 이제 기도원에 가지 않는다는 것입니다. 이는 이렇게 설명해야 합니다. 기도원에서 귀신이 들어와 허리가 아픈 것이 아닙니다. 자기 허리 안에 있던 악한 영의 역사가 드러난 것입니다. 그것을 사역자가 축귀하여 주지 않으니 허리가 한 달 동안 아픈 것입니다. 성령의 역사를 전이 시키고 치유하는 영적인 사역을 하는 곳에서는 이런 경우가 생기지 않도록 일일이 안수하여 관리를 해주어야 합니다.

이분은 우리 교회에 와서 상처와 허리에 역사하는 질병을 완전하게 치유를 받았습니다. 기도가 되지 않아 고통을 당했는데 기도의 영이 와서 기도를 할 수 있게 되었습니다. 안수 기도간 정말로 많은 귀신들이 떠나갔습니다. 이런 분들은 반드시 전문적인 사역자의 도움을 받으면서 기도하고 치유를 받아야합니다. 그래야 불필요한 고생을 하지 않습니다.

영들의 전이에 대한 집회를 할 때 어느 목사님이 상담한 이야기입니다. 상당한 기간 동안 우리 교회에 다니면서 치유와 능력을 받았던 목사님이십니다. "목사님! 말씀을 듣고 생각이 났습니다. 제가 고등학교 2학년 때 월남으로 수학여행을 갔습니다. 월남에 가서 토속 종교시설을 견학하고 나왔는데 제 눈이 충혈이 되고 한동안 어지러움으로 고생을 한 경우가 있습니다. 목사님! 말씀을 들으니 아마도 그때 귀신이 들어온 것 같습니다. 축귀 좀 해주세요."그러는 것입니다. 내가 머리에 손을 얹고 본인에게 호흡을 들이쉬고 내쉬라고 했습니다. 성령이여 임하소서. 성령이여 장악하소서. "내가 나사렛 예수의 이름으로 명하노니 월남 토속 종교시설에서 들어온 귀신은 정체를 밝힐지어다." "내가 나사렛 예수의 이름으로 명하노니 월남 토속 종교시설에서 들어온 귀신은 정체를 밝힐지어다." "내가 나사렛 예수의 이름으로 명하노니 월남 토속 종교시설에서 들어온 귀신은 정체를 밝힐지어다."했더니 강하게 진동을 하면서 떠는 것입니다. 그러다가 맑은 물을 토하면서 귀신들이 떠나갔습니다. 울면서 떠나기도 하고, 악을 쓰면서 떠나기도 했습니다. 한동안 귀신들을 쫓아냈습니다. 기분이 어떠냐고 물어보았습니다. 가슴이 뻥 뚫리는 것 같고 기분이 상쾌해 졌다는 것입니다.

이분이 원인이 없는 이유로 사모님이 유산을 하더니 3년이 넘도록 임신이 되지 않았습니다. 그런데 목사님에게 역사하던 귀신을 축귀하고 2달 후에 임신이 되었습니다. 어여쁜 공주를 출산하여 지금 건강하게 자라서 초등학교에 잘 다니고 있습니다.

우리는 축복의 전이와 저주의 전이를 바르게 알고 대처해야 합니다. 지금 교회에 다니는 성도들이 너무나 영적으로 무지합니다. 영적인 면에 아예 관심을 두지를 않습니다. 왜냐하면 예수를 믿으면 귀신이 얼씬도 못한다는 잘못된 이론을 믿은 결과입니다. 아닙니다. 예수를 믿었어도 성령으로 세례를 받고 성령으로 문제의 원인을 찾아 해결하지 않았다면 여전히 문제가 남아있다고 보아야합니다. 이는 예수를 믿었어도 여전히 육이 남아있기 때문입니다. 그래서 하나님은 우리를 사랑하기 때문에 항상 기뻐하라. 쉬지 말고 기도하라. 범사에 감사하라고 하시는 것입니다.

이 책에서 많은 축복의 영의 전이와 악한 영들의 전이를 다양하게 다룰 것입니다. 정독하시여 영의 세계와 영들의 전이를 바르게 알고 대처하여 불필요한 고통을 당하지 말기를 바랍니다. 더 나아가 아브라함의 축복을 다 받으시기를 바랍니다. 성도는 영의 만족을 누려야 전인적인 축복을 받을 수가 있는 것입니다.

2장 하나님의 축복을 전이 받는 비결

(민 6:22-27)"여호와께서 모세에게 말씀하여 이르시되 아론과 그의 아들들에게 말하여 이르기를 너희는 이스라엘 자손을 위하여 이렇게 축복하여 이르되 여호와는 네게 복을 주시고 너를 지키시기를 원하며 여호와는 그의 얼굴을 네게 비추사 은혜 베푸시기를 원하며 여호와는 그 얼굴을 네게로 향하여 드사 평강 주시기를 원하노라 할지니라 하라. 그들은 이같이 내 이름으로 이스라엘 자손에게 축복할지니 내가 그들에게 복을 주리라"

하나님의 축복은 하나님에게 축복을 받은 사람을 통하여 전이 됩니다. 제가 누누이 말을 했습니다만, 성령이 역사하는 교회 시대인 현시대나 구약 시대를 막론하고 하나님의 축복은 하나님에게 축복을 받은 사람을 통하여 전이가 됩니다. 우리는 축복을 전이 하는 사람을 만나야 합니다. 사람 잘 만나는 축복을 받아야 합니다. 하나님의 축복을 전이 시키는 사람이 있다는 것입니다. 반대로 자신만 하나님의 축복을 받고 전이 시킬 수가 없는 사람도 있습니다. 이는 절대로 하나님의 주권에 해당되는 것입니다. 하나님의 축복을 받아 전이키는 사람은 하나님이 정하신다는 것입니다.

기름부음으로 말한다면 오늘의 기름부음을 받은 사람입니다. 현재 진행형으로 하나님의 축복을 나누어 주는 사람입니다. 이 사람은 항상 하나님과 친밀한 관계가 되어야 가능합니다. 성령의 음성을 들으면서 사역을 하는 사람입니다. 깊은 영의기도가 열려 하나님과 같은 영의 상태에 들어가 하나님의 음성을 듣고 행동하는 사람입니다. 하나님의 축복을 전이 받으려면 다음과 같은 영적인 원리를 알고 적용해야 합니다.

1. 질서의 하나님

하나님은 질서의 하나님이라는 것입니다. 절대로 영적인 질서를 지키신다는 것입니다. 축복의 통로를 명확하게 하신다는 것입니다. 우리는 하나님의 축복의 통로가 되려고 영적인 노력을 해야 합니다.

본문의 핵심은 하나님의 축복을 받은 자가 축복할 수 있고, 그 축복을 하나님의 대리권자로서 축복을 명할 수 있다는 것입니다. 하나님의 일을 하는 사람이라도 아무나 축복을 전이 시킬 수가 없다는 것입니다. 곧 제사장인 아론과 그의 아들들도 모세로부터 축복을 위임받아 이스라엘 백성들을 축복하게 하였습니다. 이것이 하나님께서 명하신 축복에 대한 영적 질서입니다.

특히 애굽에서 총리가 된 요셉은 현실상 직책이 국무총리로서 높은 자였지만, 자기 자식에게 축복을 명할 수 있는 축복을 받지 못했기 때문에 자신의 두 아들인 므낫세와 에브라임에게 축복 받게 하기 위하여 야곱에게로 데리고 갔습니다(창48:1-6). 요셉은 하나님으로부터 축복을 전이 받은 아버지 야곱만이 축복을 전이 시킬 수가 있다는 것을 알았기 때문입니다.

이렇게 볼 때에 하나님의 축복은 아무나 전이 시킬 수가 없다는 것으로 이해할 수가 있습니다. 우리는 하나님의 축복의 통로를 알고 따라갈 수 있는 영성이 무엇보다도 중요합니다. 하나님이 명한 사람만이 하나님의 축복을 전이 시킬 수가 있기 때문입니다. 이는 목사님들도 아무나 축복기도 한다고 축복이 전이 되지 않는다는 뜻도 됩니다. 현재 목회를 하시는 목사님들도 하나님의 축복을 받아 전이 시키는 목사님이 계신다는 것입니다.

또 하나님의 축복은 받았지만 전이 시키지 못하는 목사님도 계시는 것입니다. 성도가 하나님의 축복을 전이 시키는 목회자를 만나는 것은 해변 모래사장에서 단추를 찾는 것과 같이 어려울 수가 있습니다. 그러나 하나님이 하락하시면 보다 쉽게 찾을 수도 있습니다.

그렇다고 목사님들에게 축복안수를 받는 것을 꺼려하지 마시기를 바랍니다. 하나님의 축복을 전이 시킬 권능이 없는 목사님에게 축복안수를 받아도 하나님이 허락하시면 축복을 받기 때문입니다.

2. 축복의 전이

하나님께서는 아브라함을 축복하시고, 그 아브라함이 이삭을 축복하게 하였습니다. 이삭은 야곱을 축복하게 하였습니다. 야곱은 열두 아들을 축복함으로 하나님의 선민 이스라엘을 이루었습니다. 하나님의 축복은 반드시 축복 받은 자에 의해서 축복하게 하여 그 축복의 역사를 세상에 표현되게 하여 자신이 복의 근원이라는 사실을 알리시는 분이십니다.

특히 하나님은 자신이 명한 축복을 한 사람에게서만 머무르게 하시는 것이 아니라, 그 축복이 자손들에게까지 이어져 가도록 역사함으로 하나님은 항상 축복을 역사하시는 축복의 근원이심을 증거하고 계십니다.

그러나 성령이 역사하는 교회 시대를 살아가는 성도들은 성령이 자신의 영 안에 임재하여 계시므로 예수 이름으로 축복을 전이 시킬 수가 있습니다. 성령=축복이기 때문입니다. 그러므로 자신의 자녀들에게 축복 안수를 하여 축복을 전이 시킬 수가 있다는 것입니다. 저는 가장들이 자녀들에게 축복 안수를 하라고 합니다. 자신이 하나님에게 받은 축복을 자녀들에게 전이 시키는 것입니다. 가장인 나는 하나님에게 축복을 받았다는 믿음을 가지고 담대하게 자녀들에게 축복 안수를 합니다.

문제는 아버지의 축복 안수를 받으며 자란 아이들이 영육 간에 건강하게 자란다는 것입니다. 저는 우리 아이들은 초등학교 다닐 때부터 아침마다 축복안수를 했습니다. 결과는 모두 바른 신앙을 가지고 공부 잘하여 앞길을 열어가고 있다는 것입니다. 어디를 가나 곱게 자랐다고 칭찬을 듣고 있습니다. 가장들이여 자녀들에게 매일 아침 축복 안수를 하시기를 바랍니다. 조금만 관심을 가지면 할 수가 있는 것입니다. 관심이 중요합니다.

할 수만 있다면 목사님들로부터 축복기도를 많이 받는 것입니다. 저는 우리 교회 성도들의 아이들에게 매주 축복기도를 해줍니다. 목사님들로부터 축복기도를 받으면서 자란다는 것은 축복 중에 축복입니다.

1) 므낫세와 에브라임의 축복(창48:1-6)

므낫세와 에브라임은 요셉의 아들인데도 요셉은 자신의 아들들을 축복하지 못하고 야곱에게로 데리고 갔습니다. 그 이유는 자신에게는 아버지(야곱)에게서 물려받은 축복권이 없었기 때문이었습니다. 그래서 자신의 아들인데도 그 아들에게 축복할 수 있는 권리가 없기 때문에 요셉은 하나님의 축복을 이어받은 야곱에게 자기의 아들들을 데리고 간 것이었습니다. 야곱은 에서와 다르게 하나님의 축복을 아버지(이삭)에게서 물려받은 축복권이 있는 사람이었습니다.

"그 아비 이삭이 그에게 이르되 내 아들아 가까이 와서 내게 입 맞추라. 그가 가까이 가서 그에게 입 맞추니 아비가 그 옷의 향취를 맡고 그에게 축복하여 가로되 내 아들의 향취는 여호와의 복 주신 밭의 향취로다. 하나님은 하늘의 이슬과 땅의 기름짐이며 풍성한 곡식과 포도주로 네게 주시기를 원하노라. 만민이 너를 섬기고 열국이 네게 굴복하리니 네가 형제들의 주가 되고 네 어미의 아들들이 네게 굴복하며 네게 저주하는 자는 저주를 받고 네게 축복하는 자는 복을 받기를 원하노라. 이삭이 야곱에게 축복하기를 마치매 야곱이 그 아비 이삭 앞에서 나가자 곧 그 형 에서가 사냥하여 돌아온지라(창 27:26-30)

야곱은 형 에서를 뒤로하고 아버지 야곱으로부터 축복을 받았습니다. 축복은 하나님에게 축복을 받은 자에게서 전이되고 흐르는 것입니다. 그래서 야곱은 므낫세와 에브라임을 보면서 요셉에게 "이들 후의 네 소생이 네 것이 될 것이다(창48:6)"라고 말했습니다. 곧 야곱에 의한 축복을 받은 후 탄생한 아들들만이 자신의 소유로 축복할 수 있다는 뜻입니다. 그래서 야곱의 축복을 전수 받기 전에 태어난 요셉의 아들들은 야곱의 축복 안수를 받은 후부터 비로소 야곱의 소유라는 것입니다.

다시 말해서 가나안 루스 땅에서 하나님의 축복을 받은 야곱은(창48:3), 그 복에 따라 열두 아들들을 얻었기 때문에 요셉이 낳은 아들들은 야곱의 복으로 인해 탄생된 자들이기에 야곱의 것이라는 것입니다.

그런데 여기에서 한번 생각해보고 넘어가야 하는 부분이 있습니다. 축복안수 할 때 우수와 좌수의 관계입니다. 성경에 보면 요셉이 므낫세와 에브라임을 야곱에게 데리고 갔습니다. 데리고 가서 형 므낫세는 좌측에 세우고, 동생 에브라임은 우측에 세웠습니다. 이유는 눈이 어두운 야곱이 축복안수를 할 때 형 므낫세는 우수를 얹고, 동생 에브라임은 좌수를 얹도록 자리를 위치한 것입니다.

"오른손으로는 에브라임을 이스라엘의 왼손을 향하게 하고 왼손으로는 므낫세를 이스라엘의 오른손을 향하게 하여 이끌어 그에게 가까이 나아가매"(창48:13)

그런데 야곱이 손을 엇바꾸어 얹어 요셉이 생각한 반대로 축복안수를 합니다.

"이스라엘이 오른손을 펴서 차남 에브라임의 머리에 얹고 왼손을 펴서 므낫세의 머리에 얹으니 므낫세는 장자라도 팔을 엇바꾸어 얹었더라"(창48:14)

이를 본 요셉이 그 아버지가 오른손을 에브라임의 머리에 얹은 것을 보고 기뻐하지 아니하여 아버지의 손을 들어 에브라임의 머리에서 므낫세의 머리로 옮기고자했다고 기록되어 있습니다. 그러나 아버지 야곱이 자신도 안다하면서 그대로 축복 안수를 했습니다.

"요셉이 그 아버지가 오른손을 에브라임의 머리에 얹은 것을 보고 기뻐하지 아니하여 아버지의 손을 들어 에브라임의 머리에서 므낫세의 머리로 옮기고자 하여 그의 아버지에게 이르되 아버지여 그리 마옵소서 이는 장자이니 오른손을 그의 머리에 얹으소서 하였으나 그의 아버지가 허락하지 아니하며 이르되 나도 안다 내 아들아 나도 안다 그도 한 족속이 되며 그도 크게 되려니와 그의 아우가 그보다 큰 자가 되고 그의 자손이 여러 민족을 이루리라 하고 그 날에 그들에게 축복하여 이르되 이스라엘이 너로 말미암아 축복하기를 하나님이 네게 에브라임 같고 므낫세 같게 하시리라 하며 에브라임을 므낫세보다 앞세웠더라"(창48:17-20)

이렇게 축복 안수시 우수와 좌수는 서열을 나타내는 중요한 요소라는 것입니다. 그러므로 우리가 축복안수를 할 때 아무렇게나 손을 얹고 축복안수를 하면 안 된다는 것입니다. 반드시 성령의 음성을 듣고 성령께서 감동하시는 대로 손을 얹어 축복 안수를 해야 한다는 것입니다.
이처럼 요셉이 애굽 땅에서 므낫세와 에브라임을 낳았듯이 우리들도 애굽과 같은 이 땅에 오신 예수 그리스도로 말미암아 탄생된 므낫세와 에브라임 같은 존재들입니다.

그러나 하나님께서는 우리를 배척하지 않으시고 예수 그리스도로 말미암아 태어난 우리들을 하나님의 소유로 인정하고 축복하시는 것입니다. 예수를 믿어 성령이 영 안에 들어오심으로 하나님의 축복을 받은 성도들이라는 것입니다. 이것이 아들에 대한 사랑의 표현인 것입니다.

2) 육신적 계보와 영적인 계보

세상의 눈으로 보면 므낫세와 에브라임은 요셉의 아들이지만, 영적 계보로 보면 야곱의 것인 것입니다. 이 사실을 요셉도 잘 알고 있었습니다.

현실적으로는 야곱은 늙고 병든 모습이었고, 요셉은 대국의 국무총리로서 대단한 위치에 있지만, 야곱만이 하나님의 축복권이 있는 자이기 때문에 요셉은 자신의 두 아들을 야곱에게로 데리고 가서 축복을 받아야 합니다. 세상적인 지위는 요셉이 높았어도 하나님의 축복은 하나님의 축복을 받은 자만이 줄 수 있기 때문입니다.

신앙적인 적용으로 우리들도 육적인 계보로 보면 세상 사람의 아들들이지만, 영적인 계보로 보면 예수 그리스도를 믿음으로 하나님의 아들들이 되는 것입니다. 그래서 축복받은 자의 씨로서 축복하는 자에게 축복을 받을 권리가 있는 것입니다.

요셉으로 말미암아 그의 아들들이 야곱의 축복을 받았듯이 우리는 예수 그리스도로 말미암아 하나님의 축복을 받는 것입니다. 예수를 믿는 우리는 하나님의 축복을 받을 권리를 가진 성도들입니다. 하나님으로부터 기름부음을 받은 성직자로부터 하나님의 축복을 전이 받을 수 있는 권리가 있습니다.

3. 축복을 전이시키는 권리

축복권이 없는 사람은 상대를 축복할 권리가 없습니다. 곧 하나님의 축복을 명할 수 있는 권리를 위임받지 못한 자는 절대로 남을 축복할 수 없는 것입니다. 저의 개인적인 소견으로 축복의 권리는 현재 성령이 역사하는 교회시대를 살아가는 성도들은 반드시 성령으로 세례를 받은 성도만이 축복권이 있다고 생각합니다. 그래서 타종교 교주나 무당들은 절대로 인간을 축복하며 행복하게 할 권리가 없기 때문에 사기꾼인 것입니다. 예를 들어서 결혼할 때 한국은 사회적으로 이름 있는 저명인사를 주례로 세워 신랑신부를 축복하지만, 미국에서는 반드시 목사를 주례로 세워 신랑신부를 축복하게 합니다. 그것은 목사만이 합법적으로 하나님의 축복을 명할 수 있는 대리권자라는 것입니다.

우리도 이를 명심해야 합니다. 하나님으로부터 축복권을 위임받은 사람 만이 축복을 전이 시킬 수가 있다는 것입니다. 그래서 가장은 자신의 자녀들을 축복 할 수가 있는 것입니다.

창세기에 나오는 두 사람을 비교하면 이렇습니다.

요셉 : 세상 적으로는 명성을 쌓고 출세를 했어도 축복권이 없었습니다.

야곱 : 세상 적인 주권은 없었어도 하나님의 축복권이 있었습니다. 야곱은 비록 양식이 없어서 애굽에 왔지만 자신이 가진 축복권으로 당당히 바로 왕을 축복했습니다(창47:10).

"요셉이 자기 아버지 야곱을 인도하여 바로 앞에 서게 하니 야곱이 바로에게 축복하매 바로가 야곱에게 묻되 네 나이가 얼마냐 야곱이 바로에게 아뢰되 내 나그네 길의 세월이 백삼십 년이니이다 내 나이가 얼마 못 되니 우리 조상의 나그네 길의 연조에 미치지 못하나 험악한 세월을 보내었나이다 하고 야곱이 바로에게 축복하고 그 앞에서 나오니라"(창47:7-10)

지금도 세상적인 지위는 높지만 축복권이 없을 수 있다는 것입니다. 반대로 세상 적인 주권은 없어도 하나님의 축복권이 있을 수 있다는 말입니다. 반드시 하나님으로부터 축복권을 받아야 축복할 수가 있다는 말입니다.

하나님의 축복은 하나님의 질서와 법에 따라 움직입니다. 하나님 → 모세 → 아론 → 아론의 아들들(축복권을 위임하여 백성들에게 하나님의 축복을 명하게 함)의 관계처럼 하나님의 축복을 받은 자만이 하나님의 축복을 명할 수 있습니다.

1) 사울왕

아말렉과의 전쟁에서 이기고도 사무엘의 축복을 이어 받지 못해 망하는 자가 되었습니다. 사무엘의 말대로 하지 못한 것은 지도자로서의 축복을 받지 못했기 때문입니다. 아울러 우리들이 하나님의 말씀대로 살아갈 수 있다면 그 자체가 축복이며 능력인 것입니다.

2) 다윗왕

하나님의 축복을 받은 사실을 증거함으로 하나님의 복을 나누는 자가 되었습니다. 출애굽 당시 가나안 전쟁 때를 보면 열두 지파의 족장들은 반드시 여호수아에게 권리를 위임받고 전쟁에 나아갈 수 있었습니다.

교회에서도 참된 지도자는 바리새인들처럼 전통적인 방법과 의식에 의해 지도자로 선출 되는 것이 아니라, 하나님의 축복을 받은 자로서 그 권리를 위임받아 교인들을 축복할 권리가 있는 자가 지도자인 것입니다. 저의 짧은 견해로는 하나님의 축복을 받은 자는 성령으로 기름부음을 받은 자라고 생각을 합니다. 오늘의 기름부음을 받은 목회자가 축복을 전이시킬 수가 있다는 것입니다. 성령으로 기름부음을 받으려면 반드시 성령으로 세례를 받아야 합니다. 그리고 성령이 하시는 말씀을 들을 줄 아는 지도자가 되어야 성령이 시시각각 지시하시는 명령대로 축복을 전이 할 수가 있기 때문입니다.

그런데 문제는 아무나 축복한다고 축복을 받는 것이 아니라는 것입니다. 축복은 하나님이 승인해야 자신의 것이 되는 것입니다. 아무나 축복 안수를 받았다고 당장 축복을 받는 것이 아닙니다. 반드시 하나님의 원하시는 수준이 되어야 비로소 하나님이 축복을 풀어놓아 주시는 것입니다. 우리는 무엇보다도 하나님이 원하시는 영육의 수준이 되려고 노력을 해야 합니다.

저에게 많은 장로님이나 목사님들이 질문을 합니다. 신령한 분들에게 예언을 받을 때 당대에 거부가 된다고 예언을 들었는데 지금 나이가 65세인데 거부가 안 되는데 이유가 무엇이냐고 질문하는 분들이 있습니다. 이는 당대에 거부가 될 영육의 수준이 되지 않았기 때문에 하나님이 미루시는 것입니다. 언제든지 하나님이 원하시는 영육의 수준이 되면 당대에 거부가 되는 축복을 풀어주십니다.

우리는 막연하게 축복 안수를 받았으니 가만히 있어도 축복을 받는다는 생각을 접어야 합니다. 부단하게 기도하여 영성훈련을 하여 하나님의 마음에 합한자가 되려고 노력을 해야 합니다.

이는 아브라함을 보면 알 수가 있는 것입니다. 하나님은 아브라함을 하나님의 시간표에 맞추어 훈련을 시키셨습니다. 성경이 말하는 시간에는 두 종류가 있습니다. '크로노스' '카이로스'입니다.

그러므로 우리가 시간성을 따질 때 크로노스에만 집착할 것이 아니라, 하나님의 카이로스에도 관심을 가져야 합니다. 어떤 약속은 먼 것 같지만 우리가 하나님의 뜻에 순종하고 준비되어 있으면 생각보다 빨리 이루어질 수 있고 어떤 약속은 가까운 것 같지만 불순종하고 준비되어 있지 않으면 마냥 질질 끌기만 합니다.

예언 사역자인 그래엄 쿡은 "하나님은 (성취의) 시기가 아니라 (인격의) 성장을 측정하신다"고 말했습니다. 원래 하나님은 출애굽한 백성들의 광야 훈련으로 일 년으로 예정하셨지만 그들이 번번히 불순종한 결과 그들은 40년 동안 광야에서 쳇바퀴 도는 생활을 하다가 멸망해갔습니다.

하나님은 아브라함이 75세 일 때 말씀을 주셨습니다(창 12:1-5). 그가 가나안 땅에 도착했을 때 하나님은 두 번째 말씀을 주셨습니다(창 12:7). 이것은 첫 번째 말씀에 대한 확인이라고 할 수 있습니다. 세 번째 말씀은(창 13:14-17) 첫 번째 말씀을 재 강조하신 말씀입니다.

그는 그 후 83세에 네 번째 말씀(창 15장)을 받았고 99세에 다섯 번째 말씀을 받았습니다(창 17장). 이때 그는 '내 앞에서 흠 없이 행하라'는 말씀을 받습니다.

하나님은 또한 우리에게 주신 말씀이 이루어져 가는 동안 우리를 하나님의 사람으로 변화시키십니다. 우리가 그 말씀이 이루어지기를 사모하고 기도하며 기다리는 동안 하나님의 사람으로 변해 가는 것입니다. 그리고 하나님이 원하시는 그릇으로 준비되었을 때 비로소 그 말씀이 이루어집니다.

"그러므로 누구든지 이런 것에서 자기를 깨끗하게 하면 귀히 쓰는 그릇이 되어 거룩하고 주인의 쓰심에 합당하며 모든 선한 일에 예비함이 되리라"(딤후 2:21).

기다리는 기간은 사람에 따라 그릇에 따라 다릅니다. 미래에 대한 말씀이 이루어지기까지 아브라함은 25년을 기다렸고, 모세는 40년을 기다렸고, 요셉은 13년을 기다렸고, 다윗도 13여 년을 기다렸습니다. 더군다나 하나님은 힘든 일이나 장애물에 대해서는 잘 말씀해주시지 않습니다. 하나님은 요셉에게 형제들과 부모가 자기에게 절하는 꿈을 보여주셨지만 앞으로 어떤 장애가 놓여있다는 말씀은 해주시지 않았습니다.

비록 하나님은 다윗이 청소년일 때 왕으로 기름 부으셨지만 앞으로 어떤 고난이 닥쳐올 것인가에 대해서는 전혀 언급하시지 않았습니다. 그 꿈을 이루어 가는 동안 그들은 하나님이 원하시는 합당한 그릇으로 준비되고 연단되어 갔습니다.

그리고 요셉처럼 하나님의 은혜로 인해 세상적으로는 출세한 것 같았어도 참된 축복을 받기 위해 하나님의 축복권이 있는 야곱의 앞으로 나아간 것처럼, 날마다 하나님의 축복권을 가지신 예수 그리스도 앞으로 나아가 축복을 위임받고, 내 가족과 이웃을 축복할 수 있는 자가 복의 근원이신 하나님과 연합된 사람인 것입니다. 이러한 축복의 권한이 항상 우리에게 함께 하시기를 소원합니다.

3장 아브라함이 축복을 받은 비결

(창 12:1-9)"여호와께서 아브람에게 이르시되 너는 너의 고향과 친척과 아버지의 집을 떠나 내가 네게 보여 줄 땅으로 가라. 내가 너로 큰 민족을 이루고 네게 복을 주어 네 이름을 창대하게 하리니 너는 복의 근원이 될지라. 너를 축복하는 자에게는 내가 복을 내리고 너를 저주하는 자에게는 내가 저주하리니 땅의 모든 족속이 너로 말미암아 복을 얻을 것이라 하신지라. 이에 아브람이 여호와의 말씀을 따라갔고 롯도 그와 함께 갔으며 아브람이 하란을 떠날 때에 칠십오 세였더라. 아브람이 그의 아내 사래와 조카 롯과 하란에서 모은 모든 소유와 얻은 사람들을 이끌고 가나안 땅으로 가려고 떠나서 마침내 가나안 땅에 들어갔더라. 아브람이 그 땅을 지나 세겜 땅 모레 상수리 나무에 이르니 그 때에 가나안 사람이 그 땅에 거주하였더라. 여호와께서 아브람에게 나타나 이르시되 내가 이 땅을 네 자손에게 주리라 하신지라 자기에게 나타나신 여호와께 그가 그 곳에서 제단을 쌓고 거기서 벧엘 동쪽 산으로 옮겨 장막을 치니 서쪽은 벧엘이요 동쪽은 아이라 그가 그 곳에서 여호와께 제단을 쌓고 여호와의 이름을 부르더니 점점 남방으로 옮겨갔더라"

하나님은 아브라함을 불러서 훈련하시고 축복하셨습니다. 아브라함이 하나님의 축복을 받은 영적인 교훈을 알고 적용해야 합니다. 하나님은 우리가 축복을 받고 살아가기를 원하시기 때문에 아브라함을 축복하신 것입니다. 우리가 하나님께 축복을 제대로 받아야 신앙생활을 잘 할 수 있습니다. 신앙생활을 잘해야 육적인 축복과 물질적인 축복도 잘 받습니다. 그래서 아브람의 행적은 다른 어떤 구약의 의인들보다도 더욱 더 뚜렷하게 신약시대에까지 두각을 나타내고 있습니다. 그 이유는 그가 보여준 절대적인 순종 때문이었습니다. 우리에게 아브라함과 같이 순종하면 하늘의 복을 받을 수가 있다고 성경에 기록하여 알려주시는 것입니다. 이러한 아브라함의 생애는 그의 믿음을 닮아가는 우리들에게 다음과 같은 커다란 교훈을 보여줍니다.

1. 하나님의 부름을 받다.

"여호와께서 아브람에게 이르시되 너는 너의 고향과 친척과 아버지의 집을 떠나 내가 네게 보여 줄 땅으로 가라. 내가 너로 큰 민족을 이루고 네게 복을 주어 네 이름을 창대하게 하리니 너는 복의 근원이 될지라. 너를 축복하는 자에게는 내가 복을 내리고 너를 저주하는 자에게는 내가 저주하리니 땅의 모든 족속이 너로 말미암아 복을 얻을 것이라 하신지라. 이에 아브람이 여호와의 말씀을 따라갔고 롯도 그와 함께 갔으며 아브람이 하란을 떠날 때에 칠십오 세였더라"(창12:1-4)

하나님께서는 그가 우상에 둘러싸인 무의미한 생애를 살고 있을 때 그를 불러내셨습니다. 그가 그 이웃 주민들 보다 더 훌륭한 생애를 살고 있었기 때문에 하나님께서 그를 부르신 것이 아니었습니다. 하나님의 은혜는 무가치한 사람이라고 할지라도 찾아 주십니다. 이와 같이 그리스도께서는 의인을 부르시기 위하여 세상에 오신 것이 아니라, 죄인을 부르시기 위하여 오셨습니다. 우리가 아직 죄인 되었을 때, 그리스도께서 우리를 위하여 돌아가셨습니다. 바로 우리도 죄인이었을 때에 하나님께서 불러주시고 선택을 해주신 것입니다. 그러므로 우리는 겸손하게 우리를 불러주신 것을 감사를 드립니다. 라고 항상 감사의 기도를 드려야 합니다. 우리 성도님들은 항상 내가 무가치하지만 하나님의 자녀로 불러주신 것을 감사하는 마음으로 신앙생활을 해야 될 줄로 믿습니다. 우리 모두는 하나님으로부터 부름을 받은 사람들입니다.

2. 하나님의 부르심에 응답

아브라함이 직접 귀로 하나님의 음성을 들었는지, 혹은 성령께서 그의 마음을 감동시켜 그의 마음 가운데 견딜 수 없는 열망을 일어나게 하셨는지 우리는 알지 못합니다. 어찌됐든 그 부르심은 매우 개인적인 것이었습니다. 그 만이 그 부르심에 응답할 수 있었습니다. 그런데 하나님의 부르심에는 개인적인 책임이 부과됩니다. 이와 같이 하나님께서는 우리가 우리의 이웃보다 더 훌륭한 생애를 살 가능성이 있기 때문에 우리를 부르시는 것이 아니라, 지금의 우리 자신보다 더 훌륭해질 수 있는 가능성을 보시고 우리를 부르십니다.

하나님께서 우리를 부르실 때에는 하나님의 말씀인 성경과 목사님의 설교와 기도로 마음속에 감동이 들려집니다. 그러므로 우리 성도님들께서는 성령의 인도를 받으며 영과 진리로 예배를 드려야 합니다. 또 성령으로 기도하며 하나님의 음성을 잘 듣고 하나님의 부르심에 응답 하시기를 바랍니다.

3. 하나님의 부르심의 의미

1) 혈육과 완전한 분리

1절에 "여호와께서 아브람에게 이르시되 너는 너의 고향과 친척과 아버지의 집을 떠나 내가 네게 보여 줄 땅으로 가라" 라는 말씀처럼, 그가 태어나서 자란 땅이나 친척, 그리고 아버지의 집도 그가 나아가는 길을 방해하지 못했습니다. 즉 그가 하나님의 부르심을 행하는데 방해가 되는 모든 지역적인 관계나 인간적인 관계는 끊어져야만 하였습니다.

그러므로 만일 사람이 기꺼이 자기의 죄를 버리지 않는다면 구원을 받지 못합니다. 그래서 우리는 자기의 죄를 버리고 회개하며 변화되는 삶을 살아가시기를 바랍니다. 세상에 살아가던

인본주의를 버리고 성령의 인도를 받는 성도가 되어야 합니다. 우리는 말씀과 성령으로 충만하여 죄악과 완전히 분리된 삶을 살아서, 거룩하고 성결한 삶을 살아가시기를 바랍니다.

2) 새 생애

이 생애는 하나님을 믿는 믿음의 생애이며, 하나님과 더불어 교제를 나누는 축복된 생애입니다. 하나님께 순종하는 모든 사람들은 믿음으로 살게 됩니다. 하늘의 사람으로 살아가게 됩니다. 성령에 의하여 자아라고 하는 자신의 생활에 갇혀져 하나님의 은혜를 알지 못하던 박토에서 기름지고, 풍성한 은혜의 토양으로 옮겨져서 자라게 되는 것입니다. 하늘에 시민권이 있습니다.

우리도 예수님을 믿으면 새 생명의 삶을 살아가는 것입니다. 땅에 소망을 두지 않고 천국에 소망을 두고 살아갑니다. 우리는 죄인의 신분에서 주님의 보혈로 죄가 깨끗하게 씻음을 받고 구원을 얻었으므로 새 사람이 되고, 하나님의 아들 예수님의 뜻을 따라가며 하나님의 자녀가 되었습니다. 그래서 우리는 새로운 생애를 살아가고 축복된 삶을 살아가는 것입니다. 앞으로 새로운 천국에서 살아가게 되는 것입니다.

4. 하나님의 부르심에 담긴 약속

1) 소유에 대한 약속

7절에 "여호와께서 아브람에게 나타나 이르시되 내가 이 땅을 네 자손에게 주리라 하신지라"하셨습니다. 많은 사람들은 하나님의 부르심을 받았을 때 망설입니다. 왜냐하면 그 부르심에 응하였을 때, 하나님께서 주시는 것에 대하여는 생각하지 않고 포기하고 버려야 될 것에 관하여만 생각하기 때문입니다. 이와 같이 복음서에 나오는 탕자도 물론 아버지가 주시는 아름다운 옷을 입으려 했을 때, 그가 걸치고 있었던 헌 누더기를 벗어 던져야만 하였습니다.

아브람은 아직 받지는 못했지만 하나님께서 주신다는 소유의 땅의 약속을 믿었습니다. 그러므로 우리도 아직 천국을 가보지 못하고 소유를 하지를 않았지만 하나님의 약속을 믿고 이곳에서 천국에 갈 준비를 하며 이 땅에서도 천국을 소유하려고 주님을 믿는 것입니다. 그리하여 우리는 아브람처럼 하나님의 땅의 소유의 약속을 믿듯이 우리도 확실하게 믿어 천국의 생활을 하며 소유하시기를 바랍니다.

2) 축복에 대한 약속

2절에 "내가 너로 큰 민족을 이루고 네게 복을 주어 네 이름을 창대하게 하리니 너는 복의 근원이 될지라."이 약속은 단순히 아브람 자체에만 그치는 것이 아니라, 이 땅의 모든 족속들은 아브람의 후손(그리스도)을 통하여 복을 받게 될 것이라는 사실을 말해주는 것입니다. 뿐만 아니라 본문은 하나님께서 우리를 축복해 주신 후에야 우리가 축복의 근원이 될 수 있음을 보여 줍니다. 이것이 하나님의 순서입니다. 즉 우리는 봉사하기 위하여 구원함을 받았습니다. 이와 같이 예수께 나아와 넘치는 생명수를 마시는 사람들만이 하나님을 위하여 봉사할 수 있으며, 세상에 대하여 축복이 될 수 있습니다.

일본의 여류작가 미우라 아야꼬는 작가가 되기 전에 구멍가게를 했는데, 장사가 너무 잘돼 나중에는 트럭으로 물건을 공급해야 할 정도였습니다.

어느 날 퇴근한 남편이 "여보, 우리 가게 장사가 너무 잘돼 이웃 가게들이 문을 닫을 지경이 되었으니 참으로 안타깝소. 이것은 하나님 뜻에 어긋나는 게 아니겠소?" 하고 아내에게 말했습니다. 이 말에 자극 받은 미후라 아야꼬는 상품을 다 갖추지 않고 손님이 오면 이웃 가게로 보내주곤 했습니다.

그리고 시간이 나자 소설에 응모, 당선됨으로써 가게에서 번 돈보다 몇 백 배의 돈을 벌었습니다. 이 소설이 그 유명한 〈빙점〉입니다.

우리는 남에게 축복을 빌 수 있고, 기도해줄 수 있는 축복권을 가지고 있습니다. 남을 축복해주고 도와줄 때에 자신이 갑절의 복을 받는 우리가 되시기를 바랍니다.

5. 하나님의 부르심을 받으려면

하나님의 마음에 합한 성도가 되어야 합니다. 하나님은 아무나 불러서 사용하시지 않기 때문입니다. 하나님은 불꽃같은 눈으로 세상을 감찰하시면서 마음에 합한 성도를 찾고 계십니다.

창세기 11:31에 보면, 아브라함은 하나님의 명령보다는 그의 아비의 말을 더 따랐던 것처럼 보입니다. 아버지의 인도를 따라서 그는 겨우 '하란'까지 왔을 뿐이었습니다. 그의 아버지가 죽은 후에야 그는 하나님께 완전하게 순종하였습니다(4절). 이와 같이 믿음의 생애를 사는 데 있어서 세상적인 지혜는 우리에게 어떤 도움도 주지 못합니다. 그리스도께 이르지 못하고 중간에서 멈춘 사람들에게는 어떤 안식도, 또한 축복도 있을 수 없습니다. 그들이 안식과 축복을 얻기 위하여 아무리 몸부림친다고 할지라도, 또한 천국이 멀지 않은 곳까지 왔다고 할지라도 그들은 여전히 천국 밖에 있습니다. 이렇듯 비록 구원에 가장 가깝게 접근한 자라 할지라도 그에게 주를 믿는 완벽한 믿음이 없다면 그는 아직도 잃어버린바 된 사람입니다. 하나님께서는 지금도 우리를 부르고 계십니다. 이제 그의 음성을 듣고 그에게 나아가기를 지체하지 맙시다.

하나님께서 사람을 쓰시되 알맞은 자를 택하셔서 최대 한도로 일하도록 하신다는 것입니다. 그렇기 때문에 자기를 사용해 달라고 기도만 계속하지 말고, 오히려 우리 자신이 하나님의 일을 하는데 알맞은가를 한 번 자세히 검토해 보아야 할 것입니다.

하나님께서는 아무나 쓰시지는 않습니다. 다만 누구든지…. 자기를 깨끗하게 하면…. 거룩하고 주인의 쓰심에 합당하여 모든 선한 일에 예비함이 된 자라야 합니다. 그런 사람을 하나님께서는 축복하시며 맘껏 쓰시게 됩니다.

바로 우리는 하나님께서 집사로 권사로 장로로 목사로 부를실 때에 그 부르심에 맞게 순종하며 최선을 다하면 그 직분대로 분량만큼 사용을 하시므로 그분께 맡기며 나갈 때에 그릇에 맞게 사용을 하시므로 염려하지 말고 최선을 다하여 봉사하며 믿으시기를 바랍니다.

성령의 인도를 받으면서 봉사하면 하나님이 순종하는 모습을 보시고 축복을 허락하여 주십니다. 하나님은 열심히 하는 것을 보시는 것이 아니고, 성령의 인도를 받아 마음 중심에서 나오는 충성으로 봉사를 하기를 원하십니다. 마음 중심이 하나님에게 있기를 원하십니다. 하나님에게 마음을 드리십시오.

6. 아브라함이 받은 축복의 비결

첫째는 순종입니다. 아브라함은 하나님께서 1절에 "여호와께서 아브람에게 이르시되 너는 너의 고향과 친척과 아버지의 집을 떠나 내가 네게 보여 줄 땅으로 가라" 말씀에 즉시 따라가 축복을 받은 것입니다. 보통사람들이 오랫동안 살던 집을 떠나기가 쉽지 않았을 것입니다. 그러나 아브라함은 하나님의 부르심에 즉각 순종하였습니다.

아브라함도 하나님께 즉시 고향과 집을 떠나 하나님께서 지시한 땅으로 가므로 축복권을 받았습니다. 바로 우리도 아브라함처럼 하나님께 순종을 하면 하나님으로부터 축복을 받는 것입니다.

둘째로 제단을 쌓는 생활을 하였던 것입니다. 7절에 "여호와께서….이 땅을 네 자손에게 주리라…. 나타나신 여호와께 그가 그 곳에서 제단을 쌓고"라고 기록이 되었습니다.

이것은 하나님 앞에 제단을 쌓는 것인데 오늘날로 말하면 예배를 드리는 생활인 것입니다. 우리는 신앙생활의 기본인 예배생활을 잘해야 하나님께 축복을 받는 것입니다. 영과 진리로 예배를 드려야 합니다. 주일날예배, 새벽예배, 수요예배, 구역예배, 매일가정예배를 드려야합니다. 아브라함은 가는 곳마다 하나님께 예배를 드렸습니다.

가진 항이라는 항구는 다른데 비해서 고기를 많이 잡혀서 만선을 한다고 합니다. 왜 그런지 아십니까? 그곳의 교인 어부들은 하나님 앞에 고기를 잡으러 가기 전에 배에서 예배를 드리고 출항을 합니다. 그래서 가진 항에 성도들은 다른 지역 항구보다 고기가 많이 잡혀서 하나님께 영광을 돌린다고 합니다. 하나님께서는 그만큼 자기를 존귀하게 여기고 높이는 자를 들어 쓰시고 그 사람을 높여주시며 존귀하게 만들어주시는 것입니다. 그래서 하나님께 경배하는 행위인 예배의 생활을 잘하는 사람을 축복해주시는 것입니다.

바로 참된 예배는 하나님께 영과 진리로 예배를 드리면서 그 말씀대로 살려고 서로 사랑하고 하나님의 말씀에 관심을 가지고 나누는 교회가 참된 예배를 드렸다는 것을 말해주고 있습니다. 그러므로 우리는 예배시간에 성령으로 충만한 가운데 찬양을 드리고 성령의 임재 가운데 말씀에 집중하며 설교를 듣고, 그 말씀의 비밀을 나누며 사랑의 교제를 하는 분들이 되어서 하나님께 영광을 돌리기를 바랍니다.

셋째로 아브라함이 축복을 받은 비결은 하나님의 이름을 부르는 기도를 드렸다는 것입니다.

8절 하반 절에 "……그가 그 곳에서 여호와께 제단을 쌓고 여호와의 이름을 부르더니" 기록이 되었습니다. 이것은 바로 하나님께 예배 속에서 기도를 드렸다는 것입니다. 바로 예배에는 기도의 요소가 있습니다. 바로 우리는 예배시간에 하나님의 이름을 불러가며 기도를 드려야 그 예배를 받아주시는 것입니다. 그리고 우리는 기도의 생활을 해야 하나님께서 기뻐하십니다.

기도란 하나님과 대화를 하는 것입니다. 그래서 기도를 처음 시작할 때에 하나님 아버지여~ 라고 불러가며 시작을 하는 것입니다. 우리는 예배뿐만이 아니라 무엇을 하든지 먼저 기도로 시작을 하고 기도로 마쳐야 합니다. 기도는 반드시 성령으로 해야 합니다. 그러므로 우리는 일어나자마자 첫 번째 할 것이 기도를 하나님께 먼저하고 일어나 세면을 하고, 교회에 와서 새벽 예배와 기도를 드리는 것입니다. 그리고 나서 하루 일을 마치고 나서 잠들기 전에 하나님께 말씀을 읽으며 하루의 일을 반성하며 기도를 드리고 잠을 자야합니다.

조지 뮐러는 조용한 아침시간에 기도함으로 성경을 연구하였습니다. 아침에 옷을 입은 후에 그의 일은 자신을 기도에 몰두시키는 일 뿐이었습니다. 그런 후에야 그의 계획은 변화를 체험하게 되었습니다. 그는 이렇게 말했습니다.

"나는 하나님의 말씀을 읽는 것이 내가 해야 할 일들 중의 가장 중요한 일임을 알았다. 그래서 나는 성경 말씀을 묵상하게 되고, 그러므로 나의 마음은 안정되고, 용기를 얻고, 조심하게 되며, 내 마음을 견책하고, 훈계를 받곤 한다. 또한 하나님의 말씀을 묵상함으로 나의 마음은 주님과의 체험적인 교통을 하게 된다. 그러므로 나는 아침에 신약 성경을 묵상하기 시작했다. 주님의 보배로운 축복의 말씀을 본 후에 내가 하는 첫 번째 일은 그 하나님의 말씀을 묵상하는 것이었으며, 마치 그 말씀으로부터 축복을 얻어내듯이 말씀을 연구하는 것이었는데, 이는 이 말씀에 대해서 대중에게 설교를 하기 위해서가 아니라 또한 내가 묵상했었던 것을 가르치기 위해서가 아니라 오히려 나 자신의 영혼을 위한 영양을 섭취하기 위해서 한 것이다. 내가 거의 이러한 규칙적인 일을 한 결과 불과 얼마 후에 나의 영혼은 하나님께 모든 것을 고백하게 되고 또한 감사드리고 또는 마음을 열고 하나님께 소원을 드리는 것이었다. 그러므로 비록 내가 처음에는 말씀을 묵상하게 되나 곧 나 자신은 기도에 전념하게 되었다."

바로 우리는 기도의 생활을 얼마나 하느냐에 따라서 그 사람의 인격과 신앙의 성품과 생활을 가늠할 수가 있습니다. 왜냐하면 기도를 많이 하면 할수록 더욱 겸손해지고 조심해서 행동을 하며 경건한 생활을 할 수가 있는 것입니다.

그러므로 우리는 무시로 기도해야 합니다. 만약에 무시로 기도를 드리는 습관이 되지 않았으면 아침에 1시간 점심에 30분 밤에 1시간씩이라도 기도하는 성도가 되어야 합니다. 그래서 많은 기도의 응답과 신앙의 성숙한 삶을 살아가 경건한 신앙생활을 사람들에게 나타내어서 승리하시기를 바랍니다. 날마다 기도의 응답체험을 하시고, 아브라함처럼 불러주실 때 즉시 순종하여 하나님에게 즉각 응답하시기를 바랍니다.

하나님께 제단을 쌓는 예배의 생활과 기도의 생활을 쉬지 말고 하셔서 하나님의 마음에 합한 성도가 되시기를 바랍니다. 그래서 아브라함처럼 축복을 받으시기를 바랍니다. 자신만 축복받고 마는 것이 아니고 아브라함처럼 하나님에게 받은 축복을 이웃과 후손에게 전이시키는 우리가 되시기를 바랍니다..

4장 축복은 기사와 이적을 따라가야 받는다.

(출 13:21-22) "여호와께서 그들 앞에서 가시며 낮에는 구름 기둥으로 그들의 길을 인도하시고 밤에는 불기둥을 그들에게 비추사 낮이나 밤이나 진행하게 하시니 낮에는 구름 기둥, 밤에는 불기둥이 백성 앞에서 떠나지 아니하니라"

축복의 통로는 무엇일까요? 축복의 통로는 기사와 이적이라고 할 수가 있습니다. 하나님은 이스라엘 민족을 인도하실 때 기사와 이적을 통해서 인도하셨습니다. 기사와 이적을 눈으로 보면서 하나님의 인도를 받았다는 것입니다. 하나님은 성도를 기사와 이적을 눈으로 보면서 축복의 땅으로 들어가게 하십니다. 하나님은 살아계시기 때문에 말씀하신 것을 그대로 이루시는 하나님이십니다. 그래서 하나님은 성도들에게 기사와 이적을 보게 하면서 축복의 땅으로 인도하십니다.

예를 들어 설명하면 예수를 믿은 성도가 교회에 들어가서 신앙생활을 합니다. 신앙생활을 하면 할수록 영육으로 좋은 변화가 나타나야 한다는 것입니다. 이는 하나님이 함께하시기 때문에 나타나는 현상입니다. 반대로 예수를 믿고 교회에 들어와 믿음생활을 열심히 하는데 영육의 변화가 없고 환경의 어려움이 떠나가지 않고 더 힘들어 진다면 하나님이 함께하지 않는 증거입니다. 빨리 원인을 찾아 해결해야 합니다. 성도가 예수를 믿으면서 영육으로 좋은 변화가 나타나는 현상은 하나님이 기사와 이적을 보이면서 축복의 땅으로 인도하시는 증표입니다. 이 축복의 통로를 놓지 말고 따라가야 합니다.

우리 가정에 물이 들어오기 까지는 정수장에서 수도관을 통해서만 수도물이 들어 올 수 있습니다. 이와 같이 성경을 통해서 복을 받는 사람들의 맥을 살펴보면 복을 받을 수 있는 통로를 잘 알 수 있습니다.

창세기 27장 27절에 보면 아버지 이삭을 통해서 아들에게 복이 전수 되는 것을 볼 수 있습니다. "그가 가까이 가서 그에게 입 맞추니 아비가 그 옷의 향취를 맡고 그에게 축복하여 가로되 내 아들의 향취는 여호와의 복주신 밭의 향취로다 하나님은 하늘의 이슬과 땅의 기름짐이며 풍성한 곡식과 포도주로 네게 주시기를 원하노라 만민이 너를 섬기고 열국이 네게 굴복하리니 네가 형제들의 주가 되고 네 어미의 아들들이 네게 굴복하며 네게 저주하는 자는 저주를 받고 네게 축복하는 자는 복을 받기를 원하노라"고 말했습니다.

이렇게 아버지를 통해서 아들에게 복이 흘러가는 것을 볼 수 있습니다. 우리는 자녀들에게 기도로 축복을 하여야 합니다. 이것은 바로 성경적입니다. 기도의 자녀는 망하는 법이 없다고 합니다. 탕자 어거스틴이 성자가 되기까지는 어머니의 기도가 있었기 때문입니다. 부모는 자녀에게 축복의 통로가 되어야 할 것입니다. 민수기 6장22절에는 이스라엘의 지도자 모세를 통하여 이스라엘 백성에게 복이 내려지는 것을 볼 수 있습니다.

"아론과 그의 아들들에게 이르기를 너희는 이스라엘 자손을 위하여 이렇게 축복하여 이르되 여호화는 네게 복을 주시고 너를 지키시기를 원하며 여호와는 그 얼굴로 네게 비추사 은혜 베푸시기를 원하며 여호와는 그 얼굴을 네게로 향하여 평강 주시기를 원하노라 할지니라 하라 그들은 이같이 내 이름으로 이스라엘 자손에게 축복할 지니 내가 그들에게 복을 주리라"고 하십니다. 오늘날 교역자는 맡겨주신 양떼들에게 축복의 통로가 되어야 할 것입니다.

사무엘상 1장17절에도 보면 엘리가 한나에게 축복의 기도하는 내용을 볼 수 있습니다. "엘리가 대답하여 가로되 평안히 가라 이스라엘의 하나님이 너의 기도하여 구한 것을 허락하시기를 원하노라"하면서 축복하는 것을 볼 수 있습니다.

엘리제사장이 자녀들을 하나님의 말씀으로 잘 양육하지 못하고 하나님의 기뻐하시는 일을 하지 못하는 엘리 제사장이었지만 그의 축복 기도는 한나에게 흘러들어가서 사무엘을 잉태하는 축복을 받았습니다.

우리는 하나님의 말씀을 순종하여 직접 복을 받을 수도 있지만 부모를 통해서 축복의 통로가 되고 오늘날의 교역자를 통해서도 성도들에게 축복의 통로가 된다는 사실을 알아야 하겠습니다.

하나님은 이스라엘 백성들을 가나안 땅으로 인도하실 때 기사와 이적을 통하여 그들을 축복의 땅으로 인도하셨습니다. 하나님은 살아계시기 때문에 말로만 하시는 것이 아니고, 눈으로 보이는 기사와 이적을 통하여 하나님의 역사를 나타내시고 이스라엘 백성들이 믿고 따라가도록 하셨다는 것입니다.

성령의 인도를 받는 우리도 영의 눈을 열어 하나님의 기사와 이적을 보고 따라가야 할 것입니다. 기사와 이적이 나타나는 것은 하나님이 함께 하신다는 것의 보증입니다. 하나님의 역사를 눈으로 보는 성도가 되어야 합니다. 그래야 하나님의 축복을 받으면서 살아가는 성도가 될 수가 있습니다.

하나님이 이스라엘 백성을 축복의 땅으로 인도하실 때 사용한 기사와 이적은 이런 것들이 있습니다.

1) 홍해를 가른 사건

하나님의 명령대로 모세가 바다 위로 손을 내밀었더니 여호와께서 큰 동풍을 불게 하셨고, 바닷물이 물러가기 시작했습니다. 그리고 바다 한 가운데로 길이 나게 되었습니다. 그러자 이스라엘 백성들이 바다 가운데를 마른 땅처럼 걸어가게 되었고, 물은 그들의 좌우에 벽이 되었다고 성경은 말합니다.

나중에 애굽 사람들, 바로 왕의 말들, 병거들과 마병들이 다 이스라엘 자손들을 추격하기 위해 그 바다 가운데로 들어왔습니다. 하나님은 그 순간에 불과 구름 기둥으로 애굽 군대를 어지럽게 해서 이스라엘을 추격하지 못하도록 막았습니다. 그리고 이스라엘 자손들이 홍해를 다 건너자 하나님은 모세에게 "네 손을 내밀어 물이 애굽 사람들과 그들의 병거와 마병들 위에 다시 흐르게 하라"고 했습니다. 모세는 하나님의 명령에 따라 지팡이를 든 그의 손을 다시 바다 위로 내밀자, 그 순간 바다의 힘이 회복되었습니다. 바닷물이 애굽 사람들 위에 덮쳤고 그들은 그곳, 바다에서 다 죽게 되었습니다. 하나님은 이렇게 이스라엘 자손들을 애굽 사람의 손에서 구원하셨습니다. 이스라엘 자손들은 하나님께서 애굽 사람들에게 행하신 그 큰 능력(기사와 이적)을 두 눈으로 똑똑히 보고 여호와 하나님을 경외하며 하나님과 그의 종 모세를 믿고 따르게 되었다고 성경은 말합니다.

2) 메추라기 사건

이스라엘 사람들의 원망에 대해서 하나님은 진노로 응답하셨습니다. 먼저 하나님은 그들의 소원을 들어 주셨습니다. 얼마나 메추라기를 많이 주셨는지 사방으로 하룻길 되는 지면 위 두 규빗 쯤 내리게 하셨습니다. 하지만, 이 기도의 응답은 그들에게 복이 아니라 저주가 되었습니다. 왜냐하면, 하나님은 "고기가 아직 잇사이에 있어 씹히기 전에" 심히 큰 재앙으로 이스라엘을 치셨기 때문입니다. 이스라엘에 있어서 메추라기를 먹었던 그곳은 바로 그들에게는 무덤이 되어버렸습니다.

3) 마라의 쓴물을 달게 하신 사건

이스라엘 백성들은 마라의 쓴 물을 마시고는 즉각 원망과 불평을 터뜨립니다(출15:24절). 모세가 고통 속에서 기도할 때 하나님께서는 모세의 눈을 열어 한 나무를 보게 하시더니, 그 나무로 쓴 물을 달게 하셨습니다(25절). 그리고 하나님은 스스로를 "나는 치료하는 여호와임이니라"고 말씀하십니다(26절). 우리 하나님은 인생을 치료해 주시고 회복해주시는 사랑의 하나님이심을 믿으시기 바랍니다. 하나님께서는 우리 인생들의 실망과 슬픔과 아픔을 씻어주시고 고쳐주시려고 이미 한 나무를 예비해 놓으셨습니다. 그것이 바로 십자가입니다. 모세에게 한 나무를 지시하여 보게 하시고, 그 나무를 물속에 던져 넣으므로 마라의 쓴 물을 달게 하신 것입니다. 이것이 바로 예수 그리스도의 십자가 은혜입니다.

4) 불 뱀 사건

이스라엘 백성들은 광야 생활을 하게 되는데 광야 생활 중 하나님과 모세를 원망하게 되자 하나님께서 보내신 뱀에 물려 많은 사람들이 죽게 됩니다.

그러자 백성들은 모세에게 몰려가 "우리가 하나님과 당신에게 원망하는 범죄를 저질렀으니 하나님께 기도하여 이 뱀들을 물러가게 해주시오" 하고 부탁 하였습니다. 그 부탁을 듣고 모세가 기도하자 하나님께서는 모세의 기도를 들어 주시며 뱀을 만들어 장대위에 매달아 물린 자마다 그것을 쳐다보면 살수 있다고 말씀하셨습니다. 이 말씀을 듣고 모세는 놋으로 뱀을 만들어 장대위에 매달고 뱀에게 물린 자들은 그 장대에 매달린 뱀을 쳐다보고 낫게 되었습니다.

하나님은 이렇게 이스라엘 민족을 기사와 이적을 보게 하면서 축복의 땅으로 인도 하셨습니다. 하나님을 바르게 따라가고 있느냐를 분별하려면 이렇게 해야 합니다. 하나님을 따라가다가 문제가 발생할 때 하나님에게 기도하여 응답을 받고 선포하고 행동에 옮겼을 때 이루어져야 한다는 것입니다. 막혔던 길이 열려야 한다는 것입니다. 하나님은 살아서 역사하시는 하나님이시기 때문입니다. 말만 하시는 하나님이 아니시고 말씀하신 것이 이루어지게 하시는 분입니다.

축복의 땅으로 인도할 때 모세가 이스라엘 백성들에게 그들이 장차 하나님이 약속하신 땅에 들어갈 것을 언급하면서 그들이 지켜야 할 규례들을 자세하게 말하였습니다. 그 내용이 신명기에 기록되어 있는데 8장에 "네 열조가 알지 못하던 만나"라는 말씀이 3절과 16절 두 군데에 나옵니다. 모세가 이 내용을 반복해서 강조하고 있는 까닭은 이스라엘이 지겹도록 긴 세월 40년을 광야에서 보내야 했던 진정한 이유와 의미를 이스라엘 백성들의 마음에 새기기 위해서일 것입니다.

하나님이 이스라엘 백성들이 전혀 알지 못할 뿐만 아니라 이후에도 알 수 없는 만나라고 하는 독특한 양식을 먹이는 경험을 하게 한 까닭은 그들로 하여금 "낮아지고 시험을 받아 마침내는 복을 얻게 하기 위함"이었습니다. 그것은 곧 하나님의 입으로 나오는 모든 말씀을 따라서 살아가게 하기 위함인 것이지요. 하나님의 말씀을 따라서 사는 삶을 위해서 하나님은 전에 없었던 기적을 행하신 것입니다.

하나님을 우리는 기적을 행하시는 분으로 알고 있습니다. 기사와 이적이라는 신약의 용어는 누가가 즐겨 사용한 표현인데 공관복음에서는 이 말보다는 권능이라는 말을 더 사용했다는 점을 보면 기적이라는 표현은 누가 개인의 신앙 성향에 기인하는 면이 있는 것입니다. 기사와 이적은 새로운 일을 행하시고자 하실 때 주님이 주로 사용하시는 방법인데, 하나님을 따라가는데 기사와 이적이 없다면 우리는 하나님의 새로운 일을 경험할 수 없을 것이며, 새로운 역사 속으로 들어가는 일도 없을 것입니다. 반드시 하나님이 말씀하신대로 기사와 이적이 나타나야 하나님이 인도하시는 것입니다.

우리는 흔히 우리가 알지 못하는 일이 우리 가운데 일어나는 데 대해서 상당한 거부감을 가지고 있습니다. 어제와 같은 오늘이 계속 되기를 바라는 마음은 우리의 삶이 그 수준에서 만족스럽기 때문일 것입니다. 무언가 부족하다고 생각된다면 변화를 구할 것이며, 새로운 일에 대해서 기대할 것이지만, 부족한 것이 없다고 생각되면 현상을 유지하는 것으로 족하게 여길 것입니다.

기사와 이적은 광야라고 하는 척박한 환경에서 일어났으며, 그것은 이스라엘로 하여금 시험을 받고 낮아져서 마침내는 복을 받게 하기 위함입니다. 기사와 이적은 그 목적이 복을 받게 하기 위함이라는 점을 고려할 때 우리가 오히려 사모하면서 즐겁게 통과해야 하는 과제일 것입니다. 그럼에도 불구하고 우리는 기사와 이적에 대해서 두려워하거나 부정적인 시각을 가지고 있습니다.

예수께서 수많은 이적을 행할 때 그것을 적극적으로 비난하고 거부한 사람들이 바리세인들이었으며, 제사장과 율법학자들이라는 점은 오늘날에도 다르지 않을 것입니다. 기사와 이적은 축복에 이르기 전에 반드시 통과해야 하는 시험이며, 그렇기 때문에 모호하고 두려운 생각을 만들어내는 것이기도 합니다. "열조가 알지 못하였다"는 말씀처럼 그것은 아주 생소한 것이었으며, 혼동과 갈등을 만들어내기에 충분한 것입니다.

기사와 이적은 그것을 처음 경험할 때는 신기하고 놀라운 것이지만, 곧 무의미하고 때로는 지겨운 것일 수도 있습니다. 이스라엘이 만나를 처음 만났을 때는 대단히 신기한 것이었습니다. "만나"라는 말이 의미하는 것처럼 "이것이 무엇이냐?"라는 호기심을 불러일으키기에 충분합니다. 우리는 가장 손쉬운 영적 변화로 방언을 들 수 있을 것입니다. 처음 경험하였을 때 누구나 충격을 받을 것입니다.

자신이 신령한 소리를 말할 수 있게 되었다는 감격은 대단한 것이지만 시간이 얼마 지나고 나면 서서히 지겨워지기 시작합니다. 별로 의미도 없고, 매력도 없으며, 유익하지도 못하다는 생각이 들면서 흥미를 잃어갑니다. 신유의 능력이 임해서 자신이 손을 얹어서 기도했더니 병이 나았습니다. 얼마나 신기하고 충격적인지 모릅니다. 그러나 이 일도 시간이 지나고 횟수를 거듭하면 시큰둥해집니다. 그래서 해 아래는 새로운 것이 없는 것입니다. 이런 기사와 이적은 하나님이 함께 하신다는 표징이 됩니다.

기사와 이적은 우리를 시험하기 위한 것이 그 한 목적이기 때문에 우리는 시간이 지나면 감격이 사라지고 불평하였던 이스라엘처럼 그런 태도를 취하게 됩니다. 신령한 음식인 만나는 열조가 전혀 알지도 못했던 놀라운 것이었습니다. 우리는 하나님의 기사와 이적을 눈으로 볼 수 있는 눈이 열려야 합니다. 영의 눈은 성령으로 세례를 받은 다음에 열리는 것이 보통입니다. 그래서 성도는 성령으로 세례를 받는 것이 필수입니다. 성령의 세례를 받아야 살아계신 성령께서 자신을 주장하므로 하나님의 음성을 듣고 행동에 옮기거나 선포할 때 기사와 이적이 나타나는 것입니다.

우리는 반드시 기사와 이적을 보고 따라가야 합니다. 기사와 이적이 나타나는 것은 하나님이 함께 하신다는 증거가 되기 때문입니다. 그러니까, 우리는 성령의 음성을 듣고 따라가는데 기사와 이적이 없고 변화가 일어나지 않는다면 하나님이 함께 하지 않는다는 증거입니다. 하루라도 빨리 성령으로 기도하여 원인이 무엇인지 알아내어 회개하고 바로 잡아야 합니다.

우리가 하나님을 따라가는 것은 생각하는 것과 같이 순조롭지 못합니다. 마귀가 훼방을 하기 때문입니다. 마귀는 어찌하든지 성도가 하나님을 따라가지 못하도록 방해합니다. 그렇기 때문에 하나님은 우로나 좌로나 치우치지 말라고 하시는 것입니다. 하나님에게 집중하고 세상을 바라보지 말라는 것입니다. 누가 무어라고 속삭여도 귀기울이지 말고 하나님만 바라보고 따라가라는 것입니다. 하나님을 따라가는 증거는 무엇으로 나타날까요. 하나님은 성도가 함께하신다는 것을 알게 하기 위하여 환경에 보이는 보증의 역사로 알게 하십니다. 그렇기 때문에 세상 바라보지 말고 다른 곳에 눈을 돌리지 말고 오로지 하나님만 바라보고 따라가야 합니다.

성령으로 충만하려고 의지적인 노력을 해야 합니다. 모든 것이 말씀과 성령으로 분별되기 때문입니다. 마귀는 할 수만 있으면 성도를 미혹합니다. 미혹에 속지 않고 하나님을 따라가려면 성령으로 충만해야 합니다. 성령으로 충만하려면 무시로 기도해야 합니다. 저는 길을 걸어갈 때나 집안일을 할 때나 전철을 타고 갈 때나 화장실에서 볼일을 볼 때나 할 것 없이 마음으로 하나님을 찾는 기도를 합니다. "하나님 사랑합니다." "하나님 도와주세요." "하나님 어떻게 해야 합니까?" "하나님 알려주세요" "하나님 제가 무엇을 해야 합니까?" 항상 성령의 임재 상태가 되도록 하나님을 찾습니다. 제가 이렇게 기도하는 이유는 성령으로 충만해야 하나님의 음성을 들을 수가 있고 하나님을 따라갈 수가 있기 때문입니다. 제일 중요한 것은 마귀가 하나님을 따라가는 길을 방해하지 못하도록 하기 위함입니다. 이렇게 기도를 하면 하나님이 역사하시는 것을 눈으로 볼 수가 있습니다. 하나님은 우리가 생각할 수도 없고 이해할 수도 없는 기사와 이적으로 역사하실 때가 있습니다.

하나님이 우리 열조가 알지 못했던 전혀 새로운 것으로 우리를 시험할 때 이상한 생각을 품지 말 것을 당부합니다. 우리 가운데 하나님이 새로운 일을 행하실 때 오히려 감사함으로 그 시험을 통과해야 할 것입니다. 하나님은 기필코 우리에게 복을 더하실 것입니다. 기사와 이적을 따라가야 하나님이 예비한 축복의 땅에 입성할 수가 있는 것입니다. 성령의 인도를 받고 있습니까? 하나님이 만들어내시는 기사와 이적을 보십시오. 하나님의 인도하심에는 반드시 기사와 이적이 동반됩니다.

하나님을 따라가는데 기사와 이적이 없다는 것은 하나님이 함께 하시지 않는다는 증거입니다. 빨리 원인을 찾아서 해결하여 하나님이 예비한 길을 찾아 가야 합니다. 시간을 끌면 끌수록 하나님과 관계는 멀어지는 것입니다. 어디에서부터 잘못되었는지 되집어보고 원인을 찾아 해결해야 합니다. 우리는 모두 하나님의 복을 받을 성도들이 아니라, 이미 하나님의 복을 받은 성도들입니다. 나는 하나님의 축복을 받았다. 나는 하나님의 축복을 받았다. 마음으로 되새기며 하나님이 함께 하심으로 일어나는 기사와 이적을 따라 가시를 바랍니다.

그러면 반드시 하나님이 예비하신 축복의 땅으로 들어가게 됩니다. 여기서 한 가지 알아야 할 것은 하나님을 따라가면 모든 상황이 좋아진다는 것입니다. 그러므로 하나님이 자신과 함께 하시는 것을 바르게 알려면 상황이 좋아지고 막힌 것들이 풀어지는 것을 보면 알 수가 있습니다. 반드시 하나님이 함께하시면 상황이 좋아지는 것입니다. 이는 구약에 나오는 우리의 믿음의 조상들을 보면 알 수가 있는 것입니다. 아브라함도 상황이 점점 좋아졌습니다. 이삭도 환경이 점점 좋아졌습니다. 야곱 역시 생활환경이 점점 좋아졌습니다. 요셉역시 환경이 점점 좋아졌지 않습니까?

그러므로 당신이 하나님이 함께 하시는가 안 하시는가 알려면 환경이 좋아지느냐 변화가 없거나 어려워지는가를 보면 밝히 알 수가 있는 것입니다. 환경에서 역사하는 하나님을 영안으로 보시기를 바랍니다. 하나님의 역사를 눈으로 볼 수 있는 영안이 열려야 합니다. 영안은 말씀을 삶에 적용할 때 열리는 것입니다. 가만히 앉아서 영안이 열리기를 기다린다면 영안은 열리지 않습니다. 말씀을 삶에 적용하면서 하나님을 따라갈 때 영안이 밝히 열리는 것입니다. 우리가 하나님에게 집중하지 않고 하나님의 역사를 따라가지 않으면 절대로 축복을 받을 수가 없습니다. 영안을 열어 하나님의 역사를 따라가기를 바랍니다.

5장 축복은 지도자 통해 전이 된다.

(벧후 2:1-3) "그러나 백성 가운데 또한 거짓 선지자들이 일어났었나니 이와 같이 너희 중에도 거짓 선생들이 있으리라 그들은 멸망하게 할 이단을 가만히 끌어들여 자기들을 사신 주를 부인하고 임박한 멸망을 스스로 취하는 자들이라. 여럿이 그들의 호색하는 것을 따르리니 이로 말미암아 진리의 도가 비방을 받을 것이요. 그들이 탐심으로써 지어낸 말을 가지고 너희로 이득을 삼으니 그들의 심판은 옛적부터 지체하지 아니하며 그들의 멸망은 잠들지 아니하느니라"

하나님의 축복은 축복을 받은 지도자를 통하여 전이됩니다. 성도는 영적지도자를 잘 만나야 합니다. 그런데 세상에는 양의 탈을 쓴 늑대 같은 지도자가 있다는 것입니다. 그래서 하나님은 우리에게 거짓선지자를 주의하라고 하십니다. 거짓 선지자가 양의 탈을 쓰고 나타나서 선한 양들을 늑탈하니, 분별력을 가지고 속지 말라는 것입니다. 말씀과 성령으로 분별력을 기르시기를 바랍니다. 거짓 선지자에게 속아서 따라가다가 보면 더러운 영의 전이가 일어나서 영혼이 멸망을 받게 됩니다. 우리나라 옛날 말에 친구 따라 강남 간다는 말이 있습니다. 언제인가 제가 시베리아에서 날아온 청둥오리가 양식하는 청둥오리를 따라가 날개가 뽑히고, 날아가지 못하여 사람의 밥상에 올라간다고 했습니다.

이 말은 아무나 외모만 보고, 동종이라고 따라가다가 보면 자신의 영혼이 멸망 받을 수도 있다는 경고의 말입니다. 분별력을 기르시기를 바랍니다. 성도님들은 같은 성도를 신뢰합니다. 문제가 있을 때도 목회자와 카운슬링 하는 것이 아니고, 구역장이나 은사가 있다고 하는 성도에게 카운슬링을 한다는 이야기를 들었습니다. 똑 같은 성도라고 마음의 문을 열면 안 됩니다. 또 아는 성도가 가자고 한다고, 아무 곳에나 따라가면 안 됩니다. 어떤 성도는 집사를 따라 갔더니 역술원에 데리고 가서 역술을 배우다가 귀신이 들려서 여기에 와서 일 년간 치유를 받은 성도도 있습니다. 잘못하면 시베리아에서 날아온 청둥오리의 신세가 될 지도 모릅니다. 장로라고 다 장로가 아니듯이, 권사라고 다 권사가 아닙니다. 목사라고 다 목사가 아닙니다.

분별력을 가지고 대처하시기를 바랍니다. 자신의 영은 자신이 지켜야 합니다. 자녀들의 친구도 한번 살펴볼 필요성이 있습니다. 공부를 열심히 하고 믿음생활 잘하는 친구를 만나면 공부 잘하고 믿음생활 잘하는 사람이 될 수 있습니다만, 그 반대도 될 수가 있습니다. 제가 군대에 있을 때 사병들이 군복무를 제대로 못하는 사람들의 친구를 보면 하나같이 잘못된 아이들이었습니다. 그래서 이 장에서는 "축복은 지도자를 통해 전이 된다."는 제목으로 함께 은혜를 나누도록 하겠습니다.

1. 거짓선지자를 조심하라.

오늘 본문 베드로후서 2장 1절에 보면 "그러나 백성 가운데 또한 거짓 선지자들이 일어났었나니 이와 같이 너희 중에도 거짓 선생들이 있으리라 그들은 멸망하게 할 이단을 가만히 끌어들여 자기들을 사신 주를 부인하고 임박한 멸망을 스스로 취하는 자들이라"

'민간에 거짓 선지자들이 있었던 것 같이' 민간이란 구약 시대를 말합니다. "구약 시대에 거짓 예언자, 거짓 선지자가 있었던 것처럼, 너희에게도, 또 앞으로도 거짓 선생들이 일어나서, 가만히 이단을 끌어들이고, 미혹케 하고 호색하는 것으로 여러 사람을 방탕하게 하고, 자기 탐심, 자기 이익을 위해 거짓말로 꾸민 말을 해서 너희를 이로 삼을 것이니 이것을 어떻게 하느냐? 조심하라(Watch out)!" "Watch out(조심하라)"는 말은 전쟁할 때 적의 동태를 살피는 것입니다. 그렇게 조심해야 된다는 것입니다. 구약 성경에 보면, 참 예언자는 하나님께서 계시해 주신 말씀, 하나님께서 주신 말씀만 전했습니다. 그리고 '어떻게 하면 이스라엘 백성이 하나님을 바로 섬겨 복을 받고 번성할까? 어떻게 하면 이스라엘 백성이 하나님의 기쁘심이 될까?'를 생각했습니다. 이것이 참 선지자의 가슴입니다.

그러나 거짓 선지자는 그렇지 않았습니다. 하나님의 뜻과 상관없이 거짓말을 만들고, 꾸지도 않은 꿈을 꾸었다고 하고, 계시를 받지도 않았으면서, 계시를 받았다고 하면서, 듣는 사람에게 좋은 말을 해서 자기의 인기를 올리려고 했습니다. 탐심으로, 이익을 챙기기 위해 듣기 좋은 말만 했습니다.

열왕기상 22장에 보면, 거짓 선지자 시드기야가 거짓 선지자 400명의 무리를 몰고 와서 아합 왕과 여호사밧 왕이 한자리 있는 곳에서 거짓 예언을 했습니다. 여호사밧은 하나님의 축복으로 빛이 나는 왕이고, 아합은 하나님의 저주를 받은 왕, 우상을 섬겨 망하는 왕인데, 두 사람이 사돈 관계를 맺어서 두 사람 다 망하게 됩니다. 사람의 마음은 영을 담는 그릇이기 때문입니다. 그렇기 때문에 세상을 쫓아가면 세상의 영이 마음에 들어와 좌정하여 땅에 속한 사람이 되고, 예수님을 믿고 따라가면 마음에 성령이 들어와 좌정하여 권세 있는 하늘의 사람이 되는 것입니다.

성도는 영적지도자를 잘 만나야 합니다. 영적지도자를 통하여 영적인 것들이 전이되기 때문입니다. 축복은 물론이고 악한 영의 역사도 전이 됩니다. 성격도 전이가 됩니다. 율법주의 목사님을 만나면 율법주의자가 되기 쉽습니다. 영적지도자를 잘 만나시기를 바랍니다.

그리고 사람은 결혼을 잘 해야 됩니다. 남자는 부인을 잘 만나야 합니다. 여자는 남편을 잘 만나야 합니다. 그래야 서로 돕는 배필로서 험한 세파를 믿음으로 극복하며 하늘의 축복을 받으며 살아갈 수가 있습니다. 공부를 못하는 학생이 공부를 잘 하는 학생과 사귀면 공부를 잘 하게 됩니다. 믿음이 좋지 않은 사람이라도 믿음이 좋은 사람과 사귀면 믿음이 좋아지게 됩니다. 새벽기도를 하지 않는 사람이 새벽기도를 하는 사람과 사귀면 새벽기도를 하게 됩니다.

복 있는 자를 사귀는 자가 복 있는 자인 것입니다. 사람과의 만남을 조심하시기 바랍니다. 모임도 영적으로 유익한 좋은 모임이 있습니다. 그 모임에 가면 아주 좋습니다. 그러나 '다시는 이런 곳에는 오지 않아야지.'하는 모임도 있는 것입니다. 좌우간 여호사밧은 복이 없는 아합을 사귀다가 같이 망했습니다.

하나님께서 그 사람을 지금 벼락으로 치시려고 하시는데, 내가 그 사람 곁에 있으면 나도 벼락을 맞게 됩니다. 그러니 조심해야 됩니다.

여호사밧은 그렇게 복을 받다가 아들을 잘못 결혼시키는 바람에 망했습니다. 여호사밧과 아합 두 왕이 있는 곳에 시드기야가 400명의 거짓 선지자를 데리고 와서 왕의 귀에 좋게 들리는 말을 했습니다."예, 왕이여, 아람을 치소서. 아람은 곧 패하게 됩니다." 그러나 참 선지자 미가는 "아닙니다. 왕이 전쟁에 나가면 왕은 죽게 됩니다. 왕은 죽고 모든 백성은 목자 잃은 양처럼 뿔뿔이 흩어지는 비참한 일이 있을 것입니다." 라고 예언했습니다.

그러자 기분 나쁜 예언을 했다고 아합 왕이 미가를 옥에 가두고, 시드기야의 듣기 좋은 가짜 예언대로 싸우러 나갔습니다. 그 전쟁에서 아합 왕이 죽자 그 피를 개들이 핥아먹었습니다. 여호사밧 왕도 죽을 뻔했는데, 그가 소리쳐 하나님을 부르니 하나님께서 긍휼히 여기시고 겨우 살려 주셨습니다.

저는 누누이 강조하고 있습니다. 성도는 처음 교회를 잘 만나야 한다고, 특별히 담임목회자, 인도자를 잘 만나야 합니다. 목사라고 다 신실하고 복음적이고 성령 충만하고 영적인 목사가 아닙니다. 목회자를 잘 만나야 자신의 영을 살리고, 영육을 치유하며, 하나님이 예비하신 푸른 초장으로 쉴만한 물가로 인도하는 것입니다. 성도가 처음 교회를 가는 곳이 신앙의 잣대(케논)가 되기 쉽기 때문입니다. 어디를 가든지 그런 유형의 교회를 찾습니다.

전에 다니던 교회의 목회자의 말씀에 인이 박혀 있으므로 다른 말씀은 귀에 잘 들어오지 않습니다. 그러니까 종전에 듣던 그 말씀과 비슷한 곳을 찾아 등록하고 다니기 때문에 처음 잘못되었어도 좀처럼 발견하기가 쉽지 않는 것입니다. 처음 교회 정할 때 분별력을 가지고 잘 정하시기를 바랍니다. 거짓 예언자는 망합니다. 그를 따라가는 자도 모두 망합니다. 학생은 선생님을 닮는 것입니다.

서울의 한 맞벌이 부부가 아기를 돌보아 줄 사람이 없어서 시골의 할머니를 모셔다가 아기를 맡겼습니다. 할머니가 선생님처럼 아기에게 말도 가르치고 돌보아 주었습니다. 아이가 그림 공부를 할 만큼 자랐습니다.

하루는 엄마가 그림책을 사 가지고 와서 토끼를 가리키며 아이에게 물었습니다. "얘야, 이게 뭐지?" "토깽이." 그 말에 기가 막힌 엄마가 다음에는 염소를 가리키며 물었습니다. "이건 뭐지?" "염생이." "도대체 누가 그렇게 가르쳤어?" "할마이." 어쩔 수 없습니다. 할머니에게 배우면 할머니를 닮습니다.

미국 사람이 부산에서 한국말을 배우면 부산 말을 하게 됩니다. 광주에 가서 한국말을 배우면 광주 말을 하게 됩니다. 서울에 가서 한국말을 배우면 서울말을 하게 됩니다. 어쩔 수 없는 것입니다. 제가 어느 교회든지 부흥회를 가서 보면, 그 교인들의 기도, 장로님들의 기도가 꼭 목사님의 기도를 닮았습니다. 목사님이 기도하면서 앞뒤로 흔들면 교인들도 그렇게 흔들면서 기도합니다. 목사님이 좌우로 흔들면서 기도하면 교인들도 그렇게 기도합니다.

그래서 좋은 지도자를 만나는 것이 복인 것입니다. 이는 영생에 관련된 것이므로 분별력을 가져야 합니다. 거짓 선생을 만나면 선생이 말하고 행동하는 곳으로 따라가게 되니 망하는 것입니다. 이것은 어쩔 수 없는 일입니다. 그래서 베드로가 조심하라고 강조하는 것입니다. 거짓 선지자와 거짓 선생들은 똑같습니다. 하나님의 뜻과는 상관이 없습니다. '교인들에게 어떻게 가르쳐야 내 인기가 올라갈까? 어떻게 하면 내 이익을, 내 탐심을 채울까?'를 생각합니다.

그리고 그들은 대개 영육으로 방탕합니다. 그래서 교인들에게 상처를 줍니다. 성도를 영적으로 변화시키려고 하지 않고, 그저 숫자와 물질만 중요하게 생각하고, 혼적으로 즐겁게만 만듭니다. 성도들에게 자신의 심령을 관리하게 하지 않고 보이는 외형 중심으로 신앙생활을 하게 합니다. 거짓 선지자들, 거짓 선생들, 거짓 목사들이 그런 죄를 짓는데, 예수님을 믿지 않는 사람들은 그런 사람들이 참 선생인지, 거짓 선생인지 모르니, 다 같은 줄 알고 "교회의 목사가 그랬다."하며 신문에 내고 방송에 내어서 교회가 비난을 받고, 훼방을 당하는 것입니다.

그러므로 우리는 우리 교회뿐 아니라, 이 땅의 악한 세력이 다 물러가도록 대적기도하고 몰아내야 합니다. 조심해야 되는 것입니다. 그런데 문제는 거짓 선지자를 분별하는 것이 그렇게 쉽지 않다는 것입니다. 고린도후서 11장 14절, 15절에 보면, "이것은 이상한 일이 아니다. 사탄도 광명의 천사로 과장해서 나타난다. 사탄의 일꾼도 의의 일꾼으로 나타난다."라는 말씀이 있습니다.

사기 잘 치는 사람을 보세요. 아주 믿음직하게 생겼습니다. 말도 그럴듯하게 잘합니다. 사기꾼이 사기꾼처럼 생겼으면 그 사기꾼에게 누가 사기를 당하겠습니까? 박태선을 보세요. 교회에 슬쩍 들어와서 장로가 되었습니다. 십일조도 잘 하고, 주일도 잘 지키고, 새벽기도도 잘 하고, 그래서 장로가 된 다음에 이단 짓을 했습니다. 그 박태선의 얼굴을 보았습니까? 얼굴이 훤합니다. 떡두꺼비 같습니다. 떡개구리 같습니다. 본 교회 목사님들은 강단에 서면 꾀죄죄한데, 박태선은 훤합니다. 처음에는 박태선이 예수님을 높였습니다. 하나님을 높였습니다. 그러다가 변했습니다.

'예수는 내 동생이다.' 그리고 성신을 뒤로 하고, 자기가 감람나무라고 하면서 「성신이 오셨네」라는 찬송을 「감람나무 오셨네」라고 바꾸어 부르게 했습니다. 나중에는 예수는 마귀고, 자기가 하나님이라고 했습니다. 그러다 성경을 불태우고 피를 토하고 죽었습니다. 그런데도 수많은 사람들이 그를 따라다녔습니다. 참 이상합니다. 모든 이단들은 예수님을 부인합니다. 인정하는 것 같은데 부인합니다. 여호와의 증인, 안식교 등 모든 이단은 삼위일체를, 예수님을 부인합니다. 하나님은 한 분이시지만 삼위가 계십니다.

따라합시다. "성부 하나님, 성자 하나님, 성령 하나님." 능력과 영원함, 전지함이 똑같으신 성부, 성자, 성령의 세 위가 또 하나로 되어 있습니다. 이것은 세상의 이치로는 해석하기 어렵습니다. 이것은 하늘나라, 4차원 이상의 수준이기 때문입니다. 똑같으신 분이 세 위이고 또 하나라는 것은 세상의 이치로는 해석하기 어렵습니다. 그러나 성령을 받기만 하면 성부, 성자, 성령 삼위가 계시는데, 하나인 것이 믿어집니다. 성부 하나님이시고, 성자 하나님이시고, 성령 하나님이십니다. 그런데 이단자, 사이비, 거짓 선생들은 이것을 부인합니다. 말씀과 성령으로 충만 받으시기를 바랍니다. 그리고 분별할 수 있는 분별 능력을 받으시기를 소원합니다.

2. 분별력을 기르자.

거짓 선지자들은 탐심으로 일하니 거짓으로 꾸민 말을 하게 되는 것입니다. 그런데 처음부터 그렇게 나타나지 않습니다. 처음에는 의의 일꾼처럼, 광명한 천사처럼 나타납니다. 그러니 사람들이 미혹을 당하는 것입니다. 그러면 우리가 어떻게 해야 거짓 선지자를 막고, 사기를 당하지 않고 믿음 생활을 온전하게 할까요?

따라합시다. "영적 분별력을 기르자." "영적 분별력을 기르자." 교회는 주님의 몸입니다. 예수님께서 피를 주시고 값을 주시고 세우셨습니다. 마태복음 24장 4절, 5절에 말씀하십니다. "…너희가 사람의 미혹을 받지 않도록 주의하라 많은 사람이 내 이름으로 와서 이르되 나는 그리스도라 하여 많은 사람을 미혹케 하리라"

마태복음 24장 24절, 25절, 26절에도 말씀하십니다. "거짓 그리스도들과 거짓 선지자들이 일어나 큰 표적과 기사를 보이어 할 수만 있으면 택하신 자들도 미혹하게 하리라 보라 내가 너희에게 미리 말하였노라 그러면 사람들이 너희에게 말하되 보라 그리스도가 광야에 있다 하여도 나가지 말고 보라 골방에 있다 하여도 믿지 말라"

무슨 말씀입니까? "잘 알지 못하는 광야에 무슨 기적이 나타난다. 불이 떨어진다. 그리스도가 계신다 해도 가지 말고, 어느 골방에, 비밀한 곳에 능력이 나타난다 해도 가지 말라."는 말씀입니다. 이 말씀은 검증된 교회 안에 있으라는 뜻입니다. "내가 분별하고 정하여 은혜 받는 말씀과 성령이 충만한 교회 안에 있어라." 할렐루야!

　주님의 몸 된 교회 안에 있으면서 영적인 만족을 얻으면 우리가 그런 일에 유혹을 받지 않을 줄로 믿습니다. 문제는 다른 곳에 무슨 특별하고 신비한 것이 있지 않나 쓸데없는 눈을 돌리기 때문에 미혹에 빠집니다. 영의 만족을 누리지 못하니까, 이곳저곳을 기웃거립니다. 이런 분들은 마음의 상처를 치유 받아야 영의 통로가 열려서 성령으로 기도가 되어 영의 만족을 누릴 수가 있는 것입니다.

　가정주부가 가정에 성실하면 조금 무료할지는 몰라도 제비족에게 꾀임 당하지 않습니다. 가정주부가 가정에 있지 않고 다른 데로, 나이트클럽으로, 춤추는 곳으로 가다가 걸려드는 것입니다. 가정에 성실한 가정주부는 절대로 제비족의 밥이 되지 않습니다.

　마찬가지입니다. 성도가 여기저기 다니다가 마귀의 밥이 되는 것입니다. 물론 마음의 상처가 있고 질병이 있어서 본 교회에서 치유 받지 못한다면 하나님이 예비한 치유 받을 곳에 가서 치유를 받아야 합니다. 치유를 받더라도 분별력을 가지고 공인된 장소를 찾고 만나야 합니다. 그래서 분별력이 중요합니다. 우리가 분별력을 가지고 바른 복음을 전하는 교회를 정하고, 성령 충만하고 복음 중심인 교회로 나가면 온전히 보호받을 줄로 믿습니다.

치유를 받더라도 공인된 사역자를 골라서 받으라는 말입니다. 분별력을 가지고 공인된 목회자를 만나야 합니다. 이런 목사님의 말씀을 들을 때는 염려할 필요가 없습니다. 그대로 받고 믿으면 되는 것입니다. 그러나 이상한 곳에 가면 어렵게 됩니다. 그럴듯하여 분별하기가 힘이 듭니다. 광명한 천사이기 때문입니다. 그래서 성령 충만하여 말씀으로 분별력을 가지라는 것입니다. 치유를 받는다고 해도 그렇습니다. 성령의 역사가 일어나는 정상적인 치유센터는 가면 갈수록 심령에 변화가 일어납니다. 영적으로 변화되는 것이 눈으로 보입니다. 자신이 변하는 것을 느낄 수가 있습니다. 다른 사람들이 볼 때도 은혜 받고 치유 받은 모습이 얼굴에서 나타납니다. 그리고 누가 보더라도 공감이 가는 치유 사역을 합니다. 이런 곳에서 말씀과 성령으로 치유를 받으라는 것입니다.

그리고 교회 중심의 믿음 생활을 해야 거짓 선지자들에게 미혹 당하지 않습니다. 거짓 선지자들에게 미혹 당하지 않으려면 두 번째로, 영을 분별해야 합니다. 따라합시다. "영을 분별하자." 요한일서 4장 1절에 "사랑하는 자들아 영을 다 믿지 말고 오직 영들이 하나님께 속하였나 시험하라 거짓 선지자가 세상에 나왔음이니라"고 말씀하십니다.

진돗개와 마을에 흔한 개의 차이가 무엇입니까? 진돗개는 낯선 사람이 던져 주는 것은 절대로 먹지 않습니다. 고기 뼈다귀를 주어도, 아무리 좋은 음식을 주어도 먹지 않습니다. 주인이 주는 것만 먹습니다. 그러나 마을의 흔한 개는 도둑이 와서 무엇을 던져 주어도, 독약이 든 빵을 던져 주어도 덥석 먹고는 그만 죽습니다. 그래서 도둑이 그 집에 들어가는 것입니다.

그리고 진돗개는 언제나 주인의 우측에 있습니다. 어디에 가든 주인의 우측에 있습니다. 그러나 우리가 잘 아는 그 개는 왔다갔다, 왔다갔다 마음대로입니다. 우리는 하나님의 참 훈련을 받은 성도, 진돗개 같은 성도가 되어야 합니다. 아무 것이나 먹으면 안 되는 것입니다. 도적이 던져주는 고기를 먹으면 개가 죽듯이 우리도 아무 것이나 먹으면 영이 죽습니다. 말씀과 성령으로 분별력을 기르시기를 바랍니다.

3. 영분별을 잘해야 한다.

영분별을 잘 해야 합니다. 무료 신학교니, 무료 성경공부니, 뭐니 하는 것은 다 사람을 속이는 것입니다. 공짜 좋아하지 마시기를 바랍니다. 우리 충만한 교회 집회는 무료입니다. 그러나 매주 교재가 있으니 2만원을 내고 교재를 구입해야 입장이 가능합니다. 교재를 가지고 은혜 받고 신학의 정확성을 분별하라는 것입니다. 그러나 무조건 공짜다, 이런 것에 미혹 당하면 안 됩니다. 더 중요한 것은 사탄으로 하여금 틈을 타지 못하게 해야 하는 것입니다. 사탄이 언제 공격을 해올지 모르니 항상 깨어 있어야 한다는 것입니다. 에베소서 4장 27절에는 "마귀로 틈을 타지 못하게 하라"고 말씀하십니다. 기도로 마귀를 대적해야 하는 것입니다. 따라합시다. "마귀를 대적하라. 그리하면 너희를 피하리라."야고보서 4장 7절 말씀을 기억해야 됩니다.

우리 교회가 작아서 그렇지 성령 충만하고 영육을 치유하며 평안한 교회라고 자부하고 싶습니다. 우리 교회가 이렇게 평안하고 행복하고 기쁜 것은 물론 하나님의 은혜이지만, 많은 분들이 하루에도 몇 번씩 기도해주시고, 또 제가 말씀전하기 전에 "내가 예수의 이름으로 명한다. 더러운 귀신, 악한 귀신, 흑암의 권세, 교회성장 방해하는 귀신, 성도들의 영적 생활 방해하는 귀신, 물질 고통 주는 귀신, 성도들의 가정에 문제 일으키는 귀신, 가정 부부간에 이간질하여 분란케 하는 귀신, 더러운 병마야, 물러가라!" 하고 대적기도하며, 물리쳐서 마귀가, 흑암의 권세가 접근하지 못하기 때문입니다. 그리고 치유 받으러 오시는 분들이 시간, 시간, 마귀를 대적하여 묶으니, 그 기도를 응답하시는 주님의 은혜로 마귀가 물러가는 줄로 믿습니다.

모든 말씀에는 능력이 있습니다. 그리고 하나 더 덧붙여 말씀 드리겠습니다. 교회의 담임 목사님을 위해 정말 깨어서 기도하시기를 바랍니다. 베드로가 있을 때는 마귀들이 덜 까붑니다. 바울이 있을 때는 덜 까붑니다. 그런데 베드로가 세상을 떠나고 바울이 세상을 떠나면 마귀들이 득세하려고 합니다.

사도행전 20장을 보면, 사도 바울이 밀레도에서 에베소로 가고 싶어 하지만 시간이 없어서 가지 못하고, 사람을 보내어 장로들을 오게 합니다. 사도 바울이 장로들에게 말합니다. "사랑하는 형제들, 이번에 헤어지면 다시는 나를 만나지 못하게 되네. 이제 나는 주님께서 정하신 길을 가야 해. 내가 훤히 내다보는데, 내가 떠나가면 이리떼가 들어와서 양들을 아끼지 않을 거야. 그러니 늘 깨어서 내가 3년간 밤낮으로 울며 눈물로 가르친 말씀을 붙잡고 이겨야 하네."

그리고 사도 바울이 엎드려 기도했습니다. 모든 사람들은 다시는 사도 바울의 얼굴을 보지 못한다는 것 때문에 바울의 목을 안고 입을 맞추며 울었습니다. 모세가 백성 중에 있을 때는 사탄의 역사가 덜 했는데, 모세가 산으로 가니 사탄이 백성을 막 휘어잡아 금송아지를 만들게 했습니다. 하나님께서 세우신 종들이 베드로처럼 깨어서 굳세게 지킬 때, 교회가 든든히 서게 되는 것입니다. 담임 목사님이 딴 짓이나 하고 다니고, 세상으로 구경이나 다니고, 놀러나 다니고, 정치나 하러 다닌다면 교회가 어떻게 되겠습니까? 그래서 저는 한국과 세계의 모든 주의 종들을 위해 매일 손을 들고 기도합니다. 교회를 맡은, 강단을 맡은 지도자들이 굳센 하나님의 종들이 되기를 바랍니다.

내 집에서 배가 고프면 아이들이 가게에 가서 훔쳐 먹을 수도 있습니다. 부잣집 아이가, 든든히 먹은 아이가 남의 가게에 가서 빵을 훔쳐 먹겠습니까? 한국 교회에 말씀과 성령의 은혜가 부잣

집처럼 많기를 바랍니다. 담임 목사님들이 입을 열면 은혜가 쏟아지기를 바랍니다. 그러면 교인들이 왜 이곳저곳을 기웃기웃 하겠습니까? 왜 신천지 이단에 빠지겠습니까? 자기 교회에서 영적으로 만족함을 누리지 못하니 영적만족을 위하여 기웃거리는 것입니다. 분명하게 성도들이 이곳저곳 기웃거리는 것은 영적으로 갈급함을 채우지 못하기 때문입니다.

　성도들에게 무어라고 나무랄 수도 없는 것입니다. 한편으로 보면 하나님은 성도들을 영적으로 깊은 자가 되게 하기 위하여, 하나님이 훈련하시는 역사인지도 모르는 것입니다. 좌우지간 분별력을 기르시기를 바랍니다. 자신의 영은 자신이 지켜야 합니다. 목회자가 아무리 경고를 해도, 성도가 듣지 않고 순종하지 않으면 그만입니다. 목회자가 따라다니면서 말릴 수도 없는 일입니다. 성도 개개인이 분별력을 길러서 바른 복음을 듣고 성령님을 따라가야 하는 것입니다. 성령의 인도를 받으시고 자신의 영은 자신이 지키시기를 바랍니다. 그리고 미약한 저를 위해서도 기도 많이 해주시기를 바랍니다. 성령으로 충만하고 풍성한 은혜의 말씀을 증거 할 수 있도록 많은 기도를 부탁합니다.

6장 성령의 권능을 전이 받는 비결

(출 33:11)"사람이 그 친구와 이야기함 같이 여호와께서는 모세와 대면하여 말씀하시며 모세는 진으로 돌아오나 그 수종자 눈의 아들 청년 여호수아는 회막을 떠나지 아니하니라."

성령의 권능이 전이되는 적극적인 수단은 안수입니다. 영적전이는 비록 잘못된 영만 전이되는 것이 아닙니다. 성령의 영적 권능도 전이가 이루어집니다. 이것을 임파테이션(impartation)이라고 합니다. 엘리사가 엘리야의 능력을 전이 받은 것과 같은 영적 능력의 전이가 지금도 이루어집니다. 저는 이렇게 생각을 합니다. 영적지도자 밑에서 훈련받는 목회자들이 말과 손짓과 행동까지 담임목사를 닮아 가게 된다는 것입니다. 영적지도자에게 역사하는 성령의 권능과 은사가 접촉과 생활을 통하여 영적지도자를 모시고 훈련받는 사람들에게 전이 되게 된다는 것입니다.

성경에 의하면 모세와 여호수아, 엘리야와 엘리사, 사도들과 스데반과 빌립, 바울과 디모데 사이에 영적 전이가 이루어졌습니다. 그러면 우리가 어떻게 해야 여호수아, 엘리사, 스데반과 빌립, 디모데와 같이 스승의 영을 전이 받을 수가 있을까요? 이것은 영적 지도자들이 되기 원하는 사람들에게는 아주 절박하고 실제적인 문제입니다. 그래서 그 비결들을 소개해 드릴까 합니다.

1. 애절하게 사모하는 마음이 있어야 한다.

제가 성령의 세례를 받고 권능을 받은 것은 간절히 사모했다는 것입니다. 정말로 절박하게 사모했습니다. 집회를 참석하면 맨 앞의 자리를 차지하려고 2시간씩 일찍 참석하여 자리를 잡았습니다. 앞자리에 앉아야 강사목사님에게 역사하는 성령의 권능을 전이 받을 수가 있기 때문입니다. 예수님은 "명절 끝날 곧 큰 날에 예수께서 서서 외쳐 가라사대 누구든지 목마르거든 내게로 와서 마셔라. 나를 믿는 자는 성경에 이름과 같이 그 배에서 생수의 강이 흘러나리라"(요7:37-38)라고 말씀하셨습니다. 하나님에게 권능을 받으려면 사모하라는 것입니다. 엘리사가 엘리야의 영감을 모두 전이 받았습니다. 이는 엘리야에게 역사하는 성령의 권능이 자신의 것이 되어야 한다는 간절한 사모함이 있었기 때문입니다. 결국 엘리사는 엘리야의 영감을 전이 받았습니다. 그리고 이적을 갑절로 행했습니다. 엘리사는 엘리야가 행사했던 능력이 자기 것이 되기에 굶주렸고 또 갈급하였습니다. 그러므로 간절히 사모하는 마음이 있어야 합니다.

우리 충만한 교회에 사모함을 가지고 오셔서 겸손하게 장기간 성령치유를 받는 분들에게 저와 사모에게 역사하는 성령의 권능과 은사가 전이되어 사역지에서 하나님에게 귀하게 쓰임 받는 목회자와 사모님들이 많이 있습니다. 오로지 자신이 말씀과 성령으로 변화되겠다는 마음을 가지고 시간과 물질을 투자하여 훈련에 참석하니 믿음을 보시고 하나님이 능력과 은사를 부어주시는 것입니다. 저는 단언합니다. 우리 충만한 교회에 오셔서 6개월만 영성훈련을 하시면 모두 저에게 역사하는 성령의 권능을 받아 사용할 수가 있다는 것입니다.

능력 있는 믿음 생활을 하고 싶으십니까? 사모하는 마음을 가지고 시간과 물질을 투자하면 반드시 성령의 권능을 받아 권능 있는 성도가 될 것입니다.

2. 깊은 영의기도를 많이 해야만 한다.

제가 성령의 권능을 받은 체험을 요약해서 말한다면 깊은 영의기도를 많이 했다는 것입니다. 다른 말로 대가를 지불해야 한다는 것입니다. 성경 고린도후서 9장 6절에 "이것이 곧 적게 심는 자는 적게 거두고 많이 심는 자는 많이 거둔다 하는 말이로다"합니다. 이는 시간을 하나님에게 많이 드리면 많이 받게 된다는 뜻입니다. 물질을 많이 심으면 많이 거두게 되듯이 성령의 권능도 하나님에게 마음과 시간을 드린 만큼 능력이 나타는 것입니다. 저는 마음과 시간을 드리는 것은 깊은 영의기도라고 합니다. 엘리사는 엘리야의 영을 받기 위해서 그 대가를 치를 각오가 되어 있었습니다. 그래서 엘리야를 끝까지 따라간 것입니다. 엘리야에게 역사하는 성령의 권능이 자신에게 임할 때까지 수종을 들면서 따라간 것입니다. 만일 우리가 믿음의 선조들에게서 무엇을 받기로 작정했다면, 치러야 할 대가가 있습니다. 대가란 마음과 시간을 드리면서 기도하는 것입니다. 저도 성령의 권능을 받기 위하여 밤잠을 자지 않고 기도를 했습니다. 1년간 말씀과 성령으로 내적치유를 받고 치유되지 않아 7개월 이상을 성전에서 잠을 자면서 기도했습니다. 그것도 의자 위에서 말입니다. 의자 위에서 자다가 떨어지기도 수없이 했습니다. 왜 의자 위에서 잠을 자게 되었는가, 의자 위에서 잠을 자면 깊은 잠을 자지 않고 깊은 영의기도를 할 수 있기 때문입니다.

  길을 걸어가면서도 기도를 했습니다. 그러던 어느날 저에게 성령의 권능이 나타나기 시작을 했습니다. 2-3년이 걸린 것 같습니다. 자신이 변화되어 성령의 권능이 나타나려면 이렇게 대가를 지불해야 합니다. 요즈음 한국교회의 병폐가 빨리 빨리 입니다. 치유도 빨리 받아야하고, 능력도 빨리 받으려고 합니다. 그러나 그렇게 쉽게 되지 않습니다. 하나님은 인격의 성숙을 측정하고 계시기 때문입니다. 성령의 기름부음 혹은 지도자의 영을 받는 것은 사모하기만 한다고 저절로 되는 것이 아닙니다. 대가를 지불해야 합니다. 기도해야 하고 자기 자신에 대해 철저히 죽어야 합니다. 그래야 권능을 받을 수 있습니다. 그러므로 대가를 지불할 각오를 하시기 바랍니다. 대가란 마음과 시간과 물질을 과감하게 투자하는 것입니다.

3. 겸손한 마음으로 멘토를 섬겨야 한다.

제가 지금까지 성령사역을 하면서 체험한 바로는 겸손하게 멘토(지도자)를 섬기는 사람이 멘토에게 역사하는 영을 전이 받게 됩니다. 겸손하게 섬기는 것입니다. 절대로 시기나 질투하지 말고 존경하면서 섬길 때 지도자에게 역사하는 영을 전이 받게 됩니다. 교만 방자한 사람은 지도자의 영을 전이 받을 수가 없습니다. 성경에서 영적 전이가 이루어졌던 관계인 예수님과 제자들, 모세와 여호수아, 엘리야와 엘리사, 바울과 디모데의 경우를 살펴보십시오. 그러면 영의 이전이 있기 전에 그들이 모두 스승을 겸손한 마음으로 섬겼음을 알 수 있습니다.

1) 예수님과 제자들.

저는 이렇게 생각합니다. 예수님의 영이 제자들에게 이전함에는 섬김의 본을 보이는 일이 우선이라는 것입니다. 군림하는 자세가 아니라 섬기는 자세가 되어야 한다는 것입니다. 예를 든다면, 5천명을 먹이는 과정에서도, 예수님은 제자들에게 안내원 역할을 맡겨 주셨습니다. 예수님의 훈련을 받고 있는 사람들은 마치 교만한 수컷 공작처럼 "나는 하나님의 사람이다"라거나 "나는 단상에 오르겠다."라고 말하면서 뽐내지 않습니다.

예수님은 그들에게 "너희에게 너희들의 소명을 보여주겠다. 어서 이 군중들을 50명씩 무리를 지어 한 자리에 앉도록 하고,

그들에게 생선과 떡을 먹이도록 하라고 말씀하셨다."기록되어 있습니다. 실제로 제자들은 예수님을 따라 다니면서 예수님의 명령을 따라 나귀를 풀어오고, 유월절을 함께 먹을 다락방을 준비하고, 바다에 가서 고기를 잡아 그 입에서 동전을 빼오는 등, 예수님을 섬기는 일을 했습니다. 예수님의 말씀에 순종했다는 것입니다. 그리고 결국 예수님과 같은 성령을 받았습니다.

2) 모세와 여호수아.

여호수아는 이스라엘의 한 지파를 대표하는 족장이요 뛰어난 장군이었습니다. 그러나 그의 가장 주된 임무는 자기 지파를 다스리는 것도, 전쟁터에서 싸우는 것도 아니었습니다.

"사람이 그 친구와 이야기함 같이 여호와께서는 모세와 대면하여 말씀하시며 모세는 진으로 돌아오나 그 수종자 눈의 아들 청년 여호수아는 회막을 떠나지 아니하니라."(출 33:11)

여호수아는 무려 40년간 모세의 팔과 다리가 되어 모세를 섬겼습니다. 여호수아의 주된 임무는 모세를 수종드는 것이었습니다. 즉 모세의 손과 발의 역할을 하는 것이었습니다. 여호수아는 모세의 종이 되기 이전에는 하나님의 종이 될 수 없었습니다. 성경에 의하면 여호수아는 모세가 회막을 떠난 뒤에도 회막을 떠나지 않았습니다. 이것은 아주 중요한 것을 우리에게 말해줍니다. 누구에게 지도자의 영이 전이되는지 아십니까? 교회에 제일 먼저 나오는 사람입니다. 그리고 교회에서 자질구레한 일을 도맡아 하고 섬기며, 교회 문을 제일 나중에 나서는 사람입니다.

하나님은 이런 여호수아 같은 사람을 눈여겨보시다가 때가 되면 그에게 기름을 부으십니다. 한편, 성경에 보면 아주 주목할 만한 사실이 나옵니다. 하나님께서는 십계명을 주실 때 모세 혼자 산에 올라오라고 명령하셨습니다. 왜냐하면 누구든지 산에 접근하면 죽을 것이기 때문입니다.

그런데 여호수아는 산의 중간지점까지 모세를 따라 올라갔습니다. 중요한 사실은 그럼에도 불구하고 그가 죽임을 당하지 않았다는 사실입니다. 이것은 이미 일정 부분 모세의 영이 여호수아에게 전이되었음을 말해줍니다. 여호수아가 모세를 성심껏 섬기는 가운데 이미 모세의 영이 여호수아에게 임한 것입니다. 훗날 여호수아는 모세의 안수 기도를 받습니다. 그리고 그때 지혜의 신으로 충만하게 됩니다(신34:9).

3) 엘리야와 엘리사.

하나님은 엘리야에게 "너는…. 아벨므홀라 사밧의 아들 엘리사에게 기름을 부어 너를 대신하여 선지자가 되게 하라"(왕상 19:16) 고 명령하셨습니다. 그런데 엘리사에게 어떤 일이 맡겨졌는지 아십니까? 바로 엘리야를 섬기는 일이었습니다.

"엘리야가 거기서 떠나 사밧의 아들 엘리사를 만나니 저가 열 두 겨리 소를 앞세우고 밭을 가는데 자기는 열둘째 겨리와 함께 있더라. 엘리야가 그리로 건너가서 겉옷을 그의 위에 던 졌더니 저가 소를 버리고 엘리야에게로 달려가서 이르되 청컨 대 나로 내 부모와 입 맞추게 하소서. 그리한 후에 내가 당신을 따르리이다. 엘리야가 저에게 이르되 돌아가라 내가 네게 어떻 게 행하였느냐 하니라. 엘리사가 저를 떠나 돌아가서 소 한 겨 리를 취하여 잡고 소의 기구를 불살라 그 고기를 삶아 백성에 게 주어 먹게 하고 일어나 가서 엘리야를 좇으며 수종들었더 라."(왕상 19:19-21)

우리가 손을 씻을 때나 머리를 감을 때 누가 물을 부어주면 참 편합니다. 그런데 엘리사는 엘리야의 손에 물을 부어주던 사람 이었습니다. 이를 통해 우리가 분명하게 깨달아야 할 사실이 하 나 있습니다. 우리 이것을 알아야 합니다. "하나님은 지도자를 만드시지 않습니다. 하나님은 종을 만드시며, 그러면 종들이 지 도자로 변하게 된다는 것입니다."

한편, 엘리야와 엘리사의 관계에서 우리가 반드시 집고 넘어 가야 할 중요한 점이 있습니다. 엘리야가 하늘로 승천할 때 엘리 사가 엘리야를 뭐라고 불렀습니까? "아버지"라고 불렀습니다(왕 하 2:12).

하나님이 자기 위에 세우신 영적 지도자를 자기의 아버지처럼 생각하고 존경하고 따르고 섬기는 자, 그런 자가 그 지도자의 영을 받을 뿐 아니라, 그가 가진 영감의 갑절을 받게 됩니다. 그러므로 성령의 권능을 받아 하나님에게 쓰임을 받으려면 하나님이 세우신 영적 지도자를 아버지처럼 생각하고 순종하고 섬기시기를 바랍니다.

4) 바울과 디모데

많은 사람들이 바울은 사도이지만 디모데는 사도가 아니라고 생각합니다. 그러나 이것은 성경의 무지에 기인한 그릇된 생각입니다. 바울은 데살로니가 교회에 편지를 보낼 때에 "우리가 그리스도의 사도로 능히 존중할 터이나"(살전 2:6)라고 말했습니다. 바울은 자기만 사도가 아니라 우리가 사도라고 말했습니다. 그러면 이 우리에 해당하는 사람은 누구입니까?

"바울과 실루아노와 디모데는 하나님 아버지와 주 예수 그리스도 안에 있는 데살로니가인의 교회에 편지하노니 은혜와 평강이 너희에게 있을 찌어다."(살전 1:1). 이와 같이 바울은 실루아노 즉 실라와 디모데와 함께 편지를 썼습니다. 그러므로 바울이 우리라고 말할 때, 그 우리는 바울, 실라, 디모데 이 세 사람을 가리키는 것입니다.

자, 그러면 디모데가 사도입니까? 아닙니까? 사도입니다. 디모데가 처음부터 사도였던 것은 아니지만 바울이 데살로니가교회에 편지를 쓸 당시 그는 분명히 사도였습니다. 그러면 디모데는 어떻게 사도가 되었을까요? 그것은 바울의 지도를 받는 가운데 바울의 영이 디모데에게 전이되었기 때문입니다.

"내가 디모데를 속히 너희에게 보내기를 주 안에서 바람은 너희 사정을 앎으로 안위를 받으려 함이니 이는 뜻을 같이 하여 너희 사정을 진실히 생각할 자가 이 밖에 내게 없음이라. 저희가 다 자기 일을 구하고 그리스도 예수의 일을 구하지 아니하되 디모데의 연단을 너희가 아나니 자식이 아비에게 함같이 나와 함께 복음을 위하여 수고하였느니라."(빌 2:19-22)

엘리사가 자기 스승 엘리야를 아버지로 간주한 것처럼, 디모데 역시 바울을 자기 아버지로 생각했습니다. 그리고 바울을 섬기면서 복음을 전했습니다. 그런 가운데 그에게 영적 전이가 일어났고, 그는 사도의 기름부음을 받게 된 것입니다. 이상 성경에서 영적 전이가 일어난 대표적인 네 가지 사례를 소개해드렸고, 네 경우 모두 겸손히 영적 지도자를 섬기는 자에게 영적 전이가 일어났다는 사실을 말씀드렸습니다.

존 레이크는 존 알렉산더 도위와 함께 일하면서 그로부터 믿을 수 없을 만큼 강한 치유의 은사를 받았습니다. 접촉과 섬김을 통하여 마음이 열리니 지도자의 성령의 권능이 전이 된 것입니다. 케니스 코프랜드는 자신의 사역을 시작하기 전에 오랄 로버

츠의 가방을 들고 다니면서 충성스럽게 그를 섬겼습니다. 이경우도 마찬가지입니다. 마음을 열고 섬기니 지도자의 성령의 권능이 자연스럽게 전이 된 것입니다. 그런가 하면 제리 새빌은 주님께서 그에게 자신의 사역을 맡기시기 전에 케니스 코프랜드를 도왔습니다. 마음을 열고 사역을 도울 때 지도자에게 역사하는 성령의 권능이 전이되는 것입니다. 지금 젊은 목회자들은 섬기는 것이 부족합니다. 무조건 빨리 능력자가 되려고 합니다. 그러나 하나님은 절대로 그런 목회자에게 성령의 권능을 풀어주시지 않습니다. 하나님이 세우신 지도자와 호흡을 맞추고 겸손한 마음으로 지도자를 섬기십시오. 그럴 때 강력한 영적 전이가 일어납니다.

4. 권능이 함께하는 분에게 안수를 자주 받는 것이 좋다.

안수는 영적인 권능을 전이시키는 적극적인 수단입니다. 저는 안수를 통하여 저에게 역사하는 성령의 권능과 은사를 나누어주는 사역을 하고 있습니다. 히브리서 6:1-3에 보면 안수가 기독교의 기본진리로 언급되고 있음을 볼 수 있습니다. 그런데 오늘날 교회에서는 안수를 너무 무시하는 경향이 있습니다. 저는 개인적으로 안수는 영의 전이가 되는 적극적인 방법 중에 하나라고 생각을 합니다. 안수를 통하여 성령의 세례를 받게 할 수가 있습니다. 안수를 통하여 성령의 권능도 전이 시킬 수가 있습니다. 안수함으로써 축복을 전이 시킬 수도 있습니다. 성령의 기름부음을 전이시키기도 합니다. 안수를 통하여 병을 치유하기도 합니다.

그런데 안수는 무조건 좋은 것만 전이 시키는 것이 아닙니다. 안수를 통하여 상대방의 나쁜 영도 전이 될 수가 있으니 무분별하게 안수 받는 것은 삼가야 합니다. 반드시 안수 사역하는 사역자를 분별하고 머리를 숙여야 할 것입니다.

기도원이라든지 부흥회든지 치유 센터에서 공인된 목회자가 아닌데 안수를 받는 것은 주의해야 합니다. 공인된 사역자는 누구인가요. 해당 분야에서 5-7년을 사역을 했는데 시시비비 없이 치유사역을 하는 사역자입니다.

성경에 의하면 바울이 로마 교회를 방문하기 원했던 이유는 놀랍게도 안수를 통해 그들에게 은사를 나눠주기 위해서 이었습니다.

> "내가 너희 보기를 심히 원하는 것은 무슨 신령한 은사를 너희에게 나눠주어 너희를 견고케 하려 함이니"(롬 1:11)

어떤 성도들은 안수를 통하여 그런 일이 가능하냐고 묻습니다. 물론 가능합니다. 성경에 보면 분명히 베드로와 요한이 사마리아를 방문하여 개심자들에게 안수했을 때 그들이 성령을 받았고, 바울이 에베소에 이르러 신자들에게 안수했을 때 그 중 12

사람이 방언을 하고 예언을 했습니다. 안수를 통해 그들에게 성령과 신령한 은사들이 주어지게 된 것입니다. 디모데 역시 안수를 통해 은사를 받은 사람 중 하나입니다.

"네 속에 있는 은사 곧 장로의 회에서 안수 받을 때에 예언으로 말미암아 받은 것을 조심 없이 말며."(딤전 4:14)

이와 같이 하나님께서는 안수를 통해 사람들에게 성령과 신령한 은사들을 나누어주십니다. 교회사를 살펴보면 죽은 사람을 14명이나 살렸던 위대한 하나님의 사람 스미스 위글스워스가 성령의 은사를 나누어주는 사역을 했습니다. 그러나 당시만 하더라도 이런 사역을 하는 사람들은 극소수에 불과 했습니다. 그런데 요즘 하나님께서는 세계 도처에서 이런 사역을 하는 다수의 사람들을 일으켜 세우고 계십니다.

까를로스 아나콘디아, 베니 힌, 존 아놋트, 존 길패트릭, 스티브 힐, 클라우디오 플레이젼, 프란시스 맥너트, 마헤시 차브다, 마크 듀퐁, 낸시 코엔, 안재호 그리고 이외에도 많은 목사님들이 있습니다.

주목할 사실은 이런 분들 역시 과거에 안수를 통해 능력의 전이를 경험했다는 사실입니다. 클라우디오 플레이젼의 경우 아르헨티나의 위대한 하나님의 사람 까를로스 아나콘디아의 집회에 참석하여 그에게 안수 기도를 받았고, 성령을 받은 후에도 사모하는 마음으로 미국으로 건너가 베니 힌 목사님으로부터 안수 기도를 받았습니다.

토론토 축복의 존 아놋트 목사님은 베니 힌 목사님의 집회에 참석하여 은혜를 받았고, 클라우디오 플레이젼 목사님의 집회에 참석하여 안수를 받고 성령을 받았습니다. 펜사콜라 브라운스빌 교회의 스티브 힐 목사님 역시 부흥의 나라 아르헨티나를 방문하여 까를로스 아나콘디아와 클라우디오 플레이젼 목사님께 안수 기도를 받았습니다.

그리고 안재호 목사님은 마헤시 챠브다로 부터 안수를 받을 때 하나님의 능력이 강력하게 전이되는 것을 경험했고 그때부터 기적이 일어나기 시작했습니다. 그러므로 우리는 안수를 받을 기회가 있을 때 사모하는 마음으로 가능하면 자주 안수 기도를 받는 것이 좋습니다. 반드시 공인된 사역자에게 받아야 합니다.

저는 안수 사역을 즐겨하고 있습니다. 우리 교회에 오셔서 겸손하게 은혜를 받는 목회자들에게 저에게 역사하는 성령의 권능이 전이되고 있습니다. 지금 전국 각지에서 하나님에게 아름답게 쓰임을 받으면서 사역을 하고 계십니다. 부흥사로 활동하고 있는 분들도 많이 계십니다. 교회를 성장 시키고 계십니다.

한편, 제 말은 아무에게나 경솔하게 안수를 받으라는 말로 오해하지 마시기 바랍니다. 잘못된 사람으로부터 안수를 받으면, 죄와 저주와 묶임이나 나쁜 영이 전이될 위험성이 있습니다. 특히 동성애, 탐욕, 정욕과 기타 악한 영들에게 눌려 있는 사람에게서 안수를 받으면 그들의 영이 자신에게 넘어올 수도 있습니다. 바르게 분별을 하고 안수를 받아야 합니다. 저는 이렇게 말합니다. 성령 사역을 5년 이상 했는데 시시 비비 없이 바르게 사역하고 있는 영적지도자에게 안수를 받으라고 합니다. 정말로 중요한 사항입니다.

실제로 제가 아는 분들 가운데는 잘못된 부흥사에게 안수를 받은 후 잘못된 영을 받아 저에게 와서 안수기도와 성령치유를 받은 후 자유하게 된 분들이 많이 있습니다. 그리고 저의 경우는 안수 기도를 할 때 먼저 내 자신을 돌아보고 거리낌이 있을 때에는 안수를 하지 않습니다. 안수하는 사역자는 깊은 영의기도로 자신의 심령을 항상 정화시켜야 합니다. 깊은 영의기도로 성령의 권능을 받아 안수사역을 해야 합니다. 그러므로 우리는 단순히 은사가 아니라 열매를 통해 상대에 대해 잘 분별하고, 오직 하나님의 사람들에게만 머리를 숙여야 할 것입니다.

성령의 은사와 권능의 전이에 대하여 더 많이 알고 싶은 분은 "기적치유" 책을 읽어보시기를 바랍니다. 그 책에는 권능과 치유의 은사를 받아 영육의 질병을 기적적으로 치유하는 비결들이 상세하게 제시되어 있습니다.

2부 인간생활 간 영의 전이

7장 일반적인 영의 전이.

(고후11:4) "만일 누가 가서 우리의 전파하지 아니한 다른 예수를 전파하거나 혹 너희의 받지 아니한 다른 영을 받게 하거나 혹 너희의 받지 아니한 다른 복음을 받게 할 때에는 너희가 잘 용납하는구나."

하나님은 영들의 전이에 대하여 특별한 관심을 가지라고 말씀하십니다. 성도는 반드시 영들의 전이를 알고 대비해야 합니다. 우리 예수를 믿는 성도들은 마귀가 들끓는 세상에서 살고 있기 때문에 항상 영적전쟁을 해야 하는 것입니다. 크리스천의 모든 생활이 영적인 싸움이라는 것을 명심해야 합니다. 자신이 성령으로 충만하지 못하면 가차 없이 세상의 영들이 침입을 합니다. 왜냐하면 우리가 육을 가지고 있기 때문입니다. 그래서 하나님은 "항상 기뻐하라. 쉬지말고 기도하라. 범사에 감사하라." 하시는 것입니다. 그리고 베드로 전서 5장 8절에서는 "근신하라 깨어라 너희 대적 마귀가 우는 사자 같이 두루 다니며 삼킬 자를 찾나니" 라고 경고하시는 것입니다.

'전이'라는 것은 '옮겨진다' 는 것으로 어떤 사람에게서 다른 사람에게로, 어떤 장소에서 다른 장소로 옮겨진다는 뜻입니다. 전이가 무엇을 뜻하는지를 알려면 그 단어를 바꾸어 보면 됩니다. '이전.' 그렇습니다. 전이란 무엇인가? 상대편의 무엇이 이전되는 것을 뜻합니다. 전이는 '파급', '전가', '전염'이라는 말로 바꾸어 쓸 수도 있습니다. 성령의 능력을 전이 받는 것은 좋은 일이지만, '악한 영들의 전이'는 영혼의 안전을 위협하고, 급기야는 사망에 떨어지게 합니다. 그러므로 악한 영들이 전이되는 것을 막아야 합니다. 영들이 전이되는 수단에는 어떤 것이 있습니까?

1. 언어를 통한 전이

더러운 마귀 뱀은 언어를 통하여 전이가 되므로 말을 긍정적으로 믿음적으로 복음적으로 말하는 성령의 사람과 교제하십시오. 하나님의 은혜에 감사하고 하나님에게 영광을 돌리는 성도와 같이 해야 합니다. 말은 중요한 영의 전이 수단입니다. 말을 긍정적으로 해야 합니다.

우리가 특별히 주의해야 할 대상은 육신에 속한 성도는 이렇습니다. ① 자기자랑이 심한 사람, ② 자기 학대의 말을 서슴없이 하는 사람, ③ 교회와 목회자와 성도들을 비판하는 사람, ④ 의심과 불신과 부정적인 말을 하는 사람, ⑤ 매사를 부정적으로 보는 사람, ⑥ 세상적인 말을 하면서 세상 사람들과 잘 어울리는 사람, 이런 사람들과는 가까이 하지 말아야 합니다. 이런 사람의 말을 들으면 자신도 똑같이 그런 말을 하게 되고, 이 말 때문에 자신의 인생과 믿음이 무너지고 마는 것입니다. 가나안 땅을 정탐하고 돌아온 열 정탐꾼의 부정적 말을 듣고 이스라엘 백성들이 어떻게 되었습니까? 그 말을 들은 사람의 믿음이 모두 무너지고 말았습니다. 말이 이처럼 무서운 것입니다.

"온 회중이 소리를 높여 부르짖으며 밤새도록 백성이 곡하였더라. 이스라엘 자손이 다 모세와 아론을 원망하며 온 회중이 그들에게 이르되 우리가 애굽 땅에서 죽었거나 이 광야에서 죽었더면 좋았을 것을 어찌하여 여호와가 우리를 그 땅으로 인도하여 칼에 망하게 하려 하는고"(민14:1-3)

노래를 듣고 노래를 불러도 하나님을 찬양하는 좋은 노래를 듣고 불러야 합니다. 노래를 통해서도 악한 영의 전이가 일어납니다. 로큰롤이라는 단어 자체가 흑인들 사이에선 카섹스와 관계된 은어입니다. 상당수의 록 음악은 변태성욕, 동성애, 그룹 섹스, 강간, 수간, 시체들과의 성관계, 자살을 묘사하고 있습니다. 이런 노래에 심취할 때 악한 영들과의 전이가 일어나는 것은 당연한 일인 것입니다. 그래서 우리 청소년들이 인터넷을 통하여 듣는 노래도 주의해서 들어야 합니다. 복은 복된 말을 통해 들어오고, 생명의 믿음도 은혜로운 말을 통해 들어오는 것임을 알고, 좋은 말 믿음의 말만 들어야 합니다.

"그러므로 믿음은 들음에서 나며 들음은 그리스도의 말씀으로 말미암았느니라."(로마서 10:17)

"그러므로 생명을 사랑하고 좋은 날 보기를 원하는 자는 혀를 금하여 악한 말을 그치며 그 입술로 궤휼을 말하지 말고"(벧전3:10)

2. 동거를 통한 성격의 전이

더러운 마귀 뱀은 성격 전이를 통해 들어오므로 예수님의 성품을 닮은 온유하고 겸손한 사람과 교제하십시오. 사람도 구별해서 만나고 교제해야 된다는 말입니다. 성격도 전이된다는 것을 알아야 합니다. 그러므로 우리의 성격도 내 것이 아닌 것이 있습니다. 다른 영에 의하여 전이 받은 성격일 수도 있습니다. 자신의 성격을 분별하여 더러운 성격은 축귀해야 합니다.

"노를 품는 자와 사귀지 말며 울분한 자와 동행하지 말찌니 그 행위를 본받아서 네 영혼을 올무에 빠칠까 두려움이니라."
(잠22:24-25)

그리고 자신에 대해서도 성질을 십자가에 못 박지 못하면, 성질 때문에 성령이 소멸되고, 관계도 소멸되고, 축복도 소멸되고, 생명의 믿음도 소멸되고 마는 것입니다.

"또한 그들이 마음에 하나님 두기를 싫어하매 하나님께서 그들을 그 상실한 마음대로 내버려 두사 합당하지 못한 일을 하게 하셨으니 곧 모든 불의, 추악, 탐욕, 악의가 가득한 자요 시기, 살인, 분쟁, 사기, 악독이 가득한 자요 수군수군하는 자요, 비방하는 자요, 하나님께서 미워하시는 자요 능욕하는 자요 교만한 자요 자랑하는 자요 악을 도모하는 자요 부모를 거역하는 자요, 우매한 자요, 배약하는 자요, 무정한 자요, 무자비한 자라. 그들이 이같은 일을 행하는 자는 사형에 해당한다고 하나님께서 정하심을 알고도 자기들만 행할 뿐 아니라 또한 그런 일을 행하는 자들을 옳다 하느니라."(롬1:28-32)

특별히 성관계를 주의해야 합니다. 성관계를 통하여 상대방이 가지고 있는 영들이 전이가 일어납니다. 그래서 부부는 닮는 다는 것입니다. 성격도 말하는 소리도 질병까지도 닮게 되는 것입니다. 영적인 문제도 닮게 됩니다.

"창기와 합하는 자는 저와 한 몸인 줄을 알지 못하느냐 일렀으되 둘이 한 육체가 된다 하셨나니"(고전6:16)

3. 생활을 통하여 전이

더러운 마귀 뱀은 생활의 전이를 통해 들어오므로 행복한 가정, 깨끗한 생활의 사람과 교제하십시오. 행복한 사람을 만나면 나도 행복해지고 싶고, 그 행복의 영이 넘어와 나도 행복한 삶이 되는 것입니다. 그러므로 행복한 사람, 부요한 사람, 성공한 사람, 정결한 사람들과 교제하십시오. 특히 자녀들이 사람을 잘 만나고 좋은 친구를 사귀도록 교육하고 기도해야 합니다.

"또한 네가 청년의 정욕을 피하고 주를 깨끗한 마음으로 부르는 자들과 함께 의와 믿음과 사랑과 화평을 좇으라."(딤후 2:22)

이상한 영을 받은 이단들에 대해 요한2서 1장 10-11절 말씀을 보면 "누구든지 이 교훈을 가지지 않고 너희에게 나아가거든 그를 집에 들이지도 말고 인사도 말라. 그에게 인사하는 자는 그 악한 일에 참예하는 자임이니라"고 하셨습니다. 왜 이런 사람들을 집에 들이지도 말고, 인사도 하지 말라고 가르치고 있습니까? 그 이유는 영적전이가 되기 때문입니다. 고전 15:33 말씀은 "속지 말라. 악한 동무들은 선한 행실을 더럽히나니"라고 하셨습니다.

유유상종(類類相從)이란 한 마디로 끼리끼리 논다는 뜻입니다. 사람은 영이 같은 사람과 통하게 되어있습니다. 그래서 친구를 보면 자신의 영적인 상태를 알 수가 있습니다. 사람은 같이 어울리고 함께 많은 시간을 보내는 사람과 서로 닮게 되어 있습니다. 육적인 사람들은 더러운 마귀의 영향력 아래 살고 있습니다. 그런 사람들과 사귀는 것은 대단히 위험합니다. 담배 연기가 자욱한 방안에 걸어 둔 옷이 담배 냄새를 흡수하여 망가져 버리듯이 육적인 사람들과 함께 있으면 이처럼 악한 영이 전이되는 것입니다.

믿음이 약한 그리스도인들은 다른 사람들에게 선한 영향을 끼치기보다, 그들로부터 좋지 않은 영향을 받기가 더 쉽다는 것을 알고 단단히 주의를 하지 않으면 안 됩니다. 사람의 영은 스펀지와 같아서 접촉하고 사귀는 영을 흡수합니다. 그래서 성경은 세상 사람들은 어둠이요, 마귀의 자식이기 때문에 깊은 관계를 하지 말고 교제하지 말라고 말씀한 것입니다.

"너희는 믿지 않는 자와 멍에를 같이 하지 말라. 의와 불법이 어찌 함께 하며 빛과 어두움이 어찌 사귀며 그리스도와 벨리알이 어찌 조화되며 믿는 자와 믿지 않는 자가 어찌 상관하며 하나님의 성전과 우상이 어찌 일치가 되리요. 우리는 살아 계신 하나님의 성전이라. 이와 같이 하나님께서 가라사대 내가 저희 가운데 거하며 두루 행하여 나는 저희 하나님이 되고 저희는 나의 백성이 되리라 하셨느니라. 그러므로 주께서 말씀하시기를 너희는 저희 중에서 나와서 따로 있고 부정한 것을 만지지 말라. 내가 너희를 영접하여 너희에게 아버지가 되고 너희는 내게 자녀가 되리라 전능하신 주의 말씀이니라 하셨느니라."(고후

6:14-18)

혈루증으로 12년을 치료받았지만 있는 돈은 치료비로 다 허비하고, 증상은 더 심해져서 세상 의사가 어떻게 할 수 없는 지경에 놓인 여인이 예수님의 옷에 손을 대고 나음을 입었습니다. 바울에게서 그의 앞치마나 손수건을 얻어다가 병든 사람이나 귀신들린 사람에게 얹으면 병이 낫고 귀신이 도망갔습니다. 이처럼 접촉을 통해 성령의 선한 역사가 일어난 것처럼, 더러운 악령과 접촉하면 악한 역사가 일어나게 되어있습니다.

악귀를 쫓기 위해 고안된 반지, 목걸이, 핀 등 다양한 액세서리를 통해 실제로 악한 영들과의 전이가 일어나는 것입니다. 여행 중에 아무 생각 없이 사온 토산품들 중 많은 것들이 거짓 신들이나 주술과 관련이 있습니다. 이런 것들을 통해 실제로 악령과의 전이가 생기는 것입니다. 부두교 인형, 목각, 주술과 관련된 인형들을 주의해야 합니다. 실제로 호랑이 인형을 좋아하는 사람은 성격이 포악하고, 거북이는 게으르며, 새는 지절거리고 속살거리는 영입니다.

자신의 생활을 자세히 살펴보시고 이런 것들은 즉시 버리시기 바랍니다. 그리스도가 아닌 종교적이고, 이교적이고, 주술적이며, 악해 보이는 모든 조각과 그림들…. 컴퓨터의 각종 주술적이거나 폭력적이고 이상한 게임들…. 이상한 모양의 악하고 추하고 폭력적인 장난감들…. 뉴에이지 음반, 물품, 출판물…. 각종 상징물들…. 마귀적인 헤비메탈 앨범들과 포스터, 옷, 이와 관련된 액세서리들…. 주술적 책, 부적, 주술적 목걸이나 반지…. 그리고 주술적인 힘, 최면, 점성술, UFO, 사탄숭배, 환생 등과 관련 있는 물건이나 경건치 못한 잡지나 모든 것들…. 이런 것들은 모두 성령을 대적하는 악한 것들이며 이런 것을 통하여 믿음이 손상되고 영혼이 병드는 것입니다.

4. 함께 기도를 통한 영의 전이

 더러운 마귀, 뱀은 기도 전이를 통해 들어오므로 아무 하고나 아무 곳에서나 기도하지 마십시오. 은혜 충만한 사람 옆에서 기도하셔야 합니다. 어디 가서 함부로 안수를 받지 말아야 합니다. 안수란 영을 전이시키는 엄청난 일입니다. 만약 안수하는 사람의 영이 잘못되었다면 그 잘못된 영들이 그대로 넘어오는 것입니다. 영적으로 분별하기 힘든, 이상한 집회에 가서 강사가 기도할 때 머리 숙이고 기도를 듣고 있으면 잘못된 영이 그대로 덮고 마는 것입니다. 손을 잡고 기도하는 것도 영의 전이가 잘됩니다.

 특별히 수련회나 기도회 시 손을 잡고 기도한다든지, 어깨에 손을 얹고 기도 한다든지 할 때 영의 전이가 잘됩니다. 저는 MT를 가서 손을 잡고 기도한 다음에 영적으로 고통당하는 학생들을 다수 치유한 경험이 있습니다. 이제부터는 새벽기도에 가서 아무 곳이나 앉지 말고 기도를 신령하게 은혜롭게 충만하게 하는 사람

옆에서 기도하십시오. 그 사람의 영이 당신에게 옮겨지는 은혜를 체험하게 될 것입니다.

"만일 누가 가서 우리의 전파하지 아니한 다른 예수를 전파하거나 혹 너희의 받지 아니한 다른 영을 받게 하거나 혹 너희의 받지 아니한 다른 복음을 받게 할 때에는 너희가 잘 용납하는구나."(고후 11:4)

5. 물질을 통한 전이

더러운 마귀 뱀은 물질의 전이를 통해 들어오므로 물질에 인색한 사람, 물질의 탐욕에 빠진 사람을 멀리하십시오. 있으면서도 없다고 하는 사람…. 십일조 못하는 사람…. 십일조를 안 드리는 사람…. 돈이라면 주일도 안 지키는 사람…. 헌신보다는 교회재정을 자꾸 쓰려하는 사람…. 이런 사람들은 아주 주의해야 합니다.

"돈을 사랑함이 일만 악의 뿌리가 되나니 이것을 사모하는 자들이 미혹을 받아 믿음에서 떠나 많은 근심으로써 자기를 찔렀도다."(딤전 6:10)

"이것이 곧 적게 심는 자는 적게 거두고 많이 심는 자는 많이 거둔다 하는 말이로다. 각각 그 마음에 정한 대로 할 것이요 인

색함으로나 억지로 하지 말지니 하나님은 즐겨 내는 자를 사랑하시느니라."(고후9:6-7)

그리고 이런 성도와 교제하며 친하게 지내십시오. ① 교회 일이라면 물질을 아낌없이 쓰는 성도, ② 선교라면 자신의 가장 귀한 것이라도 내놓으려고 하는 성도, ③ 성도들에게 베풀기를 즐겨하는 성도, ④ 하나님 나라에 물질을 많이 쓰는데 자꾸 부자 되는 성도, 이런 성도, 이런 사람과 가까이 하며 밀착되게 지내시기 바랍니다.

"흩어 구제하여도 더욱 부하게 되는 일이 있나니 과도히 아껴도 가난하게 될 뿐이니라."(잠언 11:24)

6. 장소를 통한 전이

더러운 마귀 뱀은 장소 전이를 통해 들어오므로 아무 곳에나 가지 말고 아무 자리나 앉지 말고 좋은 장소에 가고 좋은 사람들이 앉은 자리에 앉아야 합니다. 예수님을 믿는 사람들이 경치 좋다고 중이 있는 절로 놀러가는 것이 아닙니다. 교회 안에서도 영적 상태가 안 좋은 사람이 앉은 자리는 앉지 말아야 합니다.

그 사람의 더러운 영이 역사해버리기 때문입니다. 이것을 예로 들면 거지가 앉은 자리는 그 냄새가 한 동안 없어지지 않습니다. 손자가 할아버지에게서 냄새가 난다고 가지 않으려 합니다. 그런데 그 냄새를 본인은 모르고 있다는 사실입니다. 미혹된 상태가 이와 똑같습니다.

자신이 잘못된 것을 자신이 모르고 있다는 것입니다. 숯검정으로 범벅된 옷을 입고 앉은 자리에 어떤 사람이 하얀 옷을 입고 앉았다 칩시다. 그 옷이 어떻게 되겠습니까? 숯검정으로 범벅된 옷을 입고 앉은 자리는 여러 사람이 거쳐야만 깨끗하게 될 것이나, 그 자리에 앉은 사람은 많든 적든 숯검정이 묻어 더럽게 되고만 것입니다. 이것은 여성분들이 비싼 스타킹을 사서 신었는데, 올이 나가 작은 구멍이 하나 생겨 못 신는 것과 같은 것입니다. 어떤 남편이 자기 아내가 좋지 못한 친구들과 어울려 다니며 낭비벽이 심하여 돌아다니다 보니, 자녀들을 돌보지 못해 자녀들이 사고를 쳐서 이 문제로 인해 부부간에 큰 싸움이 벌어졌습니다.

남편이 이제 너 같은 것 하고는 도저히 못살겠다고 합니다. 그런데 남편은 현실적 문제만 가지고 말을 하고 있지만, 실은 본질적 문제가 남편 자신에게 있다는 것을 모르고 있습니다. 남편이 퇴근 후에는 음란한 술집을 돌아다니면 더럽고 악한 영들을 그대로 가정으로 끌고 와서, 가족들이 그 영에 눌리게 만들어 버린 것입니다. 그래서 아내도 자녀들도 빗나간 모습들이 되고만 것입니다. 콩 심은 데 콩 나고 팥 심은 데 팥 난다는 것처럼 이것은 악령이 역사한 자리에 악령이 있고 성령이 역사한 자리에 성령이 있는 것입니다.

그래서 믿는 자는 이사를 가도 술집동네. 창녀촌, 무당촌 등으로는 가지 말아야 합니다. 그런 사람들에게 전도는 하되 영적인 경각심을 가지고 전도해야 합니다. 벧후 2장 8절 말씀을 보면 "이 의인이 저희 중에 거하여 날마다 저 불법한 행실을 보고 들음으로 그 의로운 심령을 상하니라" 고 했습니다.

롯이 육의 눈으로 볼 때 소돔과 고모라가 여호와의 동산처럼 좋아서 선택하여 들어간 곳인데 그곳에서 소돔과 고모라 사람들의 불법한 행실 때문에 의로운 심령이 상하고 말았다는 것입니다. 소돔과 고모라라는 장소가 롯의 가정을 완전 파괴해버린 것입니다. 소돔과 고모라가 유황불 심판을 받을 때 숟가락하나 제대로 가지고 나오지 못했으며…. 롯의 아내는 소금기둥이 되었으며…. 롯과 딸들은 근친상간까지 하게 됩니다. 장소의 영적전이가 이렇게 무서운 것입니다. 우리 다 같이 말씀을 찾아봅시다.

"사도와 함께 모이사 그들에게 분부하여 이르시되 예루살렘을 떠나지 말고 내게서 들은 바 아버지께서 약속하신 것을 기다리라."(행1:4)

"들어가 그들이 유하는 다락방으로 올라가니 베드로, 요한, 야고보, 안드레와 빌립, 도마와 바돌로 매, 마태와 및 알패오의 아들 야고보, 셀롯인 시몬, 야고보의 아들 유다가 다 거기 있어 여자들과 예수의 어머니 마리아와 예수의 아우들과 더불어 마음을 같이하여 오로지 기도에 힘쓰더라."(행1:13-14)

"오순절 날이 이미 이르매 그들이 다같이 한 곳에 모였더니 홀연히 하늘로부터 급하고 강한 바람 같은 소리가 있어 그들이 앉은 온 집에 가득하며"(행2:1-2)

이 말씀들을 보세요, 기도의 장소가 성령의 장소가 되지 않습니까? 신앙생활은 "영적싸움"입니다. 영의 눈을 열어 불순한 영의 전이를 막아야 합니다.

"내가 선한 싸움을 싸우고 나의 달려갈 길을 마치고 믿음을 지켰으니"(딤후4:7)

마귀는 진리를 거절하게 미혹합니다. 예배를 드리며 하나님의 말씀을 들으나 그 말씀이 영혼과 삶의 생명과 빛이 되지 못하게 하는 것입니다. 말씀을 들으나 순종치 않는 자들…. 말씀 앞에 졸고 있는 자들…. 말씀을 인간적으로 해석하는 자들…. 말씀을 육적 감정으로 받는 자들…. 믿음을 가장하여 말씀을 이용해 자기 사욕만 채우는 자들…. 이런 자들은 다 마귀에 미혹되어 진리를 거절하고 있는 악한 자들입니다.

"때가 이르리니 사람이 바른 교훈을 받지 아니하며 귀가 가려워서 자기의 사욕을 좇을 스승을 많이 두고 또 그 귀를 진리에서 돌이켜 허탄한 이야기를 좇으리라"(딤후4:3-4)

진리로 자신을 쳐서 십자가에 못 박지 못하면 그리스도를 믿는다고 하면서 망하는 자 될지도 모릅니다. 하나님의 말씀대로 철저히 순종하는 믿음의 선한 싸움의 승리자가 될 수 있도록 완악하고 강퍅한 마음을 찢어 십자가 보혈로 씻고, 말과 행동이 다른 입술을 찢어 성령의 불에 태우고, 열매 없는 생활을 찢고 그리스도 말씀의 반석 위에 새로 세워야 합니다. 그래서 먼저 믿는 사람 앞에서 인도하는 찬양인도자, 구역장, 강사 등은 뒤에서 따라오는 성도들보다 몇 배의 사단의 미혹을 받는다는 사실을 알아야 합니다.

그러므로 말을 해도 믿음의 말을 하고…. 긍정의 말을 하고…. 화가 나도 절제하고 온유와 겸손을 드러내고…. 행복한 가정의 모습을 보여주려고 경건의 경주를 멈추지 말고…. 성령 충만한 기도생활을 계속해야 하며…. 항상 좋은 곳만 출입하고 가정 중심 교회중심의 생활이 되고, 주님의 교회를 위해 아끼지 말고 심어 부요자의 모습이 되어야 합니다.

7. 지역을 통한 영의 전이

지역도 하나님의 축복이 흐르는 곳이 있습니다. 우리는 지역도 분별할 수 있어야 복된 삶을 살수가 있습니다. 부자들이 많이 사는 곳이 있습니다. 가난한 사람들이 많이 사는 곳도 있습니다. 우상숭배가 심한 지역도 있습니다. 풍수해가 자주 일어나는 지역도 있습니다. 술집이 많이 있는 지역도 있습니다. 무당들이 많이 있는 곳이 있습니다. 이는 그 곳에 악 영이 충만하기 때문에 점 괘가 잘 나오는 곳입니다. 강간 살인 등 흉악한 사고가 많이 나는 곳도 있습니다. 창세기에 보면 아브라함의 조카 롯은 소돔과 고모라성에 가서 살다가 가정이 풍비박산이 나지 않았습니까? 그러나 아브라함의 아들 이삭은 하나님이 원하는 곳에서 농사짓고 살아 거부가 되었지 않습니까? 분별력을 가지고 우리가 사는 곳도 구별하여 사시는 우리가 되시기를 바랍니다.

다음은 어떤 성도가 저에게 상담한 내용입니다. 참고하시고 경각심을 가지시기를 바랍니다. 성도님의 아버지가 중환자실에서 예수님을 영접하시고 돌아가셨는데…. 예수님을 믿지 않는 작은 엄마와 성도님의 자녀들은 아버지가 돌아가시기 전부터 아버지 몸을 안마하고 주물러 주었습니다. 예수님을 믿지 않는 작은 어머니(제사를 선호하는)가 지금에서야 아버지가 돌아가신 다음에 하신 말씀입니다. 아버지를 주물러 드릴 때마다 정신이 몽롱해지면서 목뒤덜미에서 머리까지 전율을 느끼며…. 정신을 잃을 뻔하며…. 정신이 몽롱하며…. 머리가 빠져나가는 것 같은 경험을 자주 하셨다고 합니다.

그럴 때마다 정신을 차리며, 내가 왜 이러지 라고 중얼거리며 정신을 가다듬었다고 합니다. 그래서 혈압이 문제인가 싶어서 약국에 가서 혈압을 재봤지만 이상이 없었다고 하였습니다. 작은 어머니는 누구보다도 저희 아버님의 몸을 헌신적으로 주물러 주었습니다. 그런데 걱정스러운 것은 현재 작은 아버지 또한 친형이 돌아가신 후 술만 드시고 매일 우신다고 합니다.

작은어머니에게 일어났던 현상은 무엇이며, 전도를 위해 기도하는 성도님이 하실 일은 무엇인지 물어 오신 것입니다. 이 질문에 대답은 이렇습니다. 작은어머니의 가정을 구원하시려는 주님의 계획이 있으신지 모르겠고…. 작은 어머니는 아버지의 잘못된 영의 전이가 일어나고 있습니다. 현재 제사 문제로 인해 성도님은 작은어머니와 동생들과의 갈등이 있다고 했습니다. 그러나 하나님의 은혜로 아버지가 예수님을 영접하시므로 기독교식 장례를 치렀습니다. 절에 다니는 친정아버님 쪽의 7형제 틈에서 금식하며 기도한 결과로…. 간신히 주님의 은혜로 장례를 치렀습니다.

장례문제로 머리가 굉장히 아팠지만, 아직 남동생과 여동생이 예수님을 믿지 않아서 기도중이며…. 성도님의 엄마 또한 믿음이 작아서 기도 중입니다. 성도님 가족구원…. 친족구원…. 더군다나 예수그리스도를 믿지 않거나…. 다른 종교를 믿고 있을 때…. 복음전도가 참으로 어렵습니다. 보통 일반전도라 일컬어지는 교우전도는 오히려 쉽지만…. 가족전도는….열배 백배 힘이 든다는 것을 마음에 단단히 각오를 하여야 합니다.

기도하며 낙심하지 않고 포기하지 않는다면…. 반드시 하나님이 일하시고 역사하시고 도우시기에…. 복음전도는 이루어진답니다. 당장에 가족구원을 향한 복음전도가 핍박을 받고 방해를 받고, 어려움에 처하여도 절대로 낙심하지 말고 가랑비에 옷이

젖듯 쉴 사이 없이 복음을 전도하시고…. 긴긴 인내의 기도를 통해 하나님의 구원의 계획하심을 삶으로 체험하는 응답의 역사가 있기를 바랍니다.

몸에 병이 있는 분이나 질병이 중해 생명이 위독한 분들을 가족들이 주물러주거나 접촉이 있을 때 그 상대자가 믿음이 없는 분이라고 할지라도 믿는 자에게 나타나는 신유은사와 같은 은사가 없다고 하여도 중환자를 만지거나 주무르거나 하면 그 병의 통증이나 아픔이 여러 가지 계통으로 전달되는데 이것을 영적 전이라고 합니다. 상대방의 통증부위가 동일하게 아프고 힘들게 되기도 하고 속이 더부룩하거나, 쓰리거나, 어지럽거나, 현기증을 느끼거나, 구토증이 생기거나, 냉기를 느끼거나, 온 몸의 뼈나 근육이 뭉쳐들고 뻣뻣해지는 것 같은 체험을 하게 되며, 눈앞이 아찔해지며, 독한 약에 취한 사람처럼, 넋을 잃은 것처럼 몽롱한 현상을 겪기도 합니다.

아주 약한 전기에 노출된 듯 손이나 팔이나 어깨에 찌릿해지는 정전기 같은 체험도 있고요. 몸살이나 오한처럼 몸이 밑으로 쳐지며 미열이 나고 식은땀이 나기도하고…. 몸이나 팔다리가 욱신욱신 아프게 되는 영적, 다운 현상을 경험하기도 합니다. 성도님의 작은 어머니가 예수님을 믿는 분은 아니어도 영적으로 예민한 분이기에 그런 현상을 겪은 것이니 일반인도 한번쯤 겪을 수 있는 이상할 것 없는 흔히 겪을 수 있는 현상입니다.

믿는자라면 예수이름으로 대적기도하면서 성령 충만을 구하면 떠나가거나 없어지는 것이 보통입니다. 그러나 믿지 않는 사람은 환자의 질병이 전이되어 고통을 당하기도 합니다. 지금 작은 아버지가 술을 먹고 자주 우신다고 하는데 이것은 그냥 넘어갈 일이 못 되고 영적 치유가 필요합니다. 잘 설득하고 이해하기 쉽게 이야기하여 예수를 영접하고 영적치유를 받는 것이 좋겠습니다.

일반적인 영의 전이 현상은 대략 이렇습니다. 대화를 한다거나 상대방을 기도를 해줄 때 상대방의 고통이나 마음의 상태가 옮겨오는 것은 흔히 일어나는 현상입니다. 그러므로 영이 약할 때는 남을 위하여 기도를 해서는 안 되며…. 특히 안수기도와 같은 신체접촉은 좋지 않습니다. 그는 상대방으로부터 나쁜 기운이 전달되어 오랫동안 시달릴 수도 있습니다.

이렇게 영이 좋지 않은 상태에서 기도를 해 주어야 할 때가 있다면 이때는 영적 안전을 위하여 마음에 걸리는 죄들을 고백하고, 강한 능력 있고 깊은 영의 기도로 성령으로 충만하게 하고, 그리스도의 보혈이 자신을 지켜주실 것을 구하며, 주님께 대한 찬양과 경배를 드리고, 성령의 깊은 임재가운데 있어야 합니다.

죄의 고백과 주님의 보혈, 성령 충만, 그리고 주님께 대한 감사와 찬양, 이 네 가지 항목은 모두가 악한 영들이 몹시 두려워하는 것들이며 그들로부터 우리를 보호하고 지켜주는 효과가 있는 것입니다. 영의 전이를 대비하기 위하여 성령의 임재 안에 들어가는 깊은 영의기도 훈련을 많이 하고 성령의 임재 안에 들어가 있으려고 의지적인 노력을 하시기를 바랍니다.

8장 가정생활 간 영의 전이

(고린도전서15:33-34)"속지 말라 악한 동무들은 선한 행실을 더럽히나니 깨어 의를 행하고 죄를 짓지 말라 하나님을 알지 못하는 자가 있기로 내가 너희를 부끄럽게 하기위하여 말하노라."

하나님은 영들의 전이가 있다는 것을 알고 대비하시기를 원하십니다. 예수를 믿고 성령으로 거듭난 성도는 육적이면서 영적인 존재들입니다. 그래서 마귀도 사람을 통하여 자신의 일을 진행합니다. 마귀는 사람에게 관심이 많습니다. 하나님도 성도를 통하여 이 땅에 하나님의 나라를 만들어 가십니다.

하나님과 마귀가 서로 빼앗고 빼앗기는 생활을 하는 곳이 세상입니다. 그래서 성경 마태복음 11장 12절에서 "세례 요한의 때부터 지금까지 천국은 침노를 당하나니 침노하는 자는 빼앗느니라" 경고하시는 것입니다.

우리가 영적인 사고를 하지 않고 육의 눈으로 육적인 생활을 하다가 보면 자기도 모르는 사이에 세상 것들이 타고 들어옵니다. 사람은 육적이면서 영적이기 때문입니다. 우리는 세상을 살아갈 때에 영들의 전이가 나도 모르게 이루어지고 있다는 것을 바르게 알고 경각심을 가져야 합니다.

제가 이 책에서 영들의 전이가 있다는 것을 알리는 것은 알고 효과적으로 대처하기 위해서입니다. 절대로 인간관계를 하지 않거나 사람들이나 장소를 회피하라고 책을 쓰는 것이 아닙니다. 또 경계하라고 알려드리는 것이 절대로 아닙니다. 바르게 알고 영성을 준비하여 영적인 싸움에서 승리하기를 위해서 알려드리는 것입니다.

우리가 영의 전이를 알고 대처하기 위해서는 성령의 권세가 있어야 합니다. 아무리 예수를 믿은 성도라도 이론을 가지고는 마귀와 귀신의 전이를 막을 수가 없습니다. 상담을 하다가 보면 영적인 책을 많이 읽었다고 합니다. 이는 영적인 지식은 되어도 권능(생명)은 되지 못합니다. 반드시 성령의 권세로만 악한 영의 전이를 막을 수가 있다는 것입니다. 마귀와 귀신은 영적인 권위에서 사람보다 우위에 있습니다. 그렇기 때문에 마귀와 귀신을 대적하여 이기려면 성령의 권능이 자신을 장악해야 합니다. 성령의 권능이 자신을 장악하게 하기 위해서 성령으로 세례를 받고 깊은 영의기도를 하여 성령으로 충만해야 가능합니다. 성령으로 충만한 영성을 유지하여 세상에서 인간관계 간 시시각각으로 덤벼드는 귀신을 방어하고 몰아내기 위해서 영들의 전이를 알려드리는 것입니다. 바르게 알고 바르게 준비하여 귀중한 자신의 영성과 건강 재산을 보존하시기를 바랍니다.

제가 그동안 성령치유 사역을 하면서 체험한 바로는 태중에서부터 들어온 귀신의 영향으로 고통을 당하는 성도들이 많다는 것입니다. 정신적인 문제가 생기고 공황장애가 생겨서 이곳저곳을 다 다녀도 치유 받지 못하다가 충만한 교회에 오셔서 강한 성령의 세례를 받고 영육의 문제를 치유 받고 해방 받는 분들이 많이 있습니다.

그렇기 때문에 아이가 태어나기도 전에 부모 혹은 조상들의 죄로 말미암아 귀신이 그 아이에게 들어가는 경우가 있습니다. 끔찍한 일이지만 귀신들린 채로 아이가 태어나는 것입니다. 이것은 부모가 무당이나 점쟁이와 같이 사술에 종사하거나, 조상 중 누군가가 자신의 가족을 사탄에게 바쳤거나, 마법에 관여했을 때 일어납니다.

그리고 아기가 태어나기 전에 부모가 자신을 원하는지 원치 않는지를 알 수 있는데, 만약 부모가 아기의 임신과 출산을 원치 않았을 경우, 거절감의 영이 그 아기에게 틈 탈 수도 있습니다. 이런 아이들의 경우 다른 사람의 사랑을 순수하게 받아들이지 않고, 자기 자신의 감정을 잘 제어하지 못하는 약점을 지니게 됩니다.

제가 축귀 사역을 하다가 부모로부터 듣고 안 사실입니다. 아이가 잠을 잘 자지 못하고 정서가 불안정하고 두려움을 잘 타서 데리고 와서 치유 받으면서 알게 된 사실입니다. 어느 날, 남편과 그의 부인이 그들의 작은 딸 다섯 살 먹은 영숙이를 잃어버렸습니다. 그들은 이웃을 정신없이 찾아다니다가 영숙이가 이곳저곳을 돌아다니며, 놀다가 친구 집 차고에서 놀고 있는 것을 발견했습니다. 그것을 알고 그들은 격노했습니다. 그들이 영숙이를 찾았을 때, 영숙이의 엄마가 영숙에게 "영숙아! 우리는 우리의 사랑하는 영숙이를 다시는 못 보는 줄로 생각했어!"라며 엄마가 울부짖었습니다.

그때 어린 딸 영숙이가 공포를 느끼고 통곡하기 시작했습니다. 뒤늦게 부모가 위로하려고 했지만 영숙이는 계속 통곡했습니다. 밤이 되었지만 영숙이는 잠을 잘 수가 없었습니다. 아빠가 이유를 묻자 영숙이는 기도를 하려고 할 때마다 자기 속에서 어떤 것이 자신의 기도를 조롱한다고 말했습니다. 아빠는 즉각 그것이 악한 영의 미혹임을 알았습니다. 그래서 딸에게 부드럽게 말했습니다. "영숙아, 그것이 악한 영인 것처럼 생각되고 들린다는 것을 알지? 그것을 없애기 원하니?"

영숙이가 고개를 끄덕였습니다. 아빠는 영숙이가 말한 것으로 보아 그 영의 이름을 조롱자라고 가정했습니다. 그러나 놀랍게도 그것에게 이름을 대라고 명했을 때, 영숙이는 단호히 "두려움"이라고 대답했습니다. 아빠가 "두려움"의 영에게 나갈 것을 명령했을 때, 영숙이는 상복부를 꽉 잡았고, 그리고 나서 몸을 꼿꼿이 세웠습니다. 그리고 하품을 서너번 했습니다. 그리고 기침을 여러번 했습니다. 그러고는 그것이 떠난 것 같다고 영숙이가 체험적으로 말했습니다. 그런데 그 이후로도 계속적으로 정서가 불안정하고 두려움을 잘 타서 우리교회에 와서 며칠간 치유 받고 간적이 있습니다. 그 다음에 부모가 딸에게 상태를 물어

보니 이렇게 대답을 했습니다.

"이제 괜찮아요. 걱정하지 마세요, 아빠. 그런데 그 늙은 영이 언제 내게 들어왔는지 나는 알아요." "그래? 언제니?" "저, 아빠와 엄마가 내게 무척 화가나 있었던 그날 오후를 기억하시죠? 그리고 엄마가 나를 다시는 못 보는 줄 알았다고 말씀하셨죠? 아빠, 그때 나는 아주 두렵고 무서웠어요! 아주 두려웠어요! 그 이후로 나는 나를 비웃고 있는 무엇인가를 느꼈어요." 아마 이 말을 듣고 회개할 부모님들이 많이 있을 것입니다. 제가 지금까지 치유사역을 하면서 경험적으로 보면 많은 사람들이 이런 경우를 당하고 그냥 방치하여 나중에 아이가 정상적인 삶을 살지 못하는 경우를 많이 보았습니다.

우리는 자녀들에게 너무 심하게 화를 내서 놀라게 하거나 학대하지 말아야 합니다. 왜냐하면 그로 인한 충격은 자연적 방어에 균열을 가져오고, 그 틈을 타서 악한 영들이 사랑스런 자녀들에게 들어갈 수 있기 때문입니다. 세계적인 축사자요, 신유사역자인 프란시스 맥너트에 의하면 "귀신을 쫓아내는 축귀기도의 삼분의 이 정도가 다양한 정신적인 충격의 영에 제압당한 사람들을 위한 것"이라고 합니다.

어느 여 집사의 이야기입니다. 이 여 집사가 자궁에 질병이 생겼습니다. 그래서 병원을 찾았습니다. 병원 의사가 수술을 권유했습니다. 그러나 여 집사는 망설였습니다. 그러다가 다른 여성들로부터 자궁 수술을 하면 그렇게 시원하고 좋다는 이야기를 들었습니다. 그래서 아이도 낳았겠다, 수술해버리자 하고 수술을 결심했습니다. 그런데 막상 수술을 하려하니 두려웠습니다. 그러다가 날짜가 되어 수술을 감행했습니다.

그런데 너무 두려움에 사로잡힌 나머지 수술실에 들어가기 전에 기절을 해버렸답니다. 그리고 수술을 무사히 마쳤는데 수술휴유증(심장 부정맥, 우울증, 위장병)이 심각하여 1년이 지나도록 정상적인 삶을 살지를 못했습니다. 할 수 없이 남편이 직장을 그만두고 간호를 했습니다. 그러다가 국민일보를 보고 우리 교회에 와서 축사 받고 완치하여 정상으로 회복한 일이 있습니다.

이와 같이 정신적인 충격을 통해 악한 영이 틈타는 일은 성인들에게만 오는 것이 아닙니다. 오히려 어른들보다 어린아이들에게 더 자주 발생합니다. 그러므로 우리는 자녀들을 감정적으로 격하게 대하는 일이 없도록 각별히 주의해야 합니다.

한편, "영"(spirit)이라는 단어의 정의 중 하나가 "유력한 태도나 사물이나 사람의 특성"이라고 했는데, 비록 앞의 경우들처럼 어떤 영이 자녀들에게 침입하는 것은 아니지만, 부모의 성격이나 특성이 자녀들에게 그대로 전이되는 경우가 많습니다. 오죽하면 "그 어머니에 그 딸" "그 아비에 그 아들" 혹은 "며느리를 얻으려면 그 어머니를 보라"는 말이 다 생겼겠습니까?

성경에도 아브라함이 자기 아내를 누이라고 거짓말한 것을 이삭이 그대로 쏙 빼 닮은 것이 나옵니다. 그리고 다 아는 얘기지만 부모가 술주정뱅이이면 그 아들들도 술주정뱅이가 될 가능성이 높습니다. 이것도 영적 전이의 하나입니다.

그리고 영적 전이는 부모 자식뿐 아니라 배우자와의 관계에서도 일어납니다. 이것은 부부가 오래 살다보면 서로가 닮는다는 말을 입증해 줍니다. 성경에 나오는 가장 사악한 왕 중의 하나가 아합왕 입니다. 그러면 아합은 왜 그렇게 악해졌을까요? 성경은 그 이유를 그의 아내 이세벨에게 돌리고 있습니다. 바알과 아세라의 열렬한 숭배자였던 이세벨 때문에 아합은 악에게 팔려 이스라엘에 화를 초래했던 것입니다.

믿음의 조상 아브라함은 자부를 고를 때에 자기가 살던 곳이 아닌 자기 고향에 땅에 가서 구해오도록 종에게 명했습니다. 또 모세는 하나님의 명을 받들어 이스라엘 백성들에게 이렇게 말했습니다.

"네 하나님 여호와께서 너를 인도하사 네가 가서 얻을 땅으로 들이시고 네 앞에서 여러 민족 헷 족속과 기르가스 족속과 아모리 족속과 가나안 족속과 브리스 족속과 히위 족속과 여부스 족속 곧 너보다 많고 힘이 있는 일곱 족속을 쫓아내실 때에 네 하나님 여호와께서 그들을 네게 붙여 너로 치게 하시리니 그 때에 너는 그들을 진멸할 것이라. 그들과 무슨 언약도 말 것이요 그들을 불쌍히 여기지도 말 것이며, 또 그들과 혼인하지 말지니 네 딸을 그 아들에게 주지 말 것이요. 그 딸로 네 며느리를 삼지 말 것은 그가 네 아들을 유혹하여 그로 여호와를 떠나고 다른 신들을 섬기게 하므로 여호와께서 너희에게 진노하사 갑자기 너희를 멸하실 것임이니라."(신 7:1-4)

그래서 결혼이 중요합니다. 믿음의 사람을 선택하여 결혼을 해야 합니다. 하나님은 분명하게 말씀하십니다.

"네 하나님 여호와께서 그들을 네게 넘겨 네게 치게 하시리니 그 때에 너는 그들을 진멸할 것이라 그들과 어떤 언약도 하지 말 것이요 그들을 불쌍히 여기지도 말 것이며, 또 그들과 혼인하지도 말지니 네 딸을 그들의 아들에게 주지 말 것이요 그들의 딸도 네 며느리로 삼지 말 것은 그가 네 아들을 유혹하여 그가 여호와를 떠나고 다른 신들을 섬기게 하므로 여호와께서 너희에게 진노하사 갑자기 너희를 멸하실 것임이니라"(신7:2-4)

하나님의 말씀을 알아듣고 지키는 자는 복을 받게 됩니다. 우리 불신 결혼을 하지 마십시다. 불신 결혼은 하나님 앞에 죄악입니다. 하나님은 그 같은 결혼에 축복하시지 않습니다. 그런데도 외모나 조건에 끌려 불신 결혼을 하는 사람이 많습니다. 개중에 어떤 사람들은 자신을 너무 과신합니다. 즉 비록 불신 결혼을 하지만 배우자를 하나님께로 인도할 수 있다고 자신합니다. 그러나 그것은 믿음이 아니라 자기 합리화에 불과합니다. 물론 실제로 불신 배우자를 그리스도께로 인도할 수도 있습니다.

그러나 그러려면 많은 시간이 걸리고 많은 눈물을 흘려야 합니다. 그리고 영적인 전쟁을 해야 합니다. 그리고 실제로는 부부 간의 영의 전이로 인해 그 반대가 될 가능성도 있습니다. 솔로몬 왕은 지혜에 있어서 가장 뛰어난 사람이었습니다. 그는 일부 어리석은 처녀 총각들처럼 자신을 과신했습니다. 그래서 하나님의 명령을 어기고 이방 여인들과 결혼했습니다. 그는 다윗의 아들이었으며 왕이었습니다. 더구나 그는 하나님이 주신 놀라운 지혜의 소유자였습니다. 그러나 그럼에도 불구하고, 그가 이방여인들을 돌이킨 것이 아니라 이방여인들이 솔로몬을 하나님에게서 돌아서게 했습니다.

> "솔로몬 왕이 바로의 딸 외에 이방의 많은 여인을 사랑하였으니 곧 모압과 암몬과 에돔과 시돈과 헷 여인이라. 여호와께서 일찍이 이 여러 국민에게 대하여 이스라엘 자손에게 말씀하시기를 너희는 저희와 서로 통하지 말며 저희도 너희와 서로 통하게 말라 저희가 정녕코 너희의 마음을 돌이켜 저희의 신들을 좇게 하리라 하셨으나 솔로몬이 저희를 연애하였더라. 왕은 후비가 칠 백인이요 빈장이 삼백인이라. 왕비들이 왕의 마음을 돌이켰더라."(왕상 1:1-3)

불신 결혼은 이토록 위험합니다. 그러므로 처녀 총각들은 절대로 불신결혼을 하지 말고, 이미 불신 결혼을 한 사람들은 깊이 회개하고 배우자의 구원을 위해 눈물로 기도해야 합니다. 지금까지 가정에서 일어나는 영적 전이의 부정적인 측면을 말씀드렸습니다. 그런데 감사하게도 부정적인 면만 있는 것이 아닙니다. 성경에 의하면 가계를 통해서 믿음은 말할 것도 없고 심지어 은사나 능력의 전이가 이루어질 수 있습니다. 구약의 대제사장직은 아론의 가계를 통해서 전해졌으며, 레위 지파에 속한 사람들만이 제사장이 될 수 있었습니다.

스가랴서 1:1절은 스가랴 선지자가 아버지와 할아버지를 이어 3대째 선지자였다는 것을 보여줍니다. 디모데후서 1:5절에 따르면 디모데의 믿음은 그의 어머니와 외조모 유니게에게서 유래한 것이었습니다.

현대 신유사역의 선구자인 오랄 로버츠 목사님의 경우, 그의 신유의 은사를 아들인 리차드 로버츠가 이어받아서 성공적으로 사역하고 있습니다. 하나님의 선지자인 빌 해몬 박사의 경우, 그의 가족을 포함하여 그의 집에서 시간을 보낸 28명 모두가 강한 예언의 은사를 받았음을 말한 적이 있습니다. 우리 교회도 마찬가지입니다. 우리 교회에서 장기간 치유 받고 교회에 다니는 분들이 모두 예언의 은사가 나타납니다. 그리고 치유와 신유의 은사도 나타납니다. 그래서 치유 받고 능력 받아 아주 목회를 잘하고 계시는 목회자와 성도가 많습니다.

사도행전에 21장 8-9절에 보면 "이튿날 떠나 가이사랴에 이르러 일곱 집사 중 하나인 전도자 빌립의 집에 들어가서 머무르니라. 그에게 딸 넷이 있으니 처녀로 예언하는 자라"빌립집사의 딸 넷이 있으니 처녀로 예언하는 자라고 합니다. 이는 아버지 빌립집사에게 역사하는 성령의 권능이 딸들에게 전이가 된 것입니다.

이렇게 가계를 통해 은사와 능력의 전이가 일어납니다. 또 동거와 접촉과 같이 생활을 함으로 성령의 권능과 은사가 전이되기도 합니다. 그러므로 우리는 자신의 자녀와 후손들에게 악한 영들의 전이가 일어나지 않도록 함은 물론이요, 믿음과 고매한 인격과 성령의 은사와 능력의 전이가 일어날 수 있도록 해주어야 합니다.

9장 친구들을 통한 영의 전이

(고전15:33) "속지 말라. 악한 동무들은 선한 행실을 더럽히 나니"

하나님은 친구를 사귀되 분별하여 사귀기를 원하십니다. 왜냐하면 친구를 통하여 좋은 영도 전이가 되고 악한 영도 전이가 되기 때문입니다. 유유상종(類類相從)이라는 말을 들어보셨을 것입니다. 한 마디로 끼리끼리 논다는 뜻입니다. 자연계에 무리의 법칙이 있듯이 인간사회에도 무리의 법칙이 있습니다. 사람은 같이 어울리고 함께 많은 시간을 보내는 사람을 닮게 되어 있습니다. 그래서 "친구를 보면 그 사람을 알 수 있다"는 말이 있는 것입니다.

육적인 사람들은 마귀의 영향력 아래 삽니다. 그런 사람들과 사귀는 것은 대단히 위험합니다. 왜냐하면 담배 연기가 자욱한 방안에 걸어 둔 옷이 담배 냄새를 흡수하듯이 그들의 영이 전이 될 수도 있기 때문입니다. 예수를 믿고 성령으로 거듭난 그리스도인들은 영이 열려있는 사람들입니다. 영이 열려있는 고로 스폰지처럼 흡입력이 강한 사람들입니다. 정확한 분별없이 친구를 사귀거나 만날 때 상대방의 영들의 전이가 이루어질 수 있다는 것입니다. 대화를 할 때 마음이 자연스럽게 열리기 때문입니다.

마음이 열리면 상대방의 것들이 가감 없이 들어오게 됩니다.

그래서 믿음이 장성한 사람이라면 몰라도 믿음이 약한 그리스도인들은 다른 사람들에게 선한 영향을 끼치기보다 그들로부터 좋지 않은 영향을 받기가 더 쉽습니다.

인간의 영은 스펀지처럼 어느 것이든 자기가 접촉하고 사귀는 영을 흡수합니다. 그래서 바울은 세상 사람들과 깊이 교제하지 말라고 단호하게 경고한 것입니다.

> "너희는 믿지 않는 자와 멍에를 같이 하지 말라. 의와 불법이 어찌 함께 하며 빛과 어두움이 어찌 사귀며 그리스도와 벨리알이 어찌 조화되며 믿는 자와 믿지 않는 자가 어찌 상관하며 하나님의 성전과 우상이 어찌 일치가 되리요. 우리는 살아계신 하나님의 성전이라. 이와 같이 하나님께서 가라사대 내가 저희 가운데 거하며 두루 행하여 나는 저희 하나님이 되고 저희는 나의 백성이 되리라 하셨느니라. 그러므로 주께서 말씀하시기를 너희는 저희 중에서 나와서 따로 있고 부정한 것을 만지지 말라. 내가 너희를 영접하여 너희에게 아버지가 되고 너희는 내게 자녀가 되리라 전능하신 주의 말씀이니라 하셨느니라."(고후 6:14-18)

모든 어머니들은 이와 같은 영들의 전이를 본능적으로 알고 있습니다. 아이들은 또래와의 사귐을 통해 서로 같은 태도를 취하게 되고 같은 행동을 하게 됩니다. 아이가 옆집의 반항적이고 말 안 듣는 아이와 놀면 반항적이며, 말 안 듣는 아이가 되어 집으로 돌아옵니다. 그렇게 되면 아이에게서 그런 태도나 영을 몰아내기 위해 얼마나 땀을 흘려야 하는지 모릅니다.

예수를 믿고 성령으로 거듭난 한 아버지가 아들이 못된 친구들과 어울려 다니는 모습을 보고 마음이 놓이지 않아 말렸습니다. 아들은 자기가 친구들을 변화시켜 예수를 믿게 할 터이니 두고 보라고 큰 소리를 쳤습니다. 그러나 아들은 못된 친구들을 변화시키기는커녕 친구들의 영향으로 점점 나쁘게 변해갔습니다.

어느 날 영안이 열린 아버지는 아들을 데리고 사과밭으로 갔습니다. 그리고 성한 사과 일곱 개와 썩은 사과 한 개를 한 접시에 담고 아들에게 방에 두라고 하였습니다. 아들은 "아버지, 이렇게 같이 두면 다른 사과도 금방 썩어 버립니다."라고 말했습니다.

아버지는 "아들아, 아니란다. 이 성한 사과가 썩은 사과를 성하게 만들 거야."라고 말했습니다. 아들은 "그럴 리가 없다"고 말했습니다.

그 때 아버지는 아들에게 "그렇단다. 아들아, 썩은 사람과 사귀면 성한 사람도 썩게 된단다."라고 말했습니다. 그러면서 못된 친구들과의 관계를 끊으라고 요청했습니다. 그러자 아들은 그 말에 수긍을 하고 못된 친구들을 끊어버렸다는 말이 있습니다.

또 이런 이야기도 있습니다. 어떤 사람이 두 앵무새를 각각 다른 새장에 길렀습니다. 한 마리에게는 노래를 가르치고 한 마리에게는 욕을 가르쳤습니다. 그런 후에 주인은 욕하는 앵무새에게 노래를 배우라고 같은 새장에 넣었습니다. 그런데 어떻게 되었겠습니까? 결국에는 두 마리 다 욕쟁이 앵무새가 되고 말았습니다.

어떤 목사님에게 친구가 있었는데, 그 친구에게는 어여쁜 딸이 하나 있었습니다. 십대 시절 그 아이는 주님께 자신을 드리고 전심으로 주님을 섬겼습니다. 교회에 착실히 다니고 매일 성경을 읽고 기도했습니다. 그렇지만 예전의 세상 친구들을 버리지 않았습니다. 왜냐하면 자신이 그 친구들을 예수께로 돌이킬 수 있다고 믿었기 때문입니다. 그 아이의 동기는 선하고 순수했습니다.

하지만 친구들을 통해 활동하는 세상 영의 끈질긴 유혹을 견딜 수 있을 만큼 그렇게 믿음이 견고하지는 못했습니다. 그 아이는 곧 술을 마시고 난잡한 파티를 즐기는 생활로 되돌아갔습니다. 얼마 후 그녀는 자신에 대한 감정은 매우 진실해 보였지만 예수님에게는 무관심한 한 청년과 사귀기 시작했습니다. 처음에 그녀는 그 청년을 주님께 인도할 수 있으리라고 생각했습니다. 그러나 그녀가 청년에게 좋은 영향을 끼치는 대신 그 청년이 그녀에게 세속적인 영향을 끼쳤습니다.

그리고 숨기고 있었던 본성을 드러내기 시작했습니다. 청년은 그녀에게 폭언과 폭력을 행사했습니다. 마침내 그녀의 삶이 잘못되기 시작했습니다. 차가 자주 고장이 나고 교통사고를 여러 번 당했으며 자주 병이 났습니다. 그럼에도 불구하고 이중생활은 계속되었습니다. 집에서는 그리스도인으로서 살고 친구들과 어울릴 때는 육적이고 세상적인 삶을 살았습니다. 그러다가 건강이 나빠져 큰 수술을 받기에 이르렀고, 마침내 큰 사고를 내고 음주운전으로 구속이 되었습니다.

이와 같은 쓰디쓴 경험을 통해 마침내 그녀는 "세상의 것과 그리스도 예수 안에서의 거룩한 삶을 함께 섞을 수 없다"는 것을 깨닫게 되었다는 것을 읽어본 적이 있습니다. 성경은"속지 말라. 악한 동무들은 선한 행실을 더럽히나니"(고전 15:33). "악한 사람들과 속이는 자들은 더욱 악하여져서 속이기도 하고 속기도 하나니"(딤후 3:13)라고 경고합니다."친구 따라 강남 간다"는 말이 있습니다. 그런데 친구 따라 강남만 가는 것이 아닙니다. 친구 따라 주일날 놀러 갑니다. 친구 따라 노래방에 갑니다. 친구 따라 술집에 갑니다. 친구 따라 나이트클럽에 갑니다. 친구 따라 놀음하는 곳에 갑니다. 그리고 친구 따라 창녀촌에도 갑니다. 마지막으로 수많은 사람들이 친구 따라 지옥으로 갑니다. 사람은 어쨌든 친구를 따라가게 되어 있습니다. 그러므로 친구를 잘 선택해야 합니다.

한편, "지혜로운 자와 동행하면 지혜를 얻고 미련한 자와 사귀면 해를 받느니라."(잠 13:20)라는 말씀이 있듯이 좋은 친구를 사귀면 바람직한 영적 전이가 이루어집니다. 저의 경우 어떤 목사님은 만나서 함께 교제를 나누자고 전화를 해도 제가 만나지 않는 목사님이 있고, 가급적 안 만나기로 결심한 목사님도 있습니다. 왜냐하면 그 목사님과 대화를 통하여 세상 것들이 전이가 되기 때문입니다. 세상 것들이 들어오기 시작하면 얼마 못가서 저의 영성은 메말라가기 시작하기 때문입니다. 그렇기 때문에 친구나 자주 만나는 사람을 분별하여 만나야 합니다.

그러므로 친구를 사귈 때 세상 사람들처럼 잘 노는 친구, 재미있는 친구, 돈이 많은 친구를 선호하지 마십시오. 기도하는 친구, 전도하는 친구, 사랑 충만하고 겸손한 친구, 성령 충만하고 신앙생활에 열심 있는 친구들을 사귀도록 하십시오. 그런 사람들을 가까이 하고 그들과 시간을 보내십시오. 그러면 머잖아 자신도 그렇게 변화될 것입니다.

10장 교우들을 통한 영의 전이

(딤후 3:13)"악한 사람들과 속이는 자들은 더욱 악하여져서 속이기도 하고 속기도 하나니"

하나님은 우리들의 영적인 눈을 열기를 바랍니다. 그래서 바르게 분별하시기를 바랍니다. 교회에서 신앙생활을 하면서 많은 영들의 전이가 이루어집니다. 많은 성도들이 교회 안에는 악한 영들이 역사하지 않는 줄 착각하고 있습니다. 교회 안에도 성령으로 거듭나지 못한 성도들이 많이 있기 때문에 항상 경각심을 가져야 합니다. 성도라도 육을 가지고 있기 때문입니다.

특히 상처가 많고 조상이 우상 숭배가 심했다면 악한 영들이 자신에게 침입할 수가 있습니다. 수술을 받은 환자의 경우 사람이 많은 교회는 삼가는 것이 좋습니다. 우울증이나 조울증이나 정신적인 문제가 있는 분들도 사람이 많은 교회에서는 경각심을 갖는 것이 좋습니다. 임산부들도 체력이 약하기 때문에 악한 영의 침입 대상입니다. 불가피하게 이런 곳에 갈 때는 성령의 인도를 받는 깊은 영의기도로 무장을 해야 합니다.

좌우지간 예수를 믿고 성령으로 거듭난 성도들은 항상 마귀의 공격 대상이라는 것을 명심해야 할 것입니다. 성경 베드로전서 5장 8-9절에"근신하라 깨어라 너희 대적 마귀가 우는 사자 같이 두루 다니며 삼킬 자를 찾나니, 너희는 믿음을 굳건하게 하여 그를 대적하라 이는 세상에 있는 너희 형제들도 동일한 고난을 당하는 줄을 앎이라"하신 뜻을 잘 이해해야 합니다.

우리는 항상 경각심을 가져야 합니다. 그런데 영육의 문제가 있는 성도들이 꼭 사람이 많은 곳을 찾는 다는 것입니다. 이는 악한 영들이 그 성도를 그러한 곳으로 인도하기 때문입니다.

우리가 교회 생활을 하다 보면 대하기가 더 편한 사람들이 있고 그렇지 못한 사람들이 있습니다. 그 이유에 대해 궁금하게 생각해 본 적이 있습니까? 친구나 동업자나 심지어 교회를 찾을 때도 자신과 똑같은 영과 태도를 가진(마음이 맞는) 대상을 무의식적으로 찾는다는 것을 생각해본 적이 있습니까?

교회에서도 자기하고 입장이 같은 사람하고 통합니다. 이는 영이 같기 때문입니다. 말이 통하기 때문입니다. 전도를 해와도 꼭 그런 유형의 사람들을 전도하여 데리고 옵니다. 이것은 부인하려고 해도 부인을 할 수가 없는 사실입니다. 자신과 잘 통하는 사람들의 영을 분별하여 보시기를 바랍니다. 바로 그 사람이 나와 같은 영을 가지고 있는 성도이기 때문에 자신을 치유하는데 유익한 정보가 될 것입니다. 이는 본인이 인정하는 것이 중요합니다. 나는 아니야 하면 치유 받지 못합니다. 꿈에 어떤 성격이 좋지 못한 친구가 자주 보인다, 내가 그 친구 같다는 것을 인정하시기를 바랍니다.

마귀는 교회의 목사님들의 생각을 인본주의로 바꾸어 놓으려고 혈안이 되어 있습니다. 교회의 목사님들의 생각을 바꾸어 놓으면 그 교회의 모든 구성원들은 성령을 쫓지 않습니다. 인본적인 생각을 쫓는 것이 당연하다고 생각합니다. 그들은 그것이 그리스도의 일을 잘하고 있다고 생각하고 따라갑니다.

목사님과 장로가 교회에서 영향력을 행사하여 성도들의 신앙생활을 통제하고 잘못된 곳으로 이끌면서 자신은 그 잘못을 모르고 행동하는 경우가 많습니다. 이렇게 통치자와 권세는 지도자와 지도자를 돕는 참모들에게 역사하고, 그 자신도 모르는 경우가 많습니다. 그러므로 모든 성도는 영적 분별력이 있어야 합니다. 성도가 교회에서 목사님을 잘못 만나 잘못되는 경우가 있습니다. 또 교회에 목사님을 잘 못 들여서 모든 분이 잘못되는 경우가 많습니다. 율법주의 목사님이 지도하면 율법주의자가 될 수 있습니다. 성령역사를 무시하는 말씀주의 목사님에게 지도 받으면 심령이 갑갑한 말씀주의 성도가 될 수밖에 없습니다.

교회는 모두 성령으로 세례를 받고 거듭난 성도만 모여 있지 않습니다. 고로 나쁜 영의 전이도 일어날 수가 있습니다. 제가 얼마 전에 어느 성도하고 상담을 하는데 그 교회에 들어가서 1~2년이 지나면 자연스럽게 허리 디스크와 목 디스크가 발생한다는 것입니다. 지금 많은 수의 성도들이 허리 디스크와 목 디스크로 고생을 하고 있다는 것입니다. 자신도 작년부터 목 디스크와 허리 디스크가 발생했다는 것입니다. 제가 이렇게 말했습니다. 교회에는 성령의 역사도 전이 되고, 악한 영의 역사도 전이 될 수 있는 장소입니다. 왜냐하면 성도들이라고 해도 모두 성령으로 세례 받고 거듭났다고 단정하지 못하기 때문입니다. 자신에게 성령의 역사가 약하면 질병을 일으키는 나쁜 영의 전이가 일어날 수 있습니다. 모든 성도가 전이되는 것이 아니고 성령의 역사가 약하고 영력이 약한 성도들에게 전이됩니다. 깊은 영의기도를 하여 심령에서 성령의 권능이 나오는 성도에게는 전이되지 않습니다. 자신의 영성에 문제가 있기 때문에 나쁜 영의 전이가 일어나는 것입니다. 이런 나쁜 영의 전이를 막으려면 자신이 성령으로 세례를 받고 깊은 영의기도를 해서 영성을 깊게 해야 합니다. 참고적으로 말씀을 드립니다. 제가 치유사역을 하면서 임상적으로 체험한 바로는 뼈 관절에 문제가 있는 분들의 대다수가 조상들이 무속에 깊이 관여한 분들이었습니다. 이렇게 교회에서 교우 관계를 통해서 질병도 전이가 됩니다. 교회도 바른 분별력을 가지고 정해야 합니다. 제일 좋은 것은 담임목사가 영성이 깊고 성령의 역사가 강한 교회를 정하여 다니면 금상첨화입니다. 그래서 저는 주일날도 일일이 안수를 하여 성도들에게 나쁜 영의 전이가 일어나지 않도록 영적조치를 하고 있습니다.

몸이 아프다고 아무 곳에나 가면 안 됩니다. 세상 사람들이 믿는 잡신을 섬기는 곳에 가면 영락없이 귀신의 전이가 있습니다. 일본에서 온 일련종정(일명 '남묘호랭객쿄'라고도 함)은 사탄의 지배에 속한 더러운 미신인 것입니다. 이것은 필자가 시화에서 목회할 때 우리 교회에 등록하여 다니는 성도의 간증을 듣고 알게 된 사실입니다. 이 성도가 하는 말이 자신이 예수를 믿게 된 동기는 몸이 하도 많이 아프고 가정에 여러 가지 환란과 풍파가 있어 고통을 당하고 있었습니다. 옆집에 살던 예수 믿는 성도가 와서 예수를 믿으면 모든 문제가 예수 이름으로 해결된다고 하여 예수를 믿었습니다. 그런데 예수를 믿고 교회를 열심히 다녀도 아픈 몸이 치유되지 않았답니다. 그러는 즈음에 '남묘호랭객쿄'를 믿는 사람이 자신의 처지를 알고 찾아와서 자꾸 자기가 다니는 곳에 한번만 갔다오면 병이 낫는다고 자꾸 설득을 하는 바람에 그 사람을 따라서 '남묘호랭객쿄'를 믿는 사람들이 모여 있는 신전에 갔답니다. 두 번에 걸쳐서 가서 기도를 받았는데 병이 나아 버린 것입니다. 그래서 계속 다니다가 예수님 외에는 구원이 없다는 것을 깨닫게 되어, 내가 여기 계속 다니다가는 지옥에 간다는 생각이 들어서 다시 교회에 와서 예수를 믿기 시작했다는 것입니다. 그래서 제가 단단하게 주의를 시키고 회개를 하게하고 다시는 그런 일이 없게 하라고 하고 남묘호랭객쿄의 귀신을 축사했습니다. 2시간가량 안수기도를 하니 음매~ 음매~ 음매~ 하면서 목구멍이 확장이 되더니 '남묘호랭객쿄'신전에 갔을 때 들어온 귀신 17마리가 떠나갔습니다. 축사를 마치고 제가 이 말씀을 가슴에 새기라고 알려주었습니다.

"한 번 빛을 받고 하늘의 은사를 맛보고 성령에 참여한바 되고 하나님의 선한 말씀과 내세의 능력을 맛보고도 타락한 자들은 다시 새롭게 하여 회개하게 할 수 없나니 이는 그들이 하나님의 아들을 다시 십자가에 못 박아 드러내 놓고 욕되게 함이라."(히6:4-6)

이렇게 이방신들도 신유의 역사를 일으킵니다. 병을 고치려고 아무 곳에나 가면 절대로 안 됩니다. 병을 고친다고 능력이 있는 것이 아닙니다. 많은 성도들이 저와 상담하면서 목사님은 능력이 많아서 귀신도 쫓고 병도 고치는 목사님이라 믿었다는 것입니다. 철석같이 믿었다가 자신이 상처받고 잘못되었다는 것입니다. 절대로 아닙니다. 생명의 말씀과 성령을 전이하는 목회자가 되어야 합니다. 특히 기 치료는 위험한 사탄의 역사입니다. 그래서 우리는 영적인 세계를 바로 알고 대처해야 하는 것입니다.

종합하면 긍정적인 영들의 전이는 신앙적인 부모, 좋은 친구 혹은 영적인 지도자뿐 아니라, 하나님과의 직접적인 교제를 통해 이루어집니다. 그러므로 우리는 하나님과 날마다 교제하는 생활을 해야 합니다. 성경에 보면 하나님의 마음에 합한 사람이 나옵니다. 누구였습니까? 다윗입니다. 그러면 다윗은 어떻게 하나님의 마음에 합한 사람이 될 수 있었을까요? 다윗은 막내였지만 부모의 사랑을 크게 받지 못했습니다.

그는 가족들에게 따돌림을 당했고, 들에 가서 양을 쳤습니다. 그런데 들에서 그는 주로 하나님을 생각했습니다. 하나님께 기도하고 하나님을 생각하고 많은 시를 쓰고 손수 악기를 타면서 하나님을 찬양했습니다. 그는 수많은 시간을 오직 양들과 하나님과만 보냈습니다. 그리하여 하나님께로부터 다윗에게로 영들의 전이가 일어났고 다윗은 하나님의 마음에 합한 사람이 되었던 것입니다. 그러므로 우리 모두 다윗처럼 하나님과 많은 시간을 보내도록 합시다. 그래서 다윗처럼 하나님의 마음에 합한 사람으로 변화되는 우리가 되시기를 바랍니다.

어느 여 집사의 이야기입니다. 이분이 우울증으로 고생을 하다가 필자에게 치유를 받으러 왔습니다. 우울증이 심하여 밤에 잠을 잘 자지 못하고 치과를 하는데 일을 제대로 하지 못하겠다는 것입니다. 그래서 치유 기도를 해주다가 성령께서 남편에 대하여 질문하라는 감동을 주었습니다. 그래서 남편의 신앙에 대하여 물어보았습니다. 그러니까, 이렇게 대답을 했습니다. 남편이 교회를 다니기는 하는데 시어머니가 제사라는 제사는 다 지낸다는 것입니다. 그리고 그렇게 이야기를 해도 절에 나간다는 것입니다. 그래서 멀리 떨어져있으면 대화나 전화통화 할 때라도 성령의 임재 하에 하라고 했습니다. 그랬더니 이렇게 대답을 하는 것입니다. 시어머니와 함께 산다는 것입니다. 왜 그러냐고 물었더니 시아버지가 일찍 대장암으로 돌아가셔서 무녀 독남인 자신의 현재 남편하고 함께 살았다는 것입니다. 그래서 그러면 시어머니가 제사를 지내면 집사님은 어떻게 하느냐고 물었습니다. 제사 음식을 다 준비해준다는 것입니다. 그러면 아들인 남편하고 제사를 지낸다는 것입니다. 은연중에 제사에 참여하는 것입니다. 그래서 남편이 교회를 다니는데 제사를 지내느냐고 했더니 지낸다는 것입니다. 그러면서 성령의 역사가 일어나니 이 여 집사에게서 향을 태우는 향냄새가 말도 못하게 나오는 것입니다. 그러면서 치유가 되었습니다. 그래서 이제 부터는 제사에 참석하지 말라고 했습니다. 그러니까, 자신도 그렇게 하고 싶은데 남편이 싫어한다는 것입니다. 만약에 제사지내는데 등한시하면 남편하고 관계가 험악하게 된다는 것입니다. 그래서 내가 질문을 했습니다. "결혼은 어떻게 했습니까?" "연애결혼을 했습니다." "그러면 집사님은 연애 당시 교회에 안 다녔습니까?" "아닙니다. 저는 모태신앙입니다. 지금 아버지는 장로님이시고, 어머니는 권사님이십니다." "그런데 어떻게 그런 분하고 결혼을 했습니까?" 그러니까, "연애기간을 한 8개월 정도 가졌습니다. 남편이 연애 시절에 교회를 착실히 잘 다녔습니다. 그리고 남편이 외과 의사입니다. 그래서 여러 조건도 좋고 해서 결혼을 결심하고 결혼을 하게 되었습니다. 부모님들도 그렇게 반대하지 않아서 결혼을 한 것입니다. 그런데 결혼해서 시어머니의 우상숭배를 알게 되었습니다. 분명히 결혼 전에 남편이 어머니도 전도하여 예수를 믿도록 하겠다고 했습니다. 그런데 지금 십 삼년이 지났는데 아직도 예수를 믿지 않고 절에 다닙니다." 그래서 내가 그러면 집사님이 시어머니에게 이렇게 말해보라고 했습니다. 만약에 시어머니가 계속하여 우상을 숭배하면 분가하여 살겠다고 해보라고 했습니다. 그랬더니 이렇게 말하는 것입니다. 남편이 어머니하고 절대로 분가하면 안 된다고 합니다. 자기 어머니가 자기만 보고 청춘에 혼자되어 살았는데 절대로 그럴 수가 없다는 것입니다. 그래서 어쩔 수 없이 지금까지 지내왔다는 것입니다. 이 집사에게 한 가지 걱정이 있었습니다. 자기의 시아버지가 사십대 중반에 대장암으로 세상을 떠났는데 남편이 걱정이 된다는 것입니다.

모태 신앙인 집사가 불신의 가정에 시집을 가서 제사를 지내고 살게 된 것입니다. 그러니 우울증이 찾아와서 고생을 하는 것입니다. 참으로 답답한 현실입니다. 결혼은 장난이 아닙니다.

이런 사람들이 우리 주변에는 너무나 흔합니다. 청년 때 믿음을 가졌던 사람이 그것도 열심히 믿었던 사람이 어느 날 불신자가 되어 있는 경우를 흔히 볼 수 있습니다.

이런 사람들 대부분이 믿음 있는 사람들과 가까이 하기보다는 믿음 없는 사람과 가까이 한 결과 이렇게 된 것입니다. 무리의 법칙은 경건한 무리와 항상 가까이 함으로써 믿음을 지키고 성장시킬 수 있음을 지적하는 말입니다. 이는 법칙이기 때문에 반드시 그렇게 지켜야만 한다는 말입니다. 성도들과 가까이하고 영적으로 능력 있는 사람들과 가까이 함으로써 자신도 능력 있는 사람으로 설 수 있게 되는 것입니다. 특히 젊은 세대들은 이 무리의 법칙을 잊어서는 안 됩니다. 아직 영적으로 성장하여야 할 시기이기 때문에 더욱 이 법칙을 마음에 담아두고 성도들과 어울리고 교회 생활을 열심히 함으로써 영적 능력을 키워나가기 바랍니다.

11장 동거를 통한 영의 전이

(고후 6:14-18)"너희는 믿지 않는 자와 멍에를 같이 하지 말라. 의와 불법이 어찌 함께 하며 빛과 어두움이 어찌 사귀며 그리스도와 벨리알이 어찌 조화되며 믿는 자와 믿지 않는 자가 어찌 상관하며 하나님의 성전과 우상이 어찌 일치가 되리요. 우리는 살아 계신 하나님의 성전이라. 이와 같이 하나님께서 가라사대 내가 저희 가운데 거하며 두루 행하여 나는 저희 하나님이 되고 저희는 나의 백성이 되리라 하셨느니라. 그러므로 주께서 말씀하시기를 너희는 저희 중에서 나와서 따로 있고 부정한 것을 만지지 말라. 내가 너희를 영접하여 너희에게 아버지가 되고 너희는 내게 자녀가 되리라 전능하신 주의 말씀이니라 하셨느니라."

하나님은 동거를 하되 분별력을 가지고 분별하여 동거하라고 말씀하십니다. 속담에 근묵자흑이요, 근적자적(近墨者黑 近赤者赤)이라는 말이 있습니다. 깨끗하고 고결하다고 할지라도 사귀는 사람이 바르지 못하면 같이 거기에 물들게 된다는 말입니다. 사람은 가까이 하는 사람에게 영향을 주고 받게 된다는 말입니다. 우리가 믿음 있는 삶을 살아가기 위해서는 반드시 이 원칙이 지켜져야 합니다. 이 원칙을 무시하면 때로는 믿음에 큰 손상을 입을 수 있습니다. 자신의 영적인 능력이 세상의 어떤 도전도 모두 이길 수 있을 것 같지만 그렇지 않습니다. 우리는 한계를 가지고 있습니다. 우리에게 주어진 능력은 무한대가 아니기 때문에 늘 자신의 한계를 인식하고 그에 따른 행동을 취하는 것이 현명합니다. 반드시 성령으로 충만하여 성령의 인도를 받아야만 합니다.

자신의 한계를 알고 그에 맞는 행동을 취하기란 말처럼 쉽지 않습니다. 그렇기 때문에 우리의 믿음이 강해지기 위해서는 신실한 믿음이 있는 사람들과 어울리는 것이 절대로 필요하지요. 자신보다 영적으로 앞서가는 사람들의 무리에서 벗어나지 않고 항상 그들과 함께 하는 시간을 많이 갖는 것이 믿음을 강하게 유지하는 요령입니다.

그렇기 때문에 교회 생활을 해야 하는 이유가 여기 있는 것입니다. 같은 신앙고백을 하는 성도들과 교제를 나눔으로써 믿음을 상실하지 않고 더욱 키워나갈 수 있는 것이며, 여러 가지 위험으로부터 보호받을 수 있는 것입니다.

자신의 영적 능력의 한계를 망각하고 믿음 없는 사람들과 자주 어울리면 믿음은 심각하게 훼손됩니다. 물론 우리는 불신자들과 어울려야 합니다. 그들을 구원하기 위해서입니다. 그러나 자신의 믿음이 손상을 입어 소멸될 정도로 그들과 어울리는 것은 피해야 합니다.

어떤 부인은 믿음의 가정에서 성장했습니다. 가족 전체가 믿음을 가지고 있고, 가족 중에는 목회자도 있고 장로, 권사 등의 직분을 가진 사람이 많습니다. 이런 가정에서 모태 신앙으로 성장했지만 시집을 갈 때까지 거듭난 확신이 없이 그저 가족과 어울려 교회에는 빠짐없이 출석했습니다. 직장생활을 하면서 믿지 않는 청년과 사귀게 되어 집안의 반대에도 무릅쓰고 결혼을 했습니다. 결혼하여 그 가정을 구원시키겠다고 가족들을 설득시키고 결혼한 것입니다.

결혼하여 시댁에 들어가 시집살이를 했습니다. 불신자인 시댁은 제사를 드렸고, 며느리가 교회에 나가는 것을 반대하지는 않았지만 세월이 흘러가면서 아이들을 낳아 기르면서 그녀는 차츰 교회를 등한시하기 시작하였습니다. 주일에 가족들과 함께 야외로 나가게 되고, 믿음 없는 남편 따라 행동하다 보니 자신도 모르게 신앙생활에서 차츰 멀어지기 시작했습니다. 이렇게 세월이 흘러가면서 그 부인은 마침내 믿음을 잃게 되었습니다.

친정에서는 처음에는 그런 딸이 안타까워 충고하고 나무라기도 하였지만 세월이 지나면서 각각의 삶에 바쁘다보니 서로의 왕래도 뜸해지고 마침내는 거의 왕래가 없이 자신들의 삶을 각각 살아가게 되었습니다. 그 부인은 마침내 믿음을 완전히 잃어버리고 말았습니다. 완전한 불신자가 되어 이제는 교회라면 오히려 고개를 젓는 사람이 되고 말았습니다. 그런 까닭에 친정 식구들과는 담을 쌓고 살았습니다.

이런 사람들이 우리 주변에는 너무나 흔합니다. 청년 때 믿음을 가졌던 사람이 그것도 열심히 믿었던 사람이 어느날 불신자가 되어 있는 경우를 흔히 볼 수 있습니다.

이런 사람들 대부분이 믿음 있는 사람들과 가까이 하기보다는 믿음 없는 사람과 가까이 한 결과 이렇게 된 것입니다. 무리의 법칙은 경건한 무리와 항상 가까이 함으로써 믿음을 지키고 성장시킬 수 있음을 지적하는 말입니다. 이는 법칙이기 때문에 반드시 그렇게 지켜야만 한다는 말입니다. 성도들과 가까이하고 영적으로 능력 있는 사람들과 가까이 함으로써 자신도 능력 있는 사람으로 설 수 있게 되는 것입니다. 특히 젊은 세대들은 이 무리의 법칙을 잊어서는 안 됩니다. 아직 영적으로 성장하여야 할 시기이기 때문에 더욱 이 법칙을 마음에 담아두고 성도들과 어울리고 교회생활을 열심히 함으로써 영적 능력을 키워나가기 바랍니다.

제가 몇 년 전에 이런 분을 치유한 적이 있습니다. 시화에서부터 우리 교회를 다니면서 은혜를 받던 여자 성도입니다. 하루는 전화가 왔습니다. 요즈음 잠을 자지 못한다는 것입니다. 이유는 꿈속에서 미친 여자가 자기를 자꾸 따라오면서 괴롭힌다는 것입니다. 이런 현상이 자신의 남자 친구 부인 묘지에 다녀온 다음부터 이런 일이 생겼다고 합니다. 어찌하면 좋겠느냐는 것입니다. 그래서 제가 성령님에게 질문을 했습니다. 성령께서 남자 친구 부인이 어떤 병으로 죽었는지 물어보라는 것입니다. 여 성도에게 남자 친구 부인 묘지에 다녀왔다고 미친 여자가 나타나는 것이 아닙니다. 남자 친구에게 한번 물어보십시오. 부인이 어떻게 죽었는가, 며칠 있다가 전화가 왔습니다. 남자 친구 부인이 미쳐서 고통을 당하다가 죽었다는 것입니다. 제가 이렇게 이야기를 했습니다. 이는 남자 친구에게 역사하는 악한영이 부인을 미치게 하는 것이니, 미쳐서 죽으려면 계속 만나고, 아니면 절교하고 말씀과 성령으로 집중 치유를 받으라고 했습니다. 그래 3개월 동안 집중 치유를 받고 정상적인 생활을 하게 되었습니다.

동거를 하게 되면 서로에게 역사하던 영들의 전이가 저절로 이루어지는 것입니다. 우리는 경각심을 가져야 합니다. 방심은 금물입니다. 그래서 영적인 것은 무시하면 안 됩니다. 바르게 알고 바르게 조치를 취해야 합니다.

얼마 전에 토요일 날 집중 치유를 하는데 여 집사가 성령의 임재가 되니 사지가 뒤틀리는 것입니다. 성령님 이것이 무슨 현상입니까? "성령께서 감동하시기를 이 가계에 중풍의 영이 흐른다. 이 집사도 중풍의 영이 사로잡아 조금만 있으면 중풍을 당하게 될 것인데 다행히 집중 치유하여 정체를 폭로한 것이다. 조금만 있으면 다 풀고 떠나갈 터이니 조금 기다려라"약 1시간 정도 지나니까 다 풀렸습니다. 여 집사에게 질문을 했습니다. 윗 어른들 중에 중풍으로 고생한 분이 없는가요. 그랬더니 할아버지, 할머니, 아버지, 어머니 모두 중풍으로 고생을 하다가 돌아 가셨다는 것입니다.

이와 같이 동거를 통하여 질병의 영들이 전이가 자연스럽게 이루어집니다. 기독교 신앙은 예방 신앙입니다. 사전에 예방해야 합니다. 어떻게 예방하느냐 성령의 역사로 악한 영의 정체를 폭로하게 하는 것입니다. 한마디로 영적인 진단을 주기적으로 받으라는 것입니다.

건강하게 살기 위해서 주기적으로 건강진단을 받아야 하는 것처럼, 건강한 영적 삶을 살기 위해서는 주기적으로 영적 진단을 받을 필요가 있습니다. 저는 주기적인 영적진단을 아주 많이 강조합니다. 성령의 역사가 강한 장소에 가서 자신의 영적인 상태를 주기적으로 진단하는 것입니다. 암은 조기에 진단하면 100% 치유가 되지만, 검진을 하지 않으면 말기가 될 때까지 우리 몸은 암을 느끼지 못합니다. 그래서 의사들이 하는 말이 암을 발견하는 것은 주기적인 검진 밖에 없습니다. 라고 합니다. 영적인 병도 이렇습니다. 병의 바이러스인 마귀나 귀신이 들어왔는데도 우리의 몸이 느끼지 못하는 경우가 많습니다. 영은 신호를 보내는데도 무지해서 그 신호를 놓치는 경우가 많습니다. 그러므로 주기적으로 자신의 영적인 상태를 점검할 필요가 있습니다. 주기적인 영적 상태 점검은 무엇보다 중요합니다.

세대에 역사하는 영적인 존재들은 태중에서 들어옵니다. 이것들이 평소에는 잠복하여 있다가 취약한 시기가 되면 고개를 들고 일어나 문제를 일으키는 것입니다. 이를 예방하기 위하여 주기적인 영적 검진이 필요한 것입니다. 저는 평소에 이렇게 말합니다. 예수를 믿고 교회에 들어오면 먼저 성령으로 세례를 받아야 합니다. 성령으로 세례를 받은 다음에 말씀과 성령으로 내면의 상처를 치유하는 것입니다. 상처를 치유 받으면서 병행하여 자아를 십자가에 매다는 것입니다.

성령의 역사로 혈통에 대물림되는 악한 영을 축귀하는 것입니다. 그리하여 영적체질을 만드는 것입니다. 이는 어려서부터 적용해야 되는 것입니다. 세대에 역사하는 악한 영을 성령의 역사로 드러내어 미리 축귀하는 것입니다. 그래서 저는 우리 충만한 교회에 다니고 있는 성도들의 자녀를 매주 안수를 해서 영적으로 맑은 상태를 유지하게 합니다. 이렇게 주기적으로 안수를 받으니 영적으로 깨끗해지는 것은 물론이고 육적으로도 건강하게 지냅니다.

기존 성도들은 주일날 영적점검을 받는 것입니다. 성령의 역사가 강하게 나타나니 세대에 대물림 되던 악한 영이 더 이상 숨어있지 못하고 정체를 폭로하는 것입니다. 폭로되어 떠나가게 하고 매 주일 성령의 역사를 체험하며 영적 상태를 유지하는 것입니다. 저는 항상 이렇게 말합니다. 성도들은 주일날이 아주 중요하다고 말입니다. 요즈음 세상 살아가는 것이 힘이 들어 주일 하루 밖에 교회를 나오지 못하는 분들이 많습니다. 이 중요한 주일을 성령으로 충만하게 예배를 드려서 영성을 유지하는 것입니다.

이렇게 신앙생활을 하지 못하니 세대에 역사하던 악한 영들이 예수를 믿어도 꼼짝하지 않고 숨어 있다가 영육으로 취약한 시기에 고개를 들고 나와 문제를 일으키는 것입니다. 제가 지금까지 성령치유 사역을 하면서 체험한 바로는 세대에 역사하던 악한 영이 장로가 된 다음에도 영육으로 이해 못하는 고통을 가하는 것입니다.

우리 충만한 교회 성령치유 집회와 주일 예배에 참석하여 성령의 강한 역사를 체험하고 자신 안에 도사리고 있던 중풍의 영들이 정체를 폭로하여 떠나보낸 분들이 부지기수입니다. 또 무속의 영들이 숨어 있다가 정체를 폭로하여 떠나보낸 성도 목회자가 많습니다. 이는 현재 진행형입니다. 지금도 역사가 일어난다는 것입니다. 오늘도 일어날 것입니다. 이렇게 사전에 성령의 역사로 정체를 폭로하여 떠나보내지 않고 취약한 시기에 드러나서 고통을 당하다가 찾아오는 분들 또한 부지기수입니다.

고통을 당하다가 이렇게 해도 안 되고, 저렇게 해도 안 되니, 할 수 없이 저희 교회 같은 곳에서 치유를 받는 것입니다. 그런데 때는 이미 늦은 것입니다. 이미 정체를 드러냈기 때문에 치유하려면 시간이 많이 걸리는 것입니다. 세대에 역사하는 악한 영은 태중에서 침입을 합니다. 침입하여 정체를 드러내는 시기는 두 가지가 있습니다. 첫째, 성령의 역사에 의하여 정체를 드러냅니다. 이것이 제일로 좋은 현상입니다. 두 번째는 여러 가지 상황이 좋지 못하여 스트레스를 당하여 영육으로 취약한 시기에 드러내는 것입니다. 이 상황이 제일로 나쁜 것입니다. 이런 취약한 시기에 드러나는 것을 방지하기 위하여 주기적인 영적 점검을 하여 악한 영들을 드러내는 것입니다.

그래서 성도는 교회를 잘 정해야 합니다. 그리고 주일을 효과적으로 보내면서 주기적인 영적 점검을 받아야 합니다. 많은 성도들이 이렇게 주기적인 영적 점검을 받지 않음으로 인하여 불필요한 고통을 당하고 있습니다.

어떤 분은 목사가 된 다음에 악한 영들이 드러나 고생을 합니다. 어떤 분은 안수 집사가 된 다음에 악한 영이 드러나 말로 표현 못하는 고통을 당하기도 합니다. 저는 하나님의 은혜로 성령 치유 사역을 하고 있습니다. 사역을 하다 보면 영적으로 무지하여 예수를 잘 믿으면서 불필요한 고통을 당하면서 사는 분들을 볼 때 참으로 안타깝기 짝이 없습니다. 기독교 신앙은 예방 신앙입니다. 주기적인 영적검진이 필요한 것입니다.

12장 감정을 통한 영의 전이

(왕하2:1-6)"여호와께서 회리바람으로 엘리야를 하늘에 올리고자 하실 때에 엘리야가 엘리사로 더불어 길갈에서 나가더니 엘리야가 엘리사에게 이르되 청컨대 너는 여기 머물라 여호와께서 나를 벧엘로 보내시느니라. 엘리사가 가로되 여호와의 사심과 당신의 혼의 삶을 가리켜 맹세하노니 내가 당신을 떠나지 아니 하겠나이다 이에 두 사람이 벧엘로 내려가니 벧엘에 있는 선지자의 생도들이 엘리사에게로 나아와 이르되 여호와께서 오늘날 당신의 선생을 당신의 머리 위로 취하실 줄을 아나이까 가로되 나도 아노니 너희는 잠잠하라. 엘리야가 저에게 이르되 엘리사야 청컨대 너는 여기 머물라 여호와께서 나를 여리고로 보내시느니라. 엘리사가 가로되 여호와의 사심과 당신의 혼의 삶을 가리켜 맹세하노니 내가 당신을 떠나지 아니하겠나이다 하니라. 저희가 여리고에 이르매 여리고에 있는 선지자의 생도들이 엘리사에게 나아와 이르되 여호와께서 오늘날 당신의 선생을 당신의 머리 위로 취하실 줄을 아나이까 엘리사가 가로되 나도 아노니 너희는 잠잠하라. 엘리야가 또 엘리사에게 이르되 청컨대 너는 여기 머물라 여호와께서 나를 요단으로 보내시느니라. 저가 가로되 여호와의 사심과 당신의 혼의 삶을 가리켜 맹세하노니 내가 당신을 떠나지 아니하겠나이다. 이에 두 사람이 행하니라."

하나님은 영들의 전이를 알고, 자신의 영을 자신이 지키기를 원하십니다. 전이'라는 것은 글자 그대로 '옮겨진다.' 즉 어떤 사람에게서 다른 사람에게로, 어떤 장소에서 다른 장소로 옮겨진다는 뜻입니다.

감정을 통한 영들의 전이가 일어납니다. 사람이 어떤 사람에게 상처를 받고 미워하면 자꾸 그 사람이 생각나게 됩니다. 자꾸 생각을 하므로 자신도 모르게 그 사람을 닮아가는 것입니다. 반대도 마찬가지 입니다. 좋아하고 사랑하는 사람에게 감정이 열리므로 상대방에게 역사하는 영들의 전이가 일어나는 것입니다. 이것이 감정을 통한 영들의 전이 입니다.

왜 멀쩡한 사람들이 이단에 빠질까요? 그것은 영의 전이의 문제가 결부되기 때문입니다. 사람은 육적이면서 영적인 존재입니다. 영적인 존재이기 때문에 영의 만족을 누려야 안정되는 것입니다. 성도가 영의 만족을 누리지 못하면 영의 만족을 누릴 수 있는 장소를 찾아다닙니다. 제가 지금까지 성령치유 사역을 하면서 체험한 바로는 상처가 많은 성도들이 영의 만족을 누리지 못합니다. 상처가 영의 통로를 막고 있기 때문입니다. 정상적인 교회를 다니다가 이단에 빠진 사람들은 거의 상처가 많은 사람들입니다. 제가 실제로 지하철역에서 신천지를 포교하는 여성들 6명을 영안을 열고 보니 상처가 말로 표현 할 수가 없이 많았습니다. 저는 하나님이 은혜를 주셔서 사람의 심령 상태를 보려고 하면 성령께서 보여주십니다. 정상적인 생활을 할 때는 사람의 심령 상태가 보이지 않습니다. 정확하게 심령을 읽으려고 할 때 성령께서 보게 하십니다. 저를 절대로 이상한 사람 취급하지 마시기를 바랍니다. 정상적인 생활할 때는 아무것도 안 보입니다. 이렇게 상처가 많은 성도가 영의 만족을 찾을 곳을 찾아다닙니다. 여기 저기 찾다가 이단들이 모이는 장소도 가게 됩니다. 거기에 가면 특별한 것이 있을 것 같은 호기심으로 간 것입니다. 그러나 여기에는 아주 중요한 영적인 요소가 숨어있습니다. 이단들이 모인 장소에 특별한 영이 흐른다는 것입니다. 이 악한 호기심에 마음을 놓은 성도에게 악한 영이 침입하여 분별력을 잃어버리게 합니다.

그래서 조금 지나면 거기서 전하는 말이 모두 진리이고 정확하다고 생각하게 만드는 것입니다. 하루 이틀이 지나면 분별력을 잃어버리게 되고 이단의 영이 자신을 장악하는 것입니다. 이렇게 되면 그곳의 교주가 세상에서 제일 신령하고 이 사람을 따라가야 자신이 천국에 입성할 수가 있다고 믿어버리는 것입니다. 교주 외에 다른 사람의 말은 듣지도 못하고 들으려고 하지도 않습니다. 그래서 집을 떠나기도 하는 것입니다.

이는 이단의 교주를 조종하고 있는 악령, 통치자와 권세가 교주에게 마음을 연 모두에게 들어가 장악하였기 때문입니다. 그래서 그들이 꿈을 꿀 때 꿈속에서 악령이 교주가 메시야라고 알려주기 때문입니다. 그래서 교주가 메시야라고 미혹하여 믿게 하는 것입니다. 그러므로 꿈도 잘 분별하여 보아야 합니다. 꿈도 성령으로부터 오는 꿈과 악령으로 부터 오는 꿈과 사람의 심리가 만들어 내는 꿈들이 있으므로 분별을 해야 합니다. 꿈과 환상에 대해서는 "꿈 환상의 해석을 통한 상담과 치유비결"을 읽어보시기를 바랍니다.

통일교의 실제적 인물은 박보희라는 사람입니다. 문선명은 사실 머리가 좋은 사람이 아닙니다. 박보희가 왜 문선명에게 심취해 오른팔 역할을 하게 되었을까? 박보희가 문선명을 처음 만났을 당시 문선명이 메시야라는 내용의 꿈을 자주 꾸었다고 합니다. 이는 마귀(통치자와 권세)가 박보희를 통하여 문선명을 신격화하여 자기 나라를 만들기 위하여 꿈을 통하여 보여준 것입니다. 이런 마귀가 보여주는 꿈을 자꾸 꾸는 과정을 통해 박보희는 문선명을 참 아버지로 믿게 되었고, 통일교의 교리에 심취하게 되었다는 것입니다.

어둠의 영들이 역사하고 있는 영역에서 영적 전이에 사로잡히게 되면 논리가 전혀 맞지 않는 것조차도, 그대로 믿게 되는 것입니다. 이는 그들을 장악하고 있는 영들이 그들의 생각과 사고까지 장악했기 때문입니다. 한마디로 마귀의 종이 되었다는 것입니다. 이렇게 되면 자기 의지로 아무것도 할 수가 없게 됩니다. 그래서 통일교 문선명이나 JMS 정명석이 하는 말에 절대 복종하며 종노릇을 하고 있는 것입니다. 일반적으로 볼 때, 통일교 여호와의 증인 등의 가르침이 상식으로 맞지 않는데도 받아들이게 되는 것을 영적 전이로 설명할 수 있는데, 이런 영적 전이가 일어나게 되는 데는 몇 가지 통로가 있으며, 이러한 통로를 거치지 않고는 영적전이가 거의 일어나지 않습니다.

1. 감정

영적전이가 이루어지는 중요한 통로는 '감정'입니다. 세상 말로 선입견이라는 것입니다. 사람을 처음 좋지 않게 보면 계속 잘 못 보게 된다는 뜻입니다. 처음 좋은 감정을 갖게 되면 계속 좋게 보이는 것입니다. 반대로 한번 나쁘게 보면 계속 나쁘게 보인다는 것입니다. 사람들은 객관적으로 볼 때 어떤 사람에 대해 그가 말하고 행동하는 것이 맞지 않고, 문제가 있으며, 도덕적으로 부도덕한 사람이라는 분명한 판단을 갖고 있다고 하더라도, 일단 그 사람에 대해 감정적으로 열리게 되고, 호감을 느낀다든지, 우정을 갖게 되거나, 연인 사이로 사랑에 빠지게 되면 그 사람의 도덕성, 행동, 가치 등을 다 받아들이게 됩니다. 일단 감정이 개입되고 마음이 열리면 상대방이 가진 영이 자신에게 쉽게 전이가 이루어지게 된다는 것입니다.

유유상종(類類相從)이란 말이 있습니다. 같은 종류, 같은 유형의 사람끼리 만난다는 것입니다. 끼리끼리 모인다고. 참새는 참새끼리 모이고, 뱁새는 뱁새끼리 모이고, 까치는 까치끼리, 까마귀는 까마귀 끼리 모입니다. 사람들이 자기와 비슷한 성향을 지닌 사람을 찾는다는 것은 어쩌면 모든 인간관계의 보편적인 원리일 것입니다. 그리고 이런 경우 사람들은 '저 사람은 나와 마음이 통한다'라고 표현합니다. 한마디로 영이 통한다는 것입니다. 영이 통하니 말이 통하는 것입니다. 같은 영이 장악했다는 것입니다.

여기에 주의해야 할 영적인 원리가 한 가지 있습니다. 영적 침체에 빠졌을 때는 새로운 친구를 사귀지 말라는 것입니다. 영적 침체에 빠졌을 때 만나는 사람은 거의 같은 성향의 침체된, 부정적이고, 어두운 사람이기 쉽습니다. 마음이 불편한 사람은 마음이 불편한 사람을 만나기 쉽습니다. 마음이 우울한 사람은 우울한 사람을 만나기가 쉽습니다. 서로의 처지가 같은 사람끼리 만나는 것입니다. 그리고 그 인간관계 속에서 서로 마음이 통한다고 느끼게 되고, 둘 사이에는 우정이라는 감정이 자라게 됩니다. 다행히 본인이 침체로부터 벗어나더라도, 친구로부터 좋지 못한 영적인 전이는 계속될 것입니다.

그 사람과 친구로서의 우정이란 감정이 남아 있기 때문에 친구의 어둡고, 부정적이고, 침체된 성향이 회복된 자신에게까지 계속 전이되어 다시 침체로 이끌어 갈 수 있습니다.

감정을 통해 영적 전이가 이루어진다는 사실은 우정을 기초로 한 친구관계 뿐 아니라, 이성 관계에서도 그대로 적용됩니다. 처음에는 상대가 크리스천이 아니고, 가치관이 다르다는 것을 알기는 하지만, 단지 상대의 외모 또는 이성적 매력에 끌려 교제를 시작하게 되고, 일단 그 사람에 대해 좋아하는 감정을 갖게 되면, 이 감정이 통로가 되어, 그 사람의 가치관, 영적인 부분까지 영향을 받게 됩니다. 이는 상대방에 대하여 커뮤니케이션, 마음이 열리기 때문입니다. 마음이 열리니 감정을 통해 영적전이가 이루어지게 되는 것입니다.

하나님의 지혜를 받은 사람, 그 지혜로 하나님의 백성을 다스리던 위대한 솔로몬 왕이 우상숭배에 빠지게 되었습니다.

"솔로몬 왕이 바로의 딸 외에 이방의 많은 여인을 사랑하였으니 곧 모압과 암몬과 에돔과 시돈과 헷 여인이라. 여호와께서 일찌기 이 여러 국민에게 대하여 이스라엘 자손에게 말씀하시기를 너희는 저희와 서로 통하지 말며 저희도 너희와 서로 통하게 말라 저희가 정녕코 너희의 마음을 돌이켜 저희의 신들을 좇게 하리라 하셨으나 솔로몬이 저희를 연애하였더라. 왕은 후비가 칠백인이요 빈장이 삼백인이라 왕비들이 왕의 마음을 돌이켰더라."(왕상11:1-3)

솔로몬 왕이 우상을 숭배하는 이방 여인들을 향한 사랑의 감정이 통로가 되어, 여인들로부터 우상숭배의 영이 솔로몬에게 전이되는 영적전이가 이루어진 것입니다. 결코 사랑의 감정과 신앙이 별개로 가는 법이 없습니다. 누군가가 하나님을 사랑하고, 성령으로 충만하고, 경건한 사람과 교제하고 있다면 그 사람의 신앙도 함께 자라갈 수 있습니다.

반면 영적으로 죽어있거나 불경건한 사람과 교제하면서, 성령 충만하고, 영적으로 자라가는 것은 불가능합니다. 계속 상대방의 영이 자신에게 영향을 미치기 때문입니다. 영적전이는 어떤 경우든지 계속해서 이루어집니다.

사람은 영적인 존재라 마음만 열면 상대방의 영의 전이가 이루어지기 때문입니다. 이런 이유로 크리스천은 친구나 이성을 사귀는 문제에 있어 매우 신중해야 합니다. 분별력이 있어야 합니다. 만일 만나고, 교제하고 있는 어떤 사람이 지금 영적인 부분에서 미약하여 더욱 믿음이 자라야하거나, 성령으로 충만하고, 또는 복음을 들어야 하는 경우라면, 그를 배척하고 버리라는 것이 아니라, 그 사람에게 감정적으로 빠져서는 안 된다는 것입니다.

일단 감정에 빠지면, 비 신앙적인 가치, 윤리 등이 전이될 수밖에 없기 때문에 복음을 전한다거나, 영적인 도움을 주는 것이 실제적으로 어렵게 됩니다. 단순히 복음을 전하고, 지도하는 것과 감정에 빠지는 것은 분명히 다릅니다. 단순히 복음을 전하고, 가르치기 위한 만남이라면 영적인 좋은 영향을 줄 수 있지만, 일단 감정에 빠지면 영향을 주기보다는 감정이 통로가 되어 부정적인 영향을 받기가 쉽습니다. 사랑하는 여러분 모두 말씀과 성령으로 충만하여 분별력을 기르시기를 바랍니다.

2. 주도권

영적전이가 잘되는 요소는 '누가 관계의 주도권을 갖고 있는가'의 문제입니다. 내가 주도권을 갖고 끌고 가는가, 상대에게 끌려가는가에 따라 상황이 전혀 달라집니다.

요한2서 7절에는 "미혹하는 자가 많이 세상에 나왔나니, 이는 예수 그리스도께서 육체로 임하심을 부인하는 자라. 이것이 미혹하는 자요 적그리스도니"라고 기록되어 있습니다. 요즘 식으로 표현하자면, 미혹하는 자는 한마디로 이단 또는 이단적인 가르침을 주는 사람을 말하며, 그들은 예수님의 인성을 부인하는 사람들입니다.

이런 이단에 속한 사람들에 대한 요한의 가르침은 다음과 같습니다. 요한이서 9-10절에 "지나쳐 그리스도 교훈 안에 거하지 아니하는 자마다 하나님을 모시지 못하되 교훈 안에 거하는 이 사람이 아버지와 아들을 모시느니라. 누구든지 이 교훈을 가지지 않고, 너희에게 나아가거든 그를 집에 들이지도 말고 인사도 말라. 그에게 인사하는 자는 그 악한 일에 참예하는 자임이니라."

요한은 그런 사람들을 집에 들이지도 말고, 인사도 하지 말라고 가르치고 있습니다. 왜 이런 말씀이 기록되어 있을까요? 이 말씀이 이단에 속한 사람은 구원받지 못할 사람이니까 배척하라는 뜻이겠는가? 아닙니다. 우리는 마땅히 기회가 되는대로 그들에게 복음을 전하고, 올바른 성경의 가르침으로 그들을 가르쳐야 할 것입니다. 그런데 왜 인사조차도 하지 말라고 했겠는가?

　이것이 바로 주도권의 문제입니다. 예를 들어 이단에 빠진 사람에게 내가 주도권을 가지고 바른 신앙과 복음을 전하는 것은 괜찮습니다. 그러나 자신의 집에 이단에 속한 사람이 찾아와서 자신에게 이단의 가르침을 이야기한다면, 이때는 이단의 가르침을 이야기하는 자가 주도권을 가진 상태이기 쉽습니다.

　이단에 속한 사람이 주도권을 가지고 이야기할 때, 자기에게 이단에 속한 악한 영의 영적 전이가 이루어질 수 있다는 것입니다. 누가 주도권을 갖느냐가 중요한 이유는 주도권을 가진 사람이 상대에게 영적으로 전이시킬 가능성이 매우 크기 때문입니다. 민수기 13장 25절부터 29절까지에 영적전이에 있어 주도권을 갖는 것의 중요성을 보여주는 예가 나와 있습니다.

"사십 일 동안에 땅을 탐지하기를 마치고 돌아와 바란 광야 가데스에 이르러 모세와 아론과 이스라엘 자손의 온 회중에게 나아와 그들에게 회보하고 그 땅 실과를 보이고, 모세에게 보고하여 가로되 당신이 우리를 보낸 땅에 간즉 과연 젖과 꿀이 그 땅에 흐르고 이것은 그 땅의 실과니이다. 그러나 그 땅 거민은 강하고 성읍은 견고하고 심히 클 뿐 아니라 거기서 아낙 자손을 보았으며, 아말렉인은 남방 땅에 거하고 헷인과 여부스인과 아모리인은 산지에 거하고 가나안인은 해변과 요단가에 거

하더이다."(민13:25-29)

열 두 명의 사람이 가나안을 정탐하기 위해 보내졌고, 그들 중 열 사람이 먼저 주도권을 잡고, 그 땅에 대한 부정적인 견해를 말하고 있습니다. 땅은 좋은 땅이지만, 그 땅의 사람들은 장대한 사람들이기 때문에 그 땅을 얻는 것이 어렵겠다는 것입니다. 10명의 부정적인 사람들이 먼저 주도권을 잡고 말하자마자, 영적으로 어둡고 부정적인 영향력이 사람들에게 미치기 시작합니다.

"갈렙이 모세 앞에서 백성을 안심시켜 가로되"(민13:30절)

사람들은 이미 부정적인 말에 영향을 받아 요동하고 있습니다. 이런 상황을 수습하기 위해 믿음의 사람 갈렙이 그들을 안심시키며 믿음으로 바라보는 자신들의 긍정적인 견해를 말합니다. 그러나 먼저 주도권을 갖고 부정적으로 말하던 10명의 정탐꾼은 가나안 땅에 대해 악평하기를 계속합니다.

"우리는 능히 올라가서 그 백성을 차지하지 못하리라. 그들은 우리보다 강하니라 하고, 이스라엘 자손 앞에서 그 탐지한 땅을 악평하여 가로되 우리가 두루 다니며 탐지한 땅은 그 거민을 삼키는 땅이요 거기서 본 모든 백성은 신장이 장대한 자들이며, 거기서 또 네피림 후손 아낙 자손 대장부들을 보았나니 우리는 스스로 보기에도 메뚜기 같으니 그들의 보기에도 그와 같았을 것이니라."(민13:31-33)

믿음의 사람 갈렙이 저지하려 했으나, 먼저 주도권을 쥐고 말한 10명의 정탐군의 영향을 받아서 사람들은 부정적인 말을 쏟아 놓고 있습니다.

"온 회중이 소리를 높여 부르짖으며 밤새도록 백성이 곡하였더라. 이스라엘 자손이 다 모세와 아론을 원망하여 온 회중이 그들에게 이르되 우리가 애굽 땅에서 죽었거나 이 광야에서 죽었더면 좋았을 것을 어찌하여 여호와가 우리를 그 땅으로 인도하여 칼에 망하게 하려 하는고. 우리 처자가 사로잡히리니 애굽으로 돌아가는 것이 낫지 아니하랴."(민14:1-3)

사람들과의 관계와 대화, 교제에 있어서 누가 주도권을 갖는가는 굉장히 중요한 문제입니다. 신앙이 없는 사람과 신앙인인 내가 만났을 때, 내가 주도권을 가지면 좋은 영향을 미칠 수 있지만, 신앙이 없는 상대가 주도권을 쥐면 그 사람의 불신앙과 부정적인 것에 자신이 영향 받을 수 있습니다. 크리스천이 불신앙인과 결혼하는 것은 원칙적으로 안 되는 일입니다. 그러나 믿는 여자와 안 믿는 남자가 결혼한 경우와 믿는 남자가 안 믿는 여자와 결혼 한 두 경우를 비교해 본다면, 상황은 믿는 여자가 안 믿는 남자와 결혼한 경우가 훨씬 더 어렵습니다.

  일반적으로 남녀관계에 있어서 주도권은 남자가 쥐고 있기 때문에 그렇습니다. 믿는 아내를 통해 남편이 신앙인이 되는 경우는 거의 없거나 매우 드물고, 오히려 믿는 여자가 신앙을 잃게 되는 경우가 훨씬 많습니다. 신앙인인 내가 주도권을 쥐지 않는 불신앙인과의 관계 가운데 있다면, 이것은 매우 주의를 기울여야 하는 상황입니다.

  그래서 저는 평소에 불신 결혼의 위험성을 많이 강조합니다. 단 믿는 자를 안 믿는 자가 좋아서 어찌할 줄 모르고 접근한다면 문제는 다릅니다. 그러면 그 사람을 예수를 영접하게 하여 몇 년 간 교회생활을 시키고 성령체험하게 하여 결혼하면 문제가 없을 것입니다. 그런데 반대로 믿는 자가 안 믿는 자를 좋아서 어찌할 줄 모르고 접근 한다면 백이면 백 모두 믿음을 지키지 못합니다. 그래서 주도권이 중요합니다.

  부정적인 사람을 멀리하시기를 바랍니다. 부정적인 사람과 관계를 계속하다가 보면 나도 모르게 부정적인 영이 나에게 흘러들어와 나도 부정적이 되기 마련입니다. 그래서 친구를 잘 사귀어야 합니다. 친구 따라 강남 갑니다. 친구 따라 절에 갑니다. 친구 따라 역술원에 간 사람도 있습니다. 역술원에서 더러운 영이 침입하여 우울증이 발생했습니다. 저희 교회에 와서 3개월을 치유 받고 간 성도도 있습니다. 주도권을 자신이 가지고 상대방을 끌고 다닌다면 몰라도, 그렇지 못하면 백발백중 부정적인 성도가 됩니다. 교회 안에서 교우 관계도 주의해야 합니다. 교회 안에도 악한 영이 있습니다. 악한 영에 사주를 받은 성도가 자신도 모르게 신앙을 자라지 못하게 할 수가 있습니다.

교회에서 공동회나 제직회를 할 때에 의견충돌이 일어나 서로 다투는 현장에서도 영적인 전이가 이루어집니다. 교회행정에 반대하는 사람들과 동조할 때도 전이가 이루어집니다. 특별히 감정이 격해졌을 때 전이가 더 잘 이루어집니다. 그래서 교회에서 의견충돌이 일어난다면 피하는 것이 좋습니다. 만약 이러한 상황을 목격하고 본인의 감정이 격해진 경험이 있다면 축사를 하는 것이 좋습니다. 사람은 감정이 동물이기 때문입니다. 동물이 되어 육성이 강해지면 옛 주인 귀신이 와서 좌정하게 되는 것입니다. 그래서 교회는 작은 천국이 되어야 하는 것입니다. 우리 모두 교회를 작은 천국을 만듭시다. 교회를 천국을 만들기 위하여 교회에서 믿음의 말과 천국이야기만 하는 우리가 되시기를 바랍니다.

이단이 집에 방문해 왔을 때는 그쪽이 주도권을 쥐고 있습니다. 또한 믿는 자매가 안 믿는 남자와 교제를 하고 있다면, 그에게 영향을 미치는 것이 아니라, 영향을 받기 쉽습니다. 몇 달, 몇 년을 이런 교제를 하다보면, 그렇게나 헌신적이고 열정적이던 자매의 신앙은 간데없고, 영적으로 거의 바닥에 이르게 됩니다. 이는 남자의 불신의 악한 영이 자매를 장악하고 있기 때문입니다.

 스펄젼목사에게 한 자매가 자신이 교제하는 남자에 대해 상담하고 있었습니다. 자매는 자신이 교제하는 남자가 성격도 좋고, 경제적인 능력도 있고, 위트와 재치가 있으며, 책임감과 배려하는 마음을 갖고 있다는 등 모든 것을 다 갖춘 사람이라고 말하고는, 맨 끝에 가서 딱 한 가지 문제가 있는데 신앙이 없다는 것이었습니다. 스펄젼은 그 자매를 테이블 위로 올라가게 하고 테이블 위에서 목사님의 손을 잡아끌어 올려 보라고 했습니다. 아무리 힘을 써도 불가능했습니다. 그 후, 스펄젼은 자매의 손을 확 잡아서 순식간에 자매를 바닥으로 끌어내렸습니다. 그리고는 "지금 자매가 하려는 결혼이 이런 것이다"라고 말해 주었다고 합니다.

 끌어올리는 것은 불가능하지만, 끌어내리기는 너무 쉽습니다. 남녀 관계에 있어 남자가 주도권을 가지고 관계를 끌어가기 때문에 믿지 않는 남자와 교제하는 믿는 자매의 어려움이 더 클 수밖에 없습니다. 그만큼 불신의 결혼은 피눈물이 나는 영적인 투쟁과 영육의 고통이 따르므로 주의하지 않으면 안 됩니다. 영적 전이의 관계에서 누가 주도권을 갖는가는 매우 중요한 문제이며, 내가 주도권을 가지고 영향력을 미칠 수 있는 관계가 아니라면 조심해야 합니다.

3. 성생활

영적전이의 통로 중 가장 확실한 통로가 되는 것이 있는데, 이것은 다른 어떤 것보다도 더 확실한 일치와 전이를 갖게 하는 통로입니다. 이 통로는 바로 성관계입니다. 성관계를 가졌다면 어찌하든지 언어로 몸으로 접촉이 이루어진 것입니다. 상대방의 모든 것이 자신에게 전이되는 것입니다.

그래서 성폭행을 당한 사람들이 정신적인 질환이나 영적인 질환이 발생하여 고생하는 것입니다. 이는 상대방의 나쁜 영들이 순간 충격을 통하여 침입했기 때문입니다.

"너희 몸이 그리스도의 지체인 줄을 알지 못하느냐 내가 그리스도의 지체를 가지고 창기의 지체를 만들겠느냐 결코 그럴 수 없느니라. 창기와 합하는 자는 저와 한 몸인 줄을 알지 못하느냐 일렀으되 둘이 한 육체가 된다 하셨나니 주와 합하는 자는 한 영이니라. 음행을 피하라 사람이 범하는 죄마다 몸 밖에 있거니와 음행하는 자는 자기 몸에게 죄를 범하느니라."(고전 6:15~18)

하나님께서 인간을 만드신 창조원리에 의하면 두 사람이 합법적인 부부이든 아니든 성관계를 통해 두 사람 사이에는 영적인 일치와 전이가 일어나도록 되어있습니다. 하나님의 말씀은 결혼에 대해 남자가 부모를 떠나 그 아내와 연합하여 둘이 한 몸을 이루는 것(창2:24)이며, 그 관계는 사람이 나눌 수 없는 것이라고 가르치고 있습니다. 남편과 아내가 결혼이라는 울타리 안에서 한 몸을 이루고 성적인 관계를 갖게 될 때, 그들 사이에는 사람이 나눌 수 없는 깊은 영적인 일치와 전이가 이루어집니다.

그러나 이러한 일치와 전이는 부부관계가 아닌 다른 사람과의 성관계에서도 이루어집니다. 창녀와의 관계든, 결혼한 남편이, 아내가 아닌 다른 여자와 갖는 성관계이든 간에 이러한 현상이 동일하게 나타난다는 것입니다. 그렇기 때문에 그런 경우에 있는 사람은 자신의 아내와도 영적으로 한 몸을 이루며, 동시에 다른 여자와도 한 몸을 이루는 것이 됩니다.

결과적으로 그런 사람은 심한 영적 결박과 혼돈스러운 일치와 전이가 생기게 됩니다. 이렇게 잘못된 성관계를 갖게 되면, 자기의 의지만으로 이런 관계를 쉽게 청산하는 것이 매우 어려운데, 그 이유는 성관계라는 것이 단순한 육체의 하나 됨이 아닌 영적인 결박과 영들의 전이가 이미 이루어졌기 때문입니다. 상대방의 나쁜 영들의 전이가 이루어졌기 때문입니다.

내적치유 사역자인 존 샌드포드(John Sandford)는 "하나님께서 한 여인이 한 남자의 아내가 되도록 만드셨는데, 만일 한 여자가 여러 사람과 성관계를 맺으면, 그녀는 그녀가 관계를 가진 여러 사람을 그리워하고, 찾게 되고, 그녀의 영은 여러 갈래로 찢겨집니다. 또 한 남자는 한 여자를 복주며, 돌보고, 그녀의 필요를 공급하며, 그리워하도록 창조됐는데, 한 남자가 여러 명의 여자와 관계를 갖게 될 때, 그의 몸과 마음과 영이 나뉘며, 여러 여자를 찾게 되고, 혼란스러운 영적 전이와 결박이 가해지게 된다"고 말했습니다.

이 세대의 풍조가 젊은 시절 적당히 즐기기 위해 하룻밤 자고 헤어지는 것이 일반적인 풍조가 돼가고 있지만, 여기에는 분명히 심각한 영적 일치와 결박, 그리고 영들의 전이가 존재합니다. 더 나아가 동성애의 문제는 여타 다른 문제보다 벗어나기가 어려운 문제들 중 하나입니다. 물론 본인이 동성애를 죄로 인정하고 진정으로 치유받기 원한다면 가능한 일이기는 하지만, 본인이 인정하지 않는 많은 경우 벗어나기가 어렵습니다.

왜 그럴까? 동성애자들은 대부분의 경우 그들의 어린 시절 또는 청소년 시절에 주변의 동성으로부터 성적으로 희롱 또는 유린을 당한 경험을 갖고 있습니다. 분명히 자신이 원했던 것도 아니고, 그 상황을 좋아했던 것도 아닌데, 일단 그렇게 성적 유린을 당하면 성인이 되어 자신도 모르게 동성애의 파트너를 찾게 됩니다. 그것은 동성애의 영적 전이가 이루어져서 자신도 모르게 반복적으로 동성애에 빠지게 되기 때문입니다.

믿지 않는 사람, 불경건한 사람, 부정적인 사람으로부터 받는 영적 전이를 통해 나도 똑같이 그런 사람과 같이 되어 갈 수 있습니다. 그러나 성경은 이런 문제에 대한 기쁨의 해답을 분명하게 제시하고 있습니다. 우리는 부모와 조상으로부터 혈통적으로 안

좋은 영향을 받았을 수도 있습니다. 그러나 우리가 하나님의 은혜로 예수 그리스도를 믿고, 예수 그리스도의 보배로운 피의 권세 아래 있고, 성령의 임재 하에 있으며, 또 성령의 권세를 적절히 사용할 때, 우리는 조상으로부터 유전된 좋지 못하고 악한 영적인 전이나 잘못된 성관계로 인한 영적 전이로부터 자유로워질 수 있습니다. 그러나 그냥 자동적으로 자유 함을 받는 것이 아니라, 본인이 인정하고 예수님의 보혈의 권세와 성령의 역사를 적용하여 끊고 떠나보내야 한다는 것입니다.

"믿는 자들에게는 이런 표적이 따르리니 곧 그들이 내 이름으로 귀신을 쫓아내며 새 방언을 말하며 뱀을 집어올리며 무슨 독을 마실지라도 해를 받지 아니하며 병든 사람에게 손을 얹은즉 나으리라 하시더라."(막16:17-18)

그러나 여기서 더 나아가 우리는 악한 동무들과의 영적인 전이가 되는 관계를 끊고, 청년의 정욕을 피하고, 주를 깨끗한 마음으로 부르는 성령으로 충만한 성도들과 함께 하기를 힘써야 합니다. 그래서 성도는 영을 분별할 줄 알아야 합니다. 모두 말씀과 성령으로 분별의 능력을 가지시기를 바랍니다. 그래서 우리의 인간관계를 잘 검토해보시기 바랍니다. 친구, 이성, 직장 상사 등, 여러 관계 속에서 나의 신앙이, 영적인 것이, 좋은 것으로 상대에게로 흘러가는가, 그렇지 않으면 그 사람의 악한 것이 내게로 흘러들어오는가, 즉 누가 주도권을 갖는가를 점검해 보아야 합니다.

그래서 만일 내가 상대를 함께 초대해가는 것이 아니라, 부정적으로 끌려가고 있다면 그 관계를 신중하게 다시 생각해 보아야 합니다. 이것은 상대를 외면하고, 버리라는 것이 아니라, 영적인 주도권을 가진 상태에서 도울 수 있는 다른 길을 찾으라는 것입니다. 궁극적으로 안좋은 영적 전이를 막을 수 있는 가장 좋은 방법은 청년의 정욕을 피하고, 주를 깨끗한 마음으로 부르는 자들과 함께 의와 믿음과 사랑과 화평을 좇으며(딤후2:22), 모이기를 힘쓰고(히10:24), 성령 충만한 믿음 생활을 하며, 경건의 훈련을 사모하고, 성경의 가치관 속의 신실한 교제 안에서 자신의 삶을 추구해 가는 것입니다. 모두 말씀과 성령으로 귀중한 자신의 영을 지키는 모두가 되시기를 바랍니다.

요약입니다. 주도권은 영적전이에 중요합니다. 그러므로 우리 그리스도인은 전도할 때나 세상에서 사람을 만날 때나 주도권을 가지려고 노력해야 합니다. 그리고 항상 영적 전이가 있다는 것을 염두에 두고 세상 생활을 해야 합니다. 악한 영의 전이는 환영하지 않아도 들어오게 됩니다. 그러므로 항상 성령의 충만한 생활과 깊은 영의기도로 성령의 임재 가운데 지내려고 노력하고 영적인 경각심을 가지고 지내시기를 바랍니다.

그리고 교회에서도 마찬가지입니다. 교회는 영적인 곳입니다. 성령의 역사도 있지만 악한 영의 역사도 있을 수 있습니다.

분별력을 가지고 성도들과의 인간관계를 맺으시고 자신의 귀중한 영을 지키시기를 바랍니다. 영을 지키는 것은 본인의 힘이나 지식으로는 불가능합니다. 반드시 말씀과 성령으로 충만하고 본인이 주의해야 하는 것입니다. 그리고 잘못된 영이 자신에게 전이가 되었다고 생각이 되면 본인이 인정을 하고, 성령의 깊은 임재 가운데 예수 이름으로 끊고 몰아내시기를 바랍니다. 나쁜 영의 전이가 예수를 믿는다고 말씀과 이론을 안다고 그냥 떠나가는 것이 아닙니다. 영은 살아있는 실체입니다. 살아있는 실체이기 때문에 반드시 천지 만물을 초차연적으로 역사하시는 성령으로 만이 해결할 수가 있는 것입니다. 모두 말씀과 성령으로 충만하여 악한 영들을 몰아내고 자신의 영을 깨끗하게 지키시기를 바랍니다.

3부 세상생활 통한 영들의 전이

13장 시각 매체를 통한 영의 전이

(벧전 5:8-9)"근신하라 깨어라 너희 대적 마귀가 우는 사자 같이 두루 다니며 삼킬 자를 찾나니, 너희는 믿음을 굳건하게 하여 그를 대적하라 이는 세상에 있는 너희 형제들도 동일한 고난을 당하는 줄을 앎이라"

하나님은 우리에게 성령으로 충만하게 하라고 말씀하십니다. 영적 전이란 표적적인 은사 또는 은사의 접목이라고도 표현합니다. 순간적으로 성령의 기름부음이나 은사가 전이되어 장기 또는 일시적으로 나타나는 현상입니다. 그러나 성령이나 은사뿐만 아니고, 악한 영이 전이되어 장기 또는 일시적으로 나타나는 현상이기도 합니다. 왜냐하면 우리 성령 충만한 사람들은 스폰지와 같이 심령이 열려있는 상태라 영적인 것을 잘 흡수할 수 있습니다. 대부분은 일시적인 경우가 많으며 사울이 예언자의 틈에서 예언하게 되는 것과 같은 현상입니다.

"네게는 여호와의 영이 크게 임하리니 너도 그들과 함께 예언을 하고 변하여 새 사람이 되리라. 이 징조가 네게 임하거든 너는 기회를 따라 행하라 하나님이 너와 함께 하시느니라. 너는 나보다 앞서 길갈로 내려가라 내가 네게로 내려가서 번제와 화목제를 드리리니 내가 네게 가서 네가 행할 것을 가르칠 때까지 칠 일 동안 기다리라. 그가 사무엘에게서 떠나려고 몸을 돌이킬 때에 하나님이 새 마음을 주셨고 그 날 그 징조도 다 응하니라. 그들이 산에 이를 때에 선지자의 무리가 그를 영접하고 하나님의 영이 사울에게 크게 임하므로 그가 그들 중에서 예언을 하니 전에 사울을 알던 모든 사람들이 사울이 선지자들과 함께 예언함을 보고 서로 이르되 기스의 아들에게 무슨 일이 일어났느냐 사울도 선지자들 중에 있느냐 하고, 그 곳의 어떤 사람은 말하여 이르되 그들의 아버지가 누구냐 한지라 그러므로 속담이 되어 이르되 사울도 선지자들 중에 있느냐 하더라. 사울이 예언하기를 마치고 산당으로 가니라"(삼상10:6-13)

이것은 자신의 영성과 관계없으며 곧 사라지는 것이 일반적입니다. 그러나 때에 따라서는 오래 지속되기도 하지만 그것은 전이된 사람의 영성에 절대적으로 좌우되게 됩니다. 그리고 불순종하는 사울에게 악신이 임하게 됩니다.

"여호와의 영이 사울에게서 떠나고 여호와께서 부리시는 악령이 그를 번뇌하게 한지라. 사울의 신하들이 그에게 이르되 보소서 하나님께서 부리시는 악령이 왕을 번뇌하게 하온즉"
(삼상16:14-15)

하나님의 말씀에 불순종하여 성령이 떠나니 그곳에 악신이 임합니다. 고로 성령을 받는 것도 중요하지만 유지하는 것이 더 중요합니다. 왜냐하면 무엇인가 우리 안에 채워지기 때문입니다. 성령으로 충만하지 못하면 악한 영이 와서 좌정하고 있을 수 있다는 말입니다. 사람은 영적인 존재로서 악한 영에 의해서나 성령에 의해서 지배를 받을 수밖에 없습니다. 중간지대나 아무런 영의 점령 없이 지내는 것은 불가능한 것입니다.

과학이 발전함에 따라 사진술, 전화, TV, 영화, 비디오, 음반, 컴퓨터(인터넷) 등 여러 가지 문명의 매체들이 나왔습니다. 그런데 안타깝게도 원수 마귀가 이것들을 악용하고 있습니다. 그리고 이런 것들로 인해 바람직하지 못한 영들의 전이가 무서운 속도로 이루어지고 있습니다. 그러면 사탄은 구체적으로 어떤 매체들을 어떻게 사용하여 사람들에게 악한 영들을 전이시킬까요? 당신이 악한 영들의 전이에 효과적으로 대처할 수 있도록 부분별로 구체적으로 말씀드리도록 하겠습니다.

1. TV를 통해서 악한 영들의 전이

제가 성령치유 사역을 하다 보니까, 조상이 우상을 숭배한 사람들의 자녀들이 TV에 나오는 납량 특집극을 자주 본다는 것입니다. 그러다가 스트레스를 받고 체력이 약화되면 영적이면서 정신적인 문제로 발전이 되어 고생을 하는 것을 자주 보게 됩니다.

　세상에 살아가는 사람들 중에 정상적인 사고를 하는 데에도 귀신의 영향을 받는 사람들이 다수 있습니다. 우리는 영안을 열고 분별하여 속지 말아야 합니다. 매년 7-8월이 되면 방송사들은 단골메뉴로 납량 특집물로 귀신 이야기를 내놓습니다. 고전적인 전설의 고향으로부터 시작해서 여고 괴담 등과 같은 귀신을 주제로 한 영화를 극장가도 관객에게 내놓습니다. 올 해는 어떤 형태로 귀신 이야기를 만들어낼지 궁금합니다. 이런 특집물을 만드는 사람들을 인간의 눈으로 보면 정상적입니다. 그러나 영안을 열고 보면 그 생각을 조종하는 귀신이 있다는 것입니다. 귀신이 그런 특집물을 만들어 방영하도록 생각을 주장하는 것입니다. 또, 기독교를 폄하하는 프로그램을 만들어 방영하도록 조종하는 귀신도 있습니다. 세상 사람들은 이 사람들이 귀신이 들려서 이런 일을 하는 줄을 모릅니다. 그러나 영의 눈을 열고 보면 정상적인 사고 속에 역사하는 귀신입니다.

　귀신은 우리가 이처럼 영화나 드라마에서 보는 것 같은 그런 낭만이나 재미가 있는 존재가 결코 아닙니다. 20대 젊은이들이 관념적으로 철없이 만든 케릭터 '붉은 악마'는 전통적인 우리 민족 설화에 등장하는 도깨비를 형상화한 것을 상징으로 사용하고 있는데, 우스꽝스런 모양의 형상은 민담설화를 바탕으로 하고 있습니다. 설화에 등장하는 도깨비는 모든 설화가 공통으로 지향하는 '권선징악'(勸善懲惡)의 도구로 사용되었습니다. 그러나 실제로 귀신은 권선징악의 도구가 되는 경우는 거의 없습니다. '권선징악'(勸善懲惡)이란 착한 일을 권장하고 악한 일을 징계하는 것을 뜻합니다. 이 '권선징악'(勸善懲惡)을 TV에서 귀신이 악한 사람에게 나타나서 보복을 하는 것으로 종종 묘사가 됩니다. 이것을 즐겨서 보다가 결국 그와 같은 영에 사로잡혀서 고통을 당하는 것입니다. 그런데 모두 그렇게 되는 것은 아닙니다. 상처가 많고 죄가 있고, 조상들이 우상을 섬겨서 영이 혼탁한 사람들에게 잘 전이가 됩니다.

저는 이와 같이 프로를 TV에서 즐겨보다가 환영과 환청에 빠져서 불면증과 정신 분열증으로 고생하는 사람들을 많이 치유하였습니다. 부모님들은 자녀들이 TV에서 무엇을 즐겨보고 있는지 관심을 가지고 지켜보아야 할 것입니다.

하나님은 모든 것을 합력하여 선을 이루게 하십니다. 하나님은 모든 현상을 궁극적으로 선한 결과로 변환시키시는 분이기 때문에 귀신 들림도 결국에는 하나님의 은혜로 바뀌게 하는 것이라고 볼 때 권선징악의 의미가 있다고 할 것입니다. 예를 들자면 욥에 대한 사단의 공격은 일종의 귀신들림의 원형(遠形)이라고 볼 수 있다고 가정할 때 사단의 공격은 결과적으로 욥으로 하여금 하나님의 변함없는 은혜에 관한 설명이 되는 것입니다.

한 유명한 탤런트가 '전설의 고향' ○○ "무당 연기하다 신내림"을 겪었다고 동아일보가 2008년 8월 2일자 신문에 발표했습니다. 그는 "무당 연기를 한 후에 이상한 꿈을 자주 꾼다고 합니다." KBS 2TV '전설의 고향'에서 무당역을 맡은 ○○이 신내림과 비슷한 경험을 했다고 밝혔습니다. ○○은 8월 7일 방송하는 '아가야 청산가자'편에서 표독한 무당으로 출연했다고 합니다. ○○은 원래 독실한 크리스천이어서 무당 캐릭터를 맡고 적지 않은 고민을 했다고 합니다. 하지만 좋은 연기를 위해 함경도 굿을 하는 무당을 찾아가 굿과 칼춤을 배웠습니다. 자료 테이프를 보며 공부를 한 덕분에 무당 선생님으로부터 "재능이 있다"는 칭찬까지 들었으나 막상 촬영에 들어가면서 이상한 경험을 하게 됐다는 것입니다.

○○은 최근 제작발표회에서 "칼춤을 추며 굿판을 펼치는 신에서 갑자기 이유 없이 눈물이 쏟아졌다. 나중에 알았는데 내가 울 때 모니터도 꺼졌다고 합니다"고 공개했습니다. 이밖에도 무당 연기를 준비하면서 살이 갑자기 찌기 시작했습니다. 또한 캐스팅 후 무속 신앙인들이 꿈에 나오고 가위에 눌리는 경험을 하기도 했습니다. ○○은 무당 연기를 하면서 자신에게 이상한 일이 생기자 걱정이 돼 두 돌이 안 된 아이와 원치 않는 '별거'를 하기도 했다고 했습니다. 이와 같이 영들의 전이는 생각지도 못하는 곳에서 일어납니다. 이 ○○은 축사를 받아야 합니다. 만약에 축사를 받지 않고 그냥지내면 건강할 때는 문제가 생기지 않지

만 스트레스를 많이 받아 체력이 떨어질 때, 악한 기운에 사로잡혀 무당 같은 행동을 할 수도 있습니다. 이런 경우는 빠른 시간에 내적치유와 축사를 받아 예방하는 것이 중요합니다.

이 드라마를 본 사람도 영의 전이가 이루어지지 않았다고 자신하지 못합니다. 경각심을 가지고 치유해야 할 것입니다.

2. 음악을 통해서 악한 영들의 전이

우리는 이사야 14:11, 에스겔 28:13을 근거로 사탄이 타락하기 전에는 수많은 천군 천사들과 함께 하나님을 찬양하던 찬양 인도자였다고 믿습니다. 이사야 14:11에 비파로 번역된 단어는 현악기의 상징이며, 에스겔 28:13에 소고와 비파로 번역된 단어는 각각 타악기와 관악기를 상징하고 있습니다.

그러므로 사탄은 현악기, 관악기, 타악기 등의 모든 악기를 가지고 하나님을 찬양했음을 알 수 있습니다. 문제는 사탄이 타락한 후에도 하나님께서 그들에게 주신 음악적 재능을 빼앗지 않으셨다는 데 있습니다. 사탄은 오늘날 세속적인 록 가수들에게 그들이 자신을 섬기는 조건으로 음악의 영을 부어주어 돈과 명예를 쥐게 하겠다고 약속하고 있고 많은 가수들이 사탄과 계약을 맺고 있습니다.

아시는지 모르겠지만, 로큰롤이라는 단어 자체가 흑인들 사이에서 카섹스와 관계된 은어로 사용이 되었습니다. 그리고 상당수의 록 음악은 변태성욕, 동성애, 그룹 섹스, 강간, 수간, 시체들과의 성관계, 자살을 묘사하고 있습니다. 그러므로 이런 노래들에 심취할 때 악한 영들의 전이가 일어나는 것은 당연한 일입니다.

한 예로 최근에 로스앤젤레스 타임지는 사탄숭배자이며 인기있는 락 가수 오지 오스본이 부른 '자살의 해법'이라는 노래를 계속해서 들은 후 결국 자살을 하고 만 어떤 젊은이의 기사를 실었습니다. 그 젊은이는 그 노래를 들음으로써 그에게 전이된 자살의 영의 희생물이 된 것입니다.

개리 그린월드 목사님은 "혐오스러운 주술적 물건들 뿐 아니라 특히 하드록 앨범들과 많은 청소년들이 자기 방에 걸어두는 브로마이드"에 대해 "이러한 물건들을 방에 둠으로써 실제로 귀신들을 초대하고 있는 셈"이라고 경고했습니다. 그는 청소년들이 로큰롤의 신을 숭배할 때, 그들의 오디오가 실제로 사단의 제단이 될 수도 있다고 경고합니다. 하드록 스타들 가운데는 자신의 영혼을 사탄에게 내어주고, 그 대가로 힘과 돈과 인기를 산 사람들이 있습니다.

그들의 앨범 표지와 브로마이드들은 해골, 만자형 십자가, 염소 머리, 거꾸로 된 십자가, 귀신, 관, 쇠사슬 등 사탄의 상징들로 가득하며, 어떤 앨범들은 실제로 사단 의식을 통해 '축복'되기도 합니다. 하드록은 해독하기 어려울 때가 많지만 그럼에도 불구하고 악마적인 가사를 통해 사단숭배, 비교(秘敎), 반항, 사디

즘, 성도착, 자살, 살인, 그 외 반사회적이며 반기독교적인 가치들을 조장합니다.

더구나 하드록의 강한 비트는 남미와 아프리카의 여러 부족들이 귀신을 부를 때 사용하는 것과 같은 리듬인 것으로 드러났습니다. 그러므로 우리는 이런 사탄적인 음악으로부터 자녀들을 지켜야 할 필요가 있습니다. 본인도 두 번이나 컴퓨터에서 음악을 듣고 악령에 시달리는 학생을 두 명이나 만났습니다. 한번은 축귀를 하는데 귀신이 떠나가지 않아서 목걸이를 보니까, 악마의 형상이 있었습니다. 그래서 목걸이를 벗어내고 축귀하니 그때서야 귀신이 떠나갔습니다.

3. 게임을 통해서 악한 영들의 전이

때로는 아이들이 즐기는 게임이 아이들에게 악한 영들을 전이시킵니다. 제가 이런 청년을 치유한 적이 있습니다. 이 청년은 정신적인 문제로 인하여 고통을 당하는 청년이었습니다. 그때가 "귀신축사 기적치유"라는 과목으로 치유사역을 할 때입니다. 이 청년이 정신문제가 심각하여 정신병원에 입원하여 있다가 수요일 날 퇴원하여 저희 교회에서 치유를 받았습니다.

말씀을 전하고 기도를 하게 했습니다. 우리 충만한 교회 치유집회는 특색이 있습니다. 매시간 40분 정도 기도를 하게 한다는 것입니다. 기도를 하게 한 후에 저는 돌아다니면서 일일이 안수를 합니다. 청년 옆에 서서 안수를 하는데 성령께서 갑자기 정체를 밝히라고 말하게 하는 것입니다. 그래서 청년의 머리에 손을 얹고 "예수 이름으로 명하노니 더러운 귀신은 정체를 밝혀라"했더니 청년이 이러는 것입니다. "나 호랑이다"그러면서 눈을 부릅뜨고 목을 굽히는 것입니다. 영락없이 호랑이 모습이 된 것입니다. "예수 이름으로 명하노니 호랑이 귀신은 떠나가라"했더니 한동안 기침을 하면서 발작을 통하여 귀신들이 떠나갔습니다. 성령께서 또"정체를 밝혀라"하라고 시키시는 것입니다. "예수 이름으로 명하노니 더러운 귀신은 정체를 밝혀라"했더니 청년이 이러는 것입니다. "나 원숭이다"그러면서 원숭이 모습을 하는 것입니다. 영락없이 원숭이 모습이 된 것입니다. "예수 이름으로 명하노니 원숭이 귀신은 떠나가라"했더니 한동안 기침을 하면서 발작을 통하여 귀신들이 떠나갔습니다. 또 "정체를 밝혀라." 이번에는 "술취한 사람이다." "예수 이름으로 명하노니 술취한 귀신은 떠나가라." 또 "정체를 밝혀라." 이번에는 "뱀이다." "예수 이름으로 명하노니 뱀 귀신은 떠나가라." 또 "정체를 밝혀라." 이번에는 "노인이다." "예수 이름으로 명하노니 노인 귀신은 떠나가라."이렇게 한동안 하면서 귀신을 축사했습니다.

 조금 지나서 청년이 이러는 것입니다. "천왕폐하 만세! 천왕폐하 만세! 천왕폐하 만세!" 하는 것입니다. 그래서 성령님에게 문의 했습니다. 그랬더니 게임을 통하여 들어온 귀신이라는 것입니다. 완전하게 정신이 돌아온 청년에게 질문을 했습니다.

"자네 컴퓨터 게임을 한일이 있느냐" 그랬더니 초등학교, 중학교, 고등학교 시절에 게임을 말도 못하게 많이 했다는 것입니다. 게임에 무술 하는데 호랑이 동작, 뱀 동작, 원숭이 동작, 노인 동작, 술취한 사람 동작 등이 있다는 것입니다.

일본 게임에 고지를 탈환하면 "천왕폐하 만세! 천왕폐하 만세! 천왕폐하 만세!"를 한다는 것입니다. 이때 더러운 영들이 침입을 하여 청년의 인생을 망가지게 한 것입니다. 이렇게 게임을 통하여 귀신들이 전이 됩니다. 우리는 아이들 관리를 잘해야 합니다.

미국의 어떤 어머니가 "지하 감옥과 용"게임이 주술적 성격이 있다는 강연을 듣고 아이들의 게임 기구를 불태워 버리기로 결심했습니다. 아이들의 반대에도 불구하고 엄마는 게임 기구를 소각로에 던져 넣었습니다. 그런데 놀랍게도 불 속에 던지는 즉시 끔찍하고 소름이 오싹 끼치는 비명이 그 속에서 들려 왔습니다. 그로 인해 아이들은 게임 기구가 악하다는 것을 확신할 수 있게 되었다고 합니다.

이와 같이 사탄은 주술적이고, 폭력적이고, 선정적인 게임들을 통해 아이들에게 접근하고 악한 영들을 전이시킵니다. 그러므로 자녀들을 그런 게임들로부터 차단해야 합니다. 게임을 통해서도 악한 영의 전이가 이루어지는 것입니다. 모두 주의하시기를 바랍니다.

4. 음란물들을 통해 악한 영들의 전이

어느 자매의 이야기입니다. 2010년 7월에 지방에서 목회하시는 목사님이 딸(21세)을 데리고 와서 치유를 받는 일이 있습니다. 이 자매는 정신을 완전하게 마귀에게 빼앗겨서 정상적인 상황이 아니었습니다. 성령님에게 문의하니 어렸을 때부터 상황이 좋지 않았다고 사모에게 물어보라고 했습니다. 그랬더니 이렇게 대답을 하는 것입니다. 어렸을 때부터 학교에서 왕따를 잘 당했다는 것입니다. 초등학교 4학년 어느날, 머리를 쥐어뜯어 가지고 한쪽 머리가 훤하게 보일 정도가 된 경우도 있었다는 것입니다. 그래서 아이를 붙들고 자초지종을 물어봤더니 친구 집에서 또래들과 함께 음란 비디오를 보았다는 것입니다. 그 후 눈만 감으면 그 광경이 떠올라 자책을 하면서 머리를 쥐어뜯은 것입니다. 그래도 부모의 관심으로 고등학교를 졸업하고 대학을 진학했습니다.

대학을 진학하니 집에서 다닐 수가 없었습니다. 학교근처에서 자취를 했답니다. 교회에서 운영하는 고시텔에 새벽기도에 참석하는 조건으로 들어갔습니다. 대학 1학년 생활이 시작이 된 것입니다. 그런데 목사님의 딸이라고 하여 기독교 동아리 총무를 맡아 일을 했다는 것입니다.

공부하랴, 총무하랴, 바쁜 생활을 하다 보니 스트레스를 많이 받아 체력이 고갈된 것입니다. 어느날 잠을 자다가 성폭행 당하는 가위눌림을 당했다는 것입니다. 그 후 정신이 혼미해지고 몸을 마음대로 할 수가 없었다는 것입니다. 1학기를 마치고 집에 가서 어머니에게 자신의 상태를 말하고 도저히 학교를 다닐 수가 없다고 했답니다. 어머니가 딸을 치유하려고 전주 기도원에 가서 20일 금식을 시켰다는 것입니다. 체력이 떨어진 사람을 금식 시켰으니 불이 붙은 곳에 기름을 뿌린 격이 된 것입니다. 완전히 정신을 놓아버린 것입니다.

그래서 제가 상세하게 치유할 수 있는 방법을 가르쳐주고 집에 가서 목사님이 직접 치유하시라고 한 적이 있습니다. 이와 같이 음란비디오를 통하여 음란의 영이 전이가 이루어집니다.

미국의 플린트 저널이라는 신문은 다음과 같은 기사를 보도한 적이 있다고 합니다. "열다섯살 소년과 열두 살 된 여동생, 그리고 이들의 두 친구가 부모 몰래 녹음된 섹스 메시지를 제공하는 회선에 전화를 걸었다. 노골적인 언어로 성행위를 묘사하는 여자의 목소리는 어린아이들에게 깊은 영향을 끼쳤다. 다음날 아이들의 어머니는 열 두 살짜리 딸아이가 두 친구에게 성추행을 당했으며, 열다섯 살짜리 오빠는 다른 여자아이와 성관계를 가졌다고 말했다. 경찰과 아동보호국이 조사한 이 사건은 연관된 가족들의 삶에 커다란 상처를 입혔다."

여러 해 전에 포르노 잡지와 누드로 가득한 포스터에 중독된 한 청년이 있었습니다. 그는 그리스도인인 자신이 왜 정욕에 휩싸이며, 지나가는 예쁜 여자마다 소유하고 싶은 욕망이 있는지 이해할 수가 없었습니다. 그런데 그가 찾아간 목사님에게 주님은 포르노 잡지를 통해, 정욕의 영이 그에게 전이되었다는 것을 보여주셨습니다. 그 말을 듣고 청년은 회개하고 포르노 잡지와 포스터를 집과 사무실에서 가져다 폐기시켜 버렸습니다. 그러자 주님께서 그를 맹렬한 정욕의 영으로부터 해방시켜 주셨습니다.

그 청년이 하는 말입니다. 오래 전 저는 굉장히 섬뜩한 꿈을 꾸었습니다. 제가 컴퓨터 앞에 앉아 있는데 컴퓨터의 모니터에서 여자의 다리가 나오더니 저의 몸을 휘어 감는 꿈이었습니다. 저는 꿈속에서 이것이 음란의 영이라는 것을 알았습니다. 하나님께서는 제가 인터넷을 통해 음란 사이트에 접속하게 되면 음란의 영에 사로잡힐 수 있다는 것을 경고하신 것입니다. 실제로 컴퓨터를 사용하는 모든 사람들에게 이런 위험이 있습니다.

며칠 전 기독교신문이 배달되어서 읽어보았는데, "학교음란물 접촉방지를"이라는 제목으로 다음과 같은 기사가 실려 있는 것을 읽어보았습니다. "최근 통계조사에 의하면 중고생 49.1%가 친구보다는 인터넷이 좋고, 가족친지와 어울리기보다는 인터넷을 하겠다는 비율이 30.3%나 된다고 한다. 인터넷은 청소년들에게 다양한 정보를 제공해줄 수도 있으나 반대로 커다란 해악을 끼칠 수도 있다. 지난 99년 11월 초등학교의 한 컴퓨터 교실에서 '오양의 비디오' 동영상을 관람했다는 충격적인 보도가 그것이다."

"최근 기독교윤리실천운동에서 서울 시내 초,중,고등학교를 대상으로 학교 내 음란물 접촉실태를 검색프로그램을 이용해 조사했다고 한다. 조사 결과 33.3%인 20개 학교에서 음란물을 접촉한 흔적이 발견됐다. 학교 유형별로 초등학교 3개교, 중학교 6개교, 고등학교 11개교 등으로 고학년으로 갈수록 접촉 빈도가 높았다고 한다. 또한 음란물 차단 프로그램을 설치한 학교는 단 1개에 불과했다고 한다. 각 학교는 음란물차단을 위한 인터넷 차단 프로그램을 하루 속히 설치해야 할 것이다. 특히 인터넷 전용선이 설치되었다면 고성능 인터넷 차단 프로그램을 반드시 설치해야 한다."

초중고교생이 학교에 있는 컴퓨터로 음란 사이트에 접속할 정도면, 밀폐된 자기 방에서는 어떠하겠습니까? 이것은 정말 보통 심각한 문제가 아닙니다. 그러므로 가정에 컴퓨터가 있는 분들은 반드시 음란물 차단 프로그램을 설치해야 합니다. 그리고 컴퓨터를 개인 방이 아니라 거실과 같이 온 가족이 활동하는 노출된 공간에 두도록 해야 합니다.

미국의 어떤 목사님이 여러해 전, 자신의 삶이나 가정에서 주님을 노하게 하는 것이 있느냐고 주님께 여쭈었습니다. 주님은 즉시 케이블 텔레비전의 영화 채널을 지적하셨습니다. 밤늦은 시간이면 이러한 영화 채널들은 준 성인용과 성인용 영화들을 방영했으며, 때때로 채널을 돌리는 동안 그런 영화의 장면들이 힐끔힐끔 그 목사님의 눈에 들어오곤 했습니다.

그 목사님은 그런 정욕적이고 폭력적인 영화들을 결코 보지 앉았음에도 불구하고, 주님은 그에게 텔레비전의 이런 채널이 나오지 않게 함으로써 악의 모양조차 용납하지 말라고 명령하셨습니다. 주님은 그 목사님이 연약한 순간에 세상의 영이 그에게 전이될까 염려하신 것입니다.

또 이런 일도 있었습니다. 한 청년이 심한 가슴 통증으로 몇 달씩이나 고통당하고 있었습니다. 그러나 케이블 텔레비전을 끊어버리자 이러한 통증은 사라져 버렸습니다. 결국 케이블 텔레비전이 원인이었던 것입니다. 이상 말씀드린 대로 각종 음란물을 통해 음란의 영들의 전이됩니다. 그러므로 이러한 영들의 전이를 막으려면 가정에서 모든 음란물을 치우고 그것들과 결별해야 합니다.

14장 주술적 물건 통한 영의 전이

(고전15:33-34)"속지 말라 악한 동무들은 선한 행실을 더럽히나니 깨어 의를 행하고 죄를 짓지 말라 하나님을 알지 못하는 자가 있기로 내가 너희를 부끄럽게 하기위하여 말하노라"

주술적 물건들을 통해서 악한 영들의 전이가 이루어집니다. 성경에 보면 열두 해를 혈루증으로 고생하던 여인 뿐 아니라, 예수님의 옷에 손을 댄 모든 사람이 나음을 입었습니다. 또 바울에게서 그의 앞치마나 손수건을 얻어다가 병든 사람이나 귀신들린 사람에게 얹으면 병이 낫고 귀신이 도망갔습니다. 그리고 야고보는 병든 자를 위해 기도할 때 기름을 바르며 기도하라고 말했습니다. 기름을 바르며 기도할 때 병든 자들이 나음을 받았던 것입니다.

영적인 능력은 사물, 장소, 물건에까지 전달 될 수 있습니다. 즉 장소와 물건이 바쳐지는 대상에 의하여 영적인 권능이 나타납니다. 하나님의 언약궤, 성전, 예수님의 옷자락, 바울의 손수건에서는 하나님의 능력이 나타납니다. 반면에 우상물, 제물, 부적에서는 악한 영의 역사가 나타납니다. 실제로 필자가 군대에 있을 때 이런 일이 있었습니다. 믿음이 좋은 여 집사님이 군인 아파트에 이사를 온 다음부터 이상하게 꿈에 뱀들이 집안에 돌아다니는 꿈을 연속적으로 한 달 이상을 꾸었습니다. 그러다가 불면증에다가 우울증까지 발전을 했습니다. 그래서 군대 목사님이 그 가정에 가서 심방을 하고 성가대 연습을 아무리 해도, 그러한 꿈을 계속해서 꾸었습니다. 그러다가 집사님이 집안을 청소하기로 작정하고 집안 구석구석을 청소했습니다. 그런데 거실에 있던 장식장을 열어보니 그 속에 부적들이 말도 못하게 많이 붙어있는 것입니다. 그래서 부적들을 다 떼어내고 불에 태우고 물로 씻어내고 목사님을 청해 다가 심방을 하고 나니 뱀 꿈이 꾸어지지 않고 우울증과 불면증에서 해방이 되었습니다. 악한 영은 이런 영적인 물건을 통해서도 역사합니다. 만약에 이사를 가시거든 모든 부분을 다 열어보고 확인하고 영적인 청소를 하고 성령의 역사를 일으키고 예수 피를 뿌리시기를 바랍니다.

강북에 어느 목사님의 이야기입니다. 목사님이 교회를 개척하여 능력 전도하여 2년 만에 성도가 170명이 되도록 성장을 했습니다. 주변에 능력 있는 소문이 나니 절의 주지에게 까지 소문이 들린 것입니다. 그 즈음에 주지의 손자가 병이 들어 병원에 치료를 해도 치유가 되지 않았습니다. 별짓을 다해도 병이 고쳐지지 않으니 목사님을 찾아왔습니다. 손자를 고쳐주면 예수를 믿고 무엇이든지 다 하겠다고 하여 예수를 영접시켰습니다. 예수 영접을 시키고 절에 가서 심방을 했습니다. 심방하면서 집안 영적인 청소를 했습니다. 부적이 하나 걸려있었습니다. 귀한 부적이라 당시 가격으로 3천만 원을 호가하는 부적 이었다고 합니다. 이 부적을 회수하여 교회로 가지고 온 것입니다. 목사님이 부적을 태우지 않고 교회에서 보관을 했습니다.

당시 제가 교회에 방문을 했는데 저에게 자랑을 하는 것입니다. 이 부적을 벼룩시장에 내 놓아 팔고 싶다는 것입니다. 제가 저것을 빨리 태우거나 처리를 해야 하는데 왜 보관을 하고 있나 걱정이 되었습니다. 그런데 교회가 성장한다는 이야기를 듣고 주변에 떠돌이 장로가 2명이 찾아와 저번 교회에서 상처를 받고 나왔는데 예배를 드릴 곳이 마땅하지 않다고 교회에 들어와서 신앙생활을 하고 싶다고 하더라는 것입니다. 몇 번 거부를 하다가 승인을 하여 신앙생활을 같이 하게 되었습니다. 이 장로들이 신앙생활에 신임을 얻게 되자 성도들을 찾아다니면서 밥을 사주고 하면서 자기편으로 만든 것입니다. 1년여 만에 성도들의 60%정도를 자기편으로 만들었다고 합니다.

때가 되자 목사님의 비리를 잡아서 성도들과 함께 목사님을 공격하여 결국 목사님이 사임을 하고 다른 곳에 가서 개척을 했다고 합니다. 저는 이 일이 부적을 통하여 역사하는 귀신의 일이라고 생각을 합니다. 이렇게 부적을 통하여 악한 영의 역사가 일어나는 것입니다. 부적을 회수하여 왔으면 즉각 불에 태워야 불필요한 고난을 당하지 않습니다.

제가 시화에서 목회할 때의 일입니다. 이자녀 집사님이 계셨습니다. 심방을 가서 예배를 드리는데 거북이 조각물이 주방 앞에 걸려있었습니다. 그런데 예배를 드리다가 보니 거북이 조각상에서 순간 빛이 나오는 것입니다. 예배를 마치고 거북이 조각상을 누가 갖다가 걸어 놓았느냐고 물었습니다.

집사님의 며느리가 갖다가 걸어놓았다는 것입니다. 집사님에게 질문을 했습니다. 며느리가 부지런 합니까? 목사님 속옷을 세탁하고 목욕도 하지 않을 정도로 게으릅니다. 거북이를 좋아하는 사람은 이렇게 게으른 것입니다. 그래서 며느리가 집을 비웠을 때 멀리 버려버리라고 했습니다. 그리고 거북이를 찾거든 내가 깜박하고 출입문을 잠그지 않고 노인정에 갔다가 오자 거북이가 없어졌다고 하라고 했습니다. 그래서 거북이를 버렸습니다.

제가 부목사 할 때에 담임 목사님이 심방을 가면 꼭 저를 대동하고 갔습니다. 어느 성도집을 방문 했는데 외국에 여행을 가면 그곳 토산물을 사다가 모았다고 합니다. 거실에 진열장이 4개가 있는데 진열장을 모두 채웠습니다. 그런데 문제는 사업이 되지를 않는 것입니다. 안산에서 65평 아파트에서 살았는데 시화에 43평 아파트로 이사를 왔습니다. 다시 사업이 되지 않으니 이제 33평으로 이사를 가는 것입니다. 이는 장식장에 있는 토산물들을 통해서 악한 영의 역사가 일어나서 점점 가산을 탕진하게 되는 것입니다. 악한 영은 이런 것들을 통해 합법적으로 들어와서 역사함으로 이유 없는 문제가 발생하거나 재산을 탕진하게 하는 것입니다. 경각심을 가져야 합니다. 절대로 여행가서 토산물 사다가 모아놓는 일을 하지 말아야 합니다.

이러한 사실들에 기초해서 프란시스 맥너트는 매우 중요한 지적을 합니다. "하나님께서 복을 주시기 위해 어떤 특정한 물건을 사용할 수 있는 것처럼, 특히 그 물건이 마법사의 방법으로 축복을 받은 것이라면 사탄은 사람들에게 악을 주기 위해 물건을 사용할 수 있다."

예전에는 부적과 주술적 상징들을 골동품 가게에서나 볼 수 있었지만 요즘은 어느 곳에서나 쉽게 볼 수 있습니다. 반지, 목걸이, 핀, 그리고 행운을 불러오기 위해서나 악귀를 쫓기 위해 고안된 다양한 액세서리들이 가게 진열대에 놓여 있습니다. 이들 중 많은 것들이 실제로 저주를 불러옵니다.

특히 위험한 것은 해외여행에 가서 아무 생각 없이 사온 토산품들입니다. 이 중 많은 것들이 거짓 신들이나 주술과 관련이 있고, 어떤 나라들에서는 이런 물건들을 정기적으로 악한 영들에게 바칩니다. 그러므로 우리가 그 사실을 알든 모르든 그렇게 바쳐진 물건들은 사탄이 우리를 공격할 수 있는 통로가 됩니다.

저는 이와 관련 있는 수많은 실화들을 알고 있습니다. 그중 한 가지만 소개해 드리도록 하겠습니다. 미국에 매우 인기 있는 텔레비전 전도자가 있었습니다. 그 전도자는 방송 비용과 그 밖의 비용을 지불하기 위해 100만 달러가 넘는 돈이 필요할 정도로 경제적으로 큰 어려움을 겪고 있었습니다. 그때 매우 영향력 있고 부유한 가정에서 선교 사업에 써달라고 대략 40만 달러가 넘는 아름다운 여신상을 포함해서 100만 달러가 넘는 동양의 보석을 기증했습니다.

이 정도면 빚을 갚기에 충분했습니다. 그러나 그는 주술적 물건들과 관계하지 말라는 성경의 명령을 알고 있었습니다. 전도자는 기증자에게 왜 주술적 보석들을 받을 수 없는지 설명했습니다. 그러자 기증자는 그렇다면 다른 사람에게도 줄 수 없으니 같이 그것을 부수자고 했습니다. 그들은 큰 쇠망치를 들고 단숨에 여신상을 산산조각 내 버렸습니다.

여신상을 부수자 기증자의 아내가 대궐 같은 집에서 달려 나와 무슨 일이 있었냐고 물었습니다. 여신상이 부서지는 순간 고통과 통증이 떠나 버린 것입니다. 그러므로 이방 신들과 관련이 있거나 주술적인 골동품, 토산품, 그리고 액세서리들을 조심해야 합니다. 왜냐하면 그것들을 통해 악한 영들이 집과 가족들에게 침투할 수 있기 때문입니다. 그밖에도 부적 등을 통하여 영적 전이가 이루어집니다.

15장 풍속을 통한 영들의 전이

(레18:3)"너희는 너희가 거주하던 애굽 땅의 풍속을 따르지 말며 내가 너희를 인도할 가나안 땅의 풍속과 규례도 행하지 말고, 너희는 내 법도를 따르며 내 규례를 지켜 그대로 행하라 나는 너희의 하나님 여호와이니라"

하나님은 우리에게 풍속을 통해서도 악한 영들의 전이가 일어난다고 하십니다. 지방에서 목회하시는 목사님들에 의하면 지역의 영들과 싸우는 것이 제일 힘이 든다고 하십니다. 지역마다 역사하는 영들이 있습니다.

지역의 악령은 그 대상이 지역이므로 피대상이 전혀 반응을 하지 않기 때문에 자신이 느끼지 않으면 그 지역에 어떤 악령이 있는지를 알 수 없는 것입니다. 영 분별력이 없는 사람은 편하게 살아가지만 이 능력이 있는 사람은 처음에는 피곤합니다. 여기저기서 영적 느낌을 자주 받기 때문입니다. 영적 분별력이 제대로 자리를 잡을 때까지 피곤할 정도로 느낌을 받게 됩니다. 만나는 사람의 영적 상태에 대한 느낌을 받기 때문에 그 사람이 지금 어느 정도 악령으로부터 침해를 받고 있는지를 알게 됩니다.

마치 장사꾼이 자신이 다루는 것만 눈에 들어오는 것과 같습니다. 옷장사는 옷만 보이고 신발장사는 신발만 보입니다. 이처럼 영분별의 능력을 받은 사람은 영만 보입니다. 이런 현상은 초기에 집중되지만, 어느 정도 성숙하면 자신이 처리해야 할 필요가 있을 때에만 느낌을 받게 됩니다. 만나는 사람마다 영적 느낌을 받는다면 이것은 자신이 초기 단계에 있다는 증거이기도 합니다.

지역의 영은 지역을 근거로 활동하며 자신들이 점거하고 있는 영역에 있는 모든 사람들에게 영향을 끼칩니다. 그러므로 이런 지역의 악령에 제대로 파악하기 위해서는 영적 매핑이 필요합니다. 영적 매핑이란 지역을 직접 다니면서 영적인 상태를 파악하는 것입니다. 지역에서 벌어졌던 과거의 사건들을 분석하고, 그곳에서 드려진 무속행위나 제사의식에 대한 연구가 있어야 합니다. 그리고 지식의 말씀을 받을 수 있어야 합니다.

지역의 악령이 존재하고 있다는 사실은 몸으로 느껴지지만, 그 정체가 무엇인지는 지식의 말씀에 의지해야 합니다. 영적 매핑을 통해서 그 사실을 알 수 있다면 그 방법을 사용하여야 합니다. 그러나 그런 도움을 받을 수 없다면 지식의 말씀에 의지해서 악령의 성향을 알 수 있습니다. 그런 정보가 있어야 악령을 묶을 수 있는 것입니다. 지식의 말씀을 받는 법에 대해서는 많은 곳에서 이미 언급하였습니다.

지역의 악령을 파악하는 방법은 영적 매핑과 영분별 능력이 함께 할 때 가능합니다. 철저한 조사뿐만 아니라 지식의 말씀과 영적 분별력을 이용하여 악령이 행하고자 하는 바를 파악하고 그 모든 악령의 역사는 불법임을 예수의 이름으로 선포하고 축출합니다.

"우리의 씨름은 혈과 육에 대한 것이 아니요 통치자와 권세와 이 어두움의 세상 주관자들과 하늘에 있는 악의 영들에게 대함이라."(엡 6:12)

과거에는 이 말씀이 그다지 주목받지 못했습니다. 그러나 오늘날은 이 말씀에 관한 활발한 연구가 거듭되고 있고, 결국 학자들은 어떤 지역을 장악하고, 그 지역을 다스리는 고위층의 악령이 있다는 것을 알아내게 되었습니다. 피터 와그너 박사를 위시해서 오마르 카브레라, 존 도슨, 신디 제이콥스, 에드실보소, 테드 헤가드, 조지 오티스, 밥 베게트 등 많은 사람들이 이와 같이 지역을 장악하고 있는 귀신들과의 영적 전쟁을 벌이고 있고, 어마어마한 가시적인 열매들을 맺고 있습니다.

피터 와그너 박사가 주장하는 대로 실제로 한 도시나 심지어는 나라 전체를 다스리면서, 그 안에 있는 사람들에게 영향을 끼치고, 그들의 성격을 규정짓는 지역의 영들이 존재합니다. 우리나라를 예로 들면, 우리나라에는 지역감정이라는 것이 있습니다. 그러면 지역감정은 어디에서 나왔습니까? 물론 정치적인 이유도 있고, 국토 개발의 불균형에도 그 이유가 있습니다. 그러나 더 근본적인 이유는 다른 것에 있습니다.

그것은 각 지역에 사는 사람들의 공통적인 어떤 기질에 있습니다. 분명히 각 지역에 따라 기질이 서로 다릅니다. 경상도와 전라도는 민감하니까 그만두고 충청도를 예로 들면, 충청도 사람은 반응이 느린 것이 흠입니다. 어떤 부흥 강사 목사님의 말에 의하면 충청도 사람들은 설교 도중 우스운 얘기를 하면 가만히 있다가 집에 가서 잘 때, 이불을 뒤집어쓰고 혼자 키득키득 웃는다고 합니다. 가만히 생각해 보니 낮에 그 얘기가 웃기더라는 거지요. 그러면 이런 지방색은 어디서 나왔습니까? 저는 그것이 지역을 다스리는 통치자와 권세들과 상관관계가 있다고 생각합니다. 지역을 장악하고 있는 악한 영의 영향인 것입니다.

미국을 예로 들면, 라스베가스는 도박과 파티의 영이 도시를 다스리고 있습니다. 그리고 할리우드는 출세와 거짓된 매력 및 성적 문란의 영들이 도시를 지배하고 있습니다. 어떤 사람은 '그래서 어떻다는 말이냐?'라고 생각할지 모릅니다. 저는 이것이 전략적 수준의 영적 전쟁을 수행할 때 뿐 아니라, 예방학적인 측면에서 매우 중요하다고 생각합니다. 왜냐하면 이것은 그 도시에 가는 사람들은 그런 유혹에 직면하게 되고 그 문제로 넘어지기가 쉽다는 것을 말해주기 때문입니다.

오래전에 어떤 미국 목사님이 한 청년을 전도하여 상담하고 훈련시켰습니다. 그 목사님은 많은 시간을 그 청년과 보내며, 성경과 주님과 동행하는 삶을 가르쳤습니다. 그런데 어느 날 청년은 샌프란시스코로 이사할 계획이라고 말했습니다. 목사님은 아직은 그가 샌프란시스코의 영을 견뎌낼 수 있을 만큼 영적으로 성숙하지 못했다고 생각했습니다. 그렇지만 그 청년은 한사코 샌프란시스코로 가겠다고 고집했습니다.

그래서 목사님은 그에게 날마다 하나님의 말씀 안에 거하며, 바른 그리스도인들과 교제하고, 즉시 건전한 교회를 찾아 신앙생활을 계속 하라고 간곡한 마음으로 권면했습니다. 그 청년은 전에도 샌프란시스코에 가 보았지만, 그 도시의 영이 자신에게 아무런 영향도 끼치지 않았으니 아무 걱정 말라고 말하곤 그 도시로 떠나갔습니다. 그런데 안타깝게도 청년은 그 도시로 이사한 후, 결국에는 타락하여 동성연애자가 되었습니다.

물론 샌프란시스코에 간다고 모두가 게이가 되는 것은 아닙니다. 그러나 샌프란시스코에 동성애가 유난히 심하다는 것은 그곳에 동성애의 유력한 영이 역사하고 있다는 증거입니다. 그러므로 그 도시에 사는 사람은 동성애에 굴복할 가능성이 다른 도시에 살 때보다 더 높아지는 것이 사실입니다.

자신의 교단 선배 목사님들로부터 성자라고 불리 우는 아주 경건한 전도사님이 한 분 있었습니다. 그 사람은 정말 경건한 사람이었습니다. 그런데 그는 내게 이런 얘기를 해주었습니다. 그분의 집이 거여동인데 어느 날 집으로 가기 위해 전철을 탔습니다. 그런데 어느 지역을 지나가는데 갑자기 원인 모를 강력한 성욕이 일어나고, 성적 유혹이 느껴지더라는 것입니다.

이상하게 여긴 그는 옆에 있는 사람에게 지금 지나고 있는 곳이 어디쯤이냐고 물었습니다. 그 곳이 어디였겠습니까? 그 곳은 바로 청량리 588번지에 위치한 창녀촌이었습니다. 이와 같이 실제로 어떤 도시 그리고 어떤 지역들은 특정 영이 장악하고 있고, 그 곳을 지나거나 그 곳 가까이 사는 사람들은 다른 사람들보다 더 집중적으로 그 영의 공격을 받습니다.

경상도 지방은 불교가 강합니다. 기독교가 5%밖에 안 됩니다. 그런데 전라도로 넘어오면 기독교가 30%가 넘습니다. 우상숭배가 심한 곳이 재해도 많이 당합니다. 그래서 해안이 재해를 많이 당하는 것입니다. 그래서 지역에 통치자와 권세가 역사한다는 것이 이해가 되고 믿어지는 것입니다.

어떤 사람들은 저의 이런 주장을 이상한 눈초리로 바라볼지도 모릅니다. 그러나 저는 성경에서도 이런 실례를 찾아볼 수 있다고 생각합니다. 하나님은 소돔과 고모라를 불과 유황으로 멸망시키셨습니다. 왜냐하면 그 도시는 동성애와 탐욕과 폭력의 영이 악성 종양처럼 퍼져 모든 사람들을 다스리고 있었기 때문입니다. 아브라함은 그 도시를 위해 하나님께 중보 했습니다. 창세기 18:32절에서 아브라함은 하나님께 이렇게 간구했습니다. "아브라함이 또 가로되 주는 노하지 마옵소서. 내가 이번만 더 말씀하리이다. 거기서 십인을 찾으시면 어찌 하시려나이까? 가라사대 내가 십인을 인하여도 멸하지 아니하리라."

하지만 슬프게도 그 도시에는 그 도시를 다스리는 영들에게 오염되지 않은 의인 열 명조차 없었습니다. 롯 하나를 제외하고는 심지어는 그의 처와 딸들까지도 다 영적으로 심각하게 오염되어 있었습니다. 이와 같이 특별히 악한 영이 장악하고 있는 지역에 살면서 자신을 깨끗하게 지키는 것은 굉장히 어렵습니다. 어떤 사람들에게는 어려운 정도가 아니라 불가능하기까지 합니다.

영들의 전이는 가족, 친구, 교우 관계를 통해서 일어날 뿐 아니라 지역을 통해서도 일어납니다. 그러면 우리는 어떻게 해야 할까요? 우리는 아브라함이 하나님의 명령을 따라 갈대아 우르를 떠났듯이 신앙생활에 방해가 된다면 아무리 정든 고향이라도 그 곳을 떠나야 합니다.

그리고 어느 도시에 거주하든 집값이나 편리한 것만 보고 집을 사거나 얻지 말고, 우상숭배가 심한 곳이나, 무당집이 많이 있다거나, 술집이나 여관, 나이트클럽이 운집해 있는 유흥가는 피하는 것이 좋습니다. 그것이 악한 영으로부터 자기와 가족들을 지킬 수 있는 영적 지혜입니다.

16장 장소를 통한 영적 전이

(마8:28-34)"또 예수께서 건너편 가다라 지방에 가시매 귀신 들린 자 둘이 무덤 사이에서 나와 예수를 만나니 그들은 몹시 사나워 아무도 그 길로 지나갈 수 없을 지경이더라. 이에 그들이 소리 질러 이르되 하나님의 아들이여 우리가 당신과 무슨 상관이 있나이까 때가 이르기 전에 우리를 괴롭게 하려고 여기 오셨나이까 하더니 마침 멀리서 많은 돼지 떼가 먹고 있는지라. 귀신들이 예수께 간구하여 이르되 만일 우리를 쫓아내시려면 돼지 떼에 들여보내 주소서 하니 그들에게 가라 하시니 귀신들이 나와서 돼지에게로 들어가는지라 온 떼가 비탈로 내리달아 바다에 들어가서 물에서 몰사하거늘 치던 자들이 달아나 시내에 들어가 이 모든 일과 귀신 들린 자의 일을 고하니 온 시내가 예수를 만나려고 나가서 보고 그 지방에서 떠나시기를 간구하더라"

귀신이 좋아하는 장소나 환경이나 사람을 통하여 영적전이(轉移)됩니다(마8:28-34). 귀신에게 접신된 자에게 안수를 받든지, 환자를 안수하다가 사역자에게 전이되기도 합니다. 귀신을 섬기는 곳, 절이나 사당, 제사 지내는 곳. 굿하는 현장, 귀신을 축사하는 현장, 음침한 물가, 환자 임종시, 더럽고 음침한 곳,

지하실, 굴속, 포르노 영화관이나 변태적인 성적 유희가 벌어지는 곳과 같은 음란한 곳, 뉴 에이즈들이 광란하는 곳, 무덤이나, 울창한 숲속, 한적한 고가(古家), 굴속, 고목나무….등 기타 귀신들이 좋아하는 장소가 있습니다. 할 수만 있으면 이런 장소는 피하는 것이 좋습니다. 정 피할 수가 없다면 강하게 내면에서 올라오는 능력기도로 무장하고 대적하며 출입해야 합니다. 귀신을 축사할 때 이런 곳에 있다가 들어왔다는 말을 합니다. 주로 음침하게 느껴지고 소름이 끼치거나 으스스하게 느껴지거나 불쾌하거나 골치가 아파 옵니다. 영적으로 민감한 사람은 영감으로 느껴지기도 하고 환상으로 보이기도 합니다.

그러나 이러한 장소나 접촉을 통한 전이가 이루어지더라도 전부가 다 되는 것이 아니라, 귀신이 전이되기 쉬운 상태와 조건에 있는 사람일 경우에 전이가 잘 됩니다. 제가 십여 년을 사역을 하다가 임상적으로 경험한 바로는 나쁜 영의 전이가 잘되는 사람은 상처가 많이 있거나 임산부나 병중에 있는 환자나 체력이 허약한 사람과 자신의 집안에 무당이 있거나 우상을 숭배하여 영이 열린 영매체질인 사람들에게 잘 전이 됩니다.

그래서 저는 임산부나 병원에서 수술한 환자는 장례식장에 가지 못하게 막고 있습니다. 이렇게 자신도 모르는 사이에 전이된 악한 영은 예배나 말씀이나 찬송이나 기도나 능력자의 축사로 추방이 비교적 쉬운 편입니다. 그러나 침입 당한 것을 모르고 잠복된 채 오랫동안 계속 눌려 지내게 되거나 깊이 침입 당하게 되면 이 역시 추방이 힘들게 됩니다. 그래서 성령으로 자신을 분별해야 합니다. 사람의 성품도 일종의 전이현상을 일으킵니다. 그래서 성격이 포악한 사람과 자주 가까이 하면 포악해진다는 것입니다.

1) 영적 전이가 일어나는 수단은 이렇습니다. 안수, 접촉(손, 어깨), 대화, 성생활, 동거, 스킨십, 특정인을 사모할 때, 특정인을 닮으려고 할 때, 혈통, 언어, 찬양, 장기접촉(목회자, 가장, 직장 상사 등….)3-6개월 이상 함께 지내면 전이 됩니다.

2) 예를 들어 부부가 멀리 떨어져 있는 목회자라면 무슨 영이 역사하겠습니까? 쉽게 생각하여 ① 음란의 영: 생각을 타고 들어옴. ② 부부 분란의 영, ③ 별거시키는 영, ④ 이혼의 영…. 그래서 보수적인 교단에서는 이혼한 목회자의 경우에 제명 하는 것입니다. 음란이 있는 목회자에게 음란이 전이되어 그 교회는 모두 이상한 짓을 하고 목회자와 같은 영을 가진 자가 모이니 목회자를 변호하게 되는 것입니다. 영은 영끼리 통하는 것입니다. 목회자의 부부간에 분란의 영이 있으면 그 교회 성도들의 가정의 부부간에 분란이 있을 수 있습니다. 앞에 설명한 목회자의 경우 별거의 영이 있으므로 성도들의 가정에 각방 사용하는 성도가 있을 수 있습니다.

3) 그럼 목회자가 성도를 저주 잘하면 저주의 영이 전이되는가?

저주가 전이될 수 있는 자만 전이됩니다. 저주와 축복의 권한은 하나님에게 있습니다. 성품이 똑 같은 성품인 사람만 전이됩니다. 그래서 성경은 이렇게 말합니다.

"그가 저주하기를 좋아하더니 그것이 자기에게 임하고 축복하기를 기뻐하지 아니하더니 복이 그를 멀리 떠났으며 또 저주하기를 옷 입듯 하더니 저주가 물 같이 그의 몸속으로 들어가며 기름 같이 그의 뼈 속으로 들어갔나이다. 저주가 그에게는 입는 옷 같고 항상 띠는 띠와 같게 하소서."(시109:17-19)

저주하지 마시기를 바랍니다. 잘못하면 자신에게 저주가 임할 수가 있습니다.

4) 부부 서로 간에 있는 질병도 70%정도가 전이된다고 합니다. 2005년 6.29 SBS방송발표에 의하면 우울증, 당뇨, 고혈압, 혈기, 중풍. 치매는 27%가 유전된다고 합니다. 가계력을 점검하여 예방하시기를 바랍니다.

실제로 우리 교회에 오셔서 치유 받은 어느 분은 자신의 시누이가 영육의 질병이 있어 10년 동안 같이 기거하며, 간호하여 주었는데, 어느 날부터 자신에게 시누이와 같은 질병이 생겨 고생하다가 치유 받고 갔습니다.

  5) 축복도 전이가 됩니다. 아브라함과 롯. 요셉과 보디발 가정을 보면 이해가 됩니다. 그래서 우리는 사람도 잘 만나야 합니다.

  6) 가정에서 우상숭배에 참여한 가족이 있는 경우는 100%전이가 이루어집니다.
  예를 들어서 무당이나 남묘호랭객쿄 등등…. 만약이 조상들이 이런 잡신을 섬겼다면 어렸을 때부터 강하게 영적인 전쟁을 해야 없어집니다.

  7) 환자가 많은 기도원, 절이나 무당 집, 제사를 지내는 곳. 병원, 중환자 실, 장례식장. 경찰서 유치장, 노인 복지시설, 장애인 시설 등 등에서 전이가 일어날 수 있습니다. 그러나 다 전이되는 것이 아니고 상처가 많다든지, 육신이 허약하다든지, 조상이 우상을 많이 숭배했다든지 하는 성도들이 잘 전이 됩니다.

  8) 술집, 노래방, 카바레, 퇴폐이발소, 등 음란의 장소에서 전이가 일어날 수 있습니다. 영육으로 건강하고 성령의 충만함으로 보호를 하고 가면 문제가 없지만 그냥 가면 전이됩니다.
  "예" 삼손의 경우 드릴라 집에 가서 죽었습니다. 가지 말아야 할 곳을 가니 악한영이 전이되어 죽은 것입니다. 마귀를 좋아하니 자기가 아무리 능력이 있어도 결국은 망했습니다. 그래서 성경은 이렇게 경고 합니다.

"무법한 자들의 음란한 행실로 말미암아 고통 당하는 의로운 롯을 건지셨으니, (이는 이 의인이 그들 중에 거하여 날마다 저 불법한 행실을 보고 들음으로 그 의로운 심령이 상함이라)."
(벧후2:7-8)

9) 믿는 자가 믿지 않는 세상 사람을 좋아하고 함께 있으면 전이되어 믿음이 없어지고, 반대로 예수를 안 믿는 자가 믿는 자와 함께 있으면 믿게 됩니다. 결혼도 믿는 자가 믿지 않는 자를 좋아하고 함께 있으면 전이되어 믿음이 없어집니다. 반대로 안 믿는 자가 믿는 자와 함께 있으면 믿게 됩니다.

10) 예수를 믿는 자가 술집하면 어찌하여 망할까요? 술 먹는 사람에게서 술 귀신이 따라 들어와서 망하게 됩니다. 그래서 믿는 자는 주님의 영광이 드러나는 일을 해야 합니다.

11) 믿음도 전이 됩니다. 성경에 엘리야가 사르밧 과부를 찾아갔을 때 사르밧 과부는 마지막 남은 밀가루를 가지고 떡을 해 먹고 죽으려고 하였습니다. 그러나 엘리야의 말에 순종함으로

엘리야의 믿음이 전이되어 그에게 기적이 일어나게 됩니다.

"그가 일어나 사르밧으로 가서 성문에 이를 때에 한 과부가 그 곳에서 나뭇가지를 줍는지라 이에 불러 이르되 청하건대 그릇에 물을 조금 가져다가 내가 마시게 하라. 그가 가지러 갈 때에 엘리야가 그를 불러 이르되 청하건대 네 손의 떡 한 조각을 내게로 가져오라. 그가 이르되 당신의 하나님 여호와께서 살아 계심을 두고 맹세하노니 나는 떡이 없고 다만 통에 가루 한 움큼과 병에 기름 조금 뿐이라 내가 나뭇가지 둘을 주워다가 나와 내 아들을 위하여 음식을 만들어 먹고 그 후에는 죽으리라. 엘리야가 그에게 이르되 두려워하지 말고 가서 네 말대로 하려니와 먼저 그것으로 나를 위하여 작은 떡 한 개를 만들어 내게로 가져오고 그 후에 너와 네 아들을 위하여 만들라. 이스라엘의 하나님 여호와의 말씀이 나 여호와가 비를 지면에 내리는 날까지 그 통의 가루가 떨어지지 아니하고 그 병의 기름이 없어지지 아니하리라 하셨느니라. 그가 가서 엘리야의 말대로 하였더니 그와 엘리야와 그의 식구가 여러 날 먹었으나 여호와께서 엘리야를 통하여 하신 말씀 같이 통의 가루가 떨어지지 아니하고 병의 기름이 없어지지 아니하니라."(왕상17:10-16)

이와 같이 믿음도 전이 현상을 일으킵니다. 믿음이 좋은 성도와 친하게 지내시기를 바랍니다.

12) 영적 전이는 비단 좋은 영의 영향력만이 전이되는 것이 아닙니다.

고로 사역자들은 늘 자신의 성품, 기질, 도덕성 등, 안좋은 영향력이 전이되지 않도록 조심해야합니다. 그리고 영적인 거룩성에 대한 주의와 노력이 필요합니다. 안수를 조심해서 해야 하며 안수 받는 자들도 안수 받는 것을 조심해야 합니다.

"아무에게나 경솔히 안수하지 말고 다른 사람의 죄에 간섭하지 말며 네 자신을 지켜 정결하게 하라."(딤전 5:22)

"만일 누가 가서 우리가 전파하지 아니한 다른 예수를 전파하거나 혹은 너희가 받지 아니한 다른 영을 받게 하거나 혹은 너희가 받지 아니한 다른 복음을 받게 할 때에는 너희가 잘 용납하는구나."(고후 11:4)

말씀과 성령으로 분별력을 기르시기를 바랍니다. 그리하여 자신의 귀중한 영을 지키시기를 바랍니다.

참으로 더러운 영의 전이는 다양합니다. 어떤 사람은 기도 굴에서…. 어떤 사람은 무덤 옆을 지나다가…. 어떤 사람은 절에서 공부를 하다가…. 어떤 사람은 중에게 침을 맞으러 다니다가…. 어떤 사람은 교회 옆에 절이 있어 계속 염불 외우는 소리에 눌려서…. 어느 사람은 무당이 굿하는 것을 구경하다가 혹은 어떤 사람은 TV의 충격적인 장면을 보다가….등등 악한 영의 전이는 이루 헤아릴 수 없습니다.

그리고 예기치 않은 뜻밖의 현상이나 형체로 사찰이나, 신사, 토속종교시설, 공동묘지나 상엿집, 시체 등을 목격하였을 때, 일시에 음산한 기운, 즉 소름이 끼치는 상황이 엄습하여, 온몸에 전율을 느끼면서, 등골이 오싹해지거나, 간담이 서늘해지고, 머리가 쭈뼛해지며, 사지에 힘이 쭉 빠지고, 온몸이 오그라들며, 다리가 후들거려 꼼짝달싹을 못 하고, 귀에서는 이상한 소리가 들리며, 헛것을 보고 헛소리를 내는 등의 이상 현상을 체험했을 경우는 악한 영의 영적전이가 이루어 진 것입니다. 이런 경험을 하신 분들은 필히 축사를 받아야 합니다.

저는 영들의 전이와 관련 있는 매우 중요한 2가지 권면을 함으로써 말씀을 마치도록 하겠습니다.

첫째로, 우리는 우리가 자주 만나고 대화하고 사귀는 사람들을 닮게 되어 있습니다. 그래서 아브라함에게 네 고향 친척 아비 집을 떠나라고 명령하신 하나님은, 때로는 우리에게도 동일한 명령을 내리실 때가 있습니다. 때때로 하나님은 우리에게 가족이나 친구나 심지어 지도자들을 떠날 것을 허락하거나 명하시기까지 합니다. 왜냐하면 하나님은 주변 사람들의 부정적인 태도와 좋지 않은 성격이 사귐을 통해 우리에게 전이되는 것을 원치 않으시기 때문입니다. 그러므로 하나님께서 그런 명령을 내리시면 우리는 즉각 하나님께 복종해야 합니다. 하나님의 음성을 들으시고 순종하시기를 바랍니다.

둘째로, 부정적인 영들의 전이를 막으려면 말씀과 성령으로 충만해야 합니다. 이미 말씀드린 대로 영들의 전이는 여러 가지를 통해 이루어집니다. 가족, 친구, 교회, 지역, 여러 가지 매체들, 그리고 영적 지도자들을 통하여 일어납니다. 그리고 이 여섯 가지 모두 긍정적인 전이 뿐 아니라, 부정적인 전이가 일어나는 도구가 될 수 있습니다. 그러면 우리가 이, 악하고 음란한 세상에서 죄 많은 사람들과 부딪치고 살면서 부정적인 영들의 전이를 피하려면 어떻게 해야 할까요?

요한 일서 4:4절에서 요한은 이렇게 말했습니다. "너희 안에 있는 이가 세상에 있는 이보다 크심이라." 우리는 오직 성령 안에서 행할 때만이 부정적인 영들의 전이로부터 자유로울 수 있습니다. 그러므로 우리는 항상 성령 충만해야 합니다. 성령 충만한 교회에서 신앙생활을 하면 금상첨화 일 것입니다. 깊은 영의 기도로 성령이 충만하게 지내는 것이 예방책입니다.

17장 영적전이와 손상을 구별하는 비결

(마7:21-23)"나더러 주여! 주여! 하는 자마다 다 천국에 들어갈 것이 아니요 다만 하늘에 계신 내 아버지의 뜻대로 행하는 자라야 들어가리라. 그 날에 많은 사람이 나더러 이르되 주여! 주여! 우리가 주의 이름으로 선지자 노릇 하며 주의 이름으로 귀신을 쫓아내며 주의 이름으로 많은 권능을 행하지 아니하였나이까 하리니 그 때에 내가 그들에게 밝히 말하되 내가 너희를 도무지 알지 못하니 불법을 행하는 자들아 내게서 떠나가라 하리라"

하나님은 우리들에게 영적전이 뿐만 아니라, 영적손상이 있다는 것을 알고 대비하게 하십니다. 영적인 치유사역을 하다 보면 영적전이 뿐만 아니라, 영적인 손상도 있다는 것을 알게 되실 것입니다. 영적전이와 영적 손상이라는 말을 들어보셨습니까? 신령한 은사를 받아서 사역에 임하는 과정에서 흔히 경험하게 되는 두 가지 비슷한 영적 현상으로서 '전이'(transference)와 '손상'(damage)이 있습니다. 이 두 가지는 증상으로는 서로 비슷하기 때문에 구분이 잘 되지 않지만 면밀히 점검하면 분별할 수 있는 것입니다. '영적 전이'는 은사를 받은 초기에 주로 많이 나타나며, 전이를 체험하는 가운데에는 자신의 은사의 한 기능으로 자리 매김이 되는 경우가 있습니다.

  그러나 '영적 손상'은 사단과 마귀 또는 귀신으로부터 공격을 받아 생기는 증상이기 때문에 주로 축사의 신유은사를 받은 사람에게 나타나며, 때로는 악한 영에 의해서 질병이 생겼을 경우, 그 질병을 치유하는 사역자에게서 경험되는 것입니다. 악한 영은 아직 영적 능력이 약하거나 경험이 많지 않은 초보 사역자를 위협하여, 사역을 약화시키거나 두려움을 주어, 사역을 못하고 물러나게 하기 위해서 충격을 주는 것입니다. 악한 영은 이렇게 악랄하게 영적인 사역을 못하도록 온갖 방법을 다 동원하는 것입니다.

  실제로 안양에 사시는 목사님이 저에게 이렇게 말했습니다. 저는 나이가 들어 목회자가 된 사람인데 나이가 있어 육십 오세부터 신학대학원을 다니면서 교회를 개척하여 목회를 했습니다. 그런데 오시는 성도 분들이 모두 환자만 오셨습니다. 그래서 예수 이름으로 기도하면 병이 낫기도 했습니다. 그러던 어느날 할머니 한 분이 기도를 해달라고 하며 교회를 찾아오셨습니다. 그래서 머리에 손을 얹고 예수 이름으로 명하노니 질병은 떠나가라, 했더니 이 할머니가 막 울더랍니다. 야~ 이놈아, 네 놈 때문에 내가 나가야 한다. 야 이놈아, 네 놈 때문에 내가 나가야 한다. 하며 우는데 등골이 오싹하고 등에서 찬물이 줄줄 흐르는데 도저히 사역을 할 수가 없더랍니다. 그런 일이 있은 다음부터는 두렵고 불안하여 기도도 못하고 사역도 하지 못했다고 했습니다. 이것이 바로 영적 손상입니다. 이분은 아직 성령으로 장악당하지 못하고 성령 충만하지 못하여 악한 영으로부터 영적 손상을 당한 것입니다. 이 분은 자신이 축사를 받았어야 합니다. 당신도 만약에 이런 경험이 있었다면 귀신축사를 받으시기를 바랍니다.

1. 영적손상의 경우

영육치유를 행하는 사역자나 축사를 행하는 사역자는 환자의 상태에 대한 지식의 말씀으로 영적 전이를 경험하게 됩니다. 환자가 앓고 있는 질병의 정도나 또는 아직 환자가 질병을 제대로 깨닫지 못하고 있는 경우에 또는 사역자가 어느 곳에 손을 얹어야 할 것인지를 깨닫게 하기 위해서, 그리고 자신이 감당할 수 있는 문제인지를 가늠하게 하기 위해서 성령께서 환자의 고통을 사역자에게 전이시켜 느끼게 하는 것입니다. 예를 들어서 머리가 아픈 사람을 치유 기도하려고 하면 사역자의 머리가 아프다는 것입니다.

예를 든다면, 상대방의 통증부위가 동일하게 아프고 힘들게 되기도 하고…. 속이 더부룩하거나…. 쓰리거나…. 어지럽거나…. 현기증을 느끼거나…. 구토증이 생기거나…. 냉기를 느끼거나…. 온 몸의 뼈나 근육이 뭉쳐들고 뻣뻣해지는 것 같은 체험을 하게 되며…. 눈앞이 아찔해지며…. 독한 약에 취한 사람처럼…. 넋을 잃은 것처럼…. 몽롱한 현상을 겪기도 합니다.

　아주 약한 전기에 노출된 듯 손이나 팔이나 어깨에 찌릿해지는 정전기 같은 체험도 있고요…. 몸살이나 오한처럼…. 몸이 밑으로 쳐지며…. 미열이 나고…. 식은땀이 나기도하고…. 몸이나 팔다리가 욱신욱신 아프게 되는 영적다운 현상을 경험하기도 합니다. 이것이 바로 영적인 손상의 현상입니다.

　저도 이런 일을 경험합니다. 한 일 년이 지난 일인 것 같습니다. 이 근방에서 기도원을 한다는 권사가 왔습니다. 그래서 권사를 나오라고 해서 기도하려고 하니까, 제 머리가 많이 아팠습니다. 기도를 해주고 상당한 시간동안 깊은 기도를 해서 해결했습니다.

　또 치유 사역 초기에 이런 경우가 있었습니다. 집회에 처음 오는 사람이 많을 경우 첫 시간에 집회를 인도하기가 영적인 힘이 버거워지다가 두 시간 정도 지나면 장악이 되는 경우도 있습니다. 좌우지간 치유 사역자는 성령이 충만한 가운데 사역을 해야 합니다. 그래서 성령께서 앞서시면서 성령치유 사역과 축사를 하시게 해야 합니다. 사역자는 성령을 따라가는 사역자가 되어야 합니다. 그래야 사역자에게 피해가 생기지 않는 것입니다. 사역자는 부단하게 자신의 영성에 관심과 힘을 써야 합니다. 만약에 환자가 영적으로 강하여 귀신이 축사되지 않을 경우는 성령으로 완전하게 장악한 다음에 축사를 하도록 해야 합니다. 어느 정도 시간이 경과되어야 합니다. 절대로 영적인 사역은 급하게 되지 않습니다. 하나님의 시간표를 따라야 합니다. 치유를 받으러 다니는 성도님들도 이점을 알고 사역자에게 조급하게 안수기도를 받으려고 하지 말아야 합니다. 성령의 역사를 따라가지 않으면 악한 영의 영향으로 사역자가 고통을 당합니다.

실제로 어느 여 목사님은 류마치스 관절염을 앓는 환자를 기도해주었는데 자신이 류마치스 관절염이 걸려서 손가락이 틀어졌다고 하는 분을 기도해준 경험도 있습니다. 또 제가 시화에서 목회 할 때 어느 권사님이 벌침을 배우겠다고 해서, 제가 저희 교회에 와서 영성훈련을 받으면 신유은사가 나타나니, 신유은사를 가지고 전도를 하라고 했더니, 그 권사님 하시는 말이 저 신유은사 받지 않을래요, 전에 우리 교회 목사님이 신유은사가 있어서 환자들을 자주 기도해 주었는데, 기도해 주고나면 환자는 병이 낫는데 자신이 아파서 며칠씩 고생하는 것을 보았습니다. 저는 그런 고생을 하기 싫으니까 신유은사 받지 않겠습니다.

이런 경우 환자의 고통이 고스란히 사역자에게 전달되어 오는 것입니다. 자신이 감당할 수준이 아닌 문제를 다루고자 하면 문제가 해결 되지 않을 뿐만 아니라, 자신도 피해를 입게 되는 것입니다. 영적 전이의 현상은 사람마다 상황마다 다를 수 있습니다. 환자를 접촉하기 전인 중보기도 단계에서도 경험할 수 있으며, 환자를 직접 대하고 사역을 행할 때 느낄 수 있으며, 사역을 마치고 귀가한 후에 나타날 수도 있습니다.

현장에서는 전혀 느끼지 못했던 것을 집에 돌아온 후에 서서히 증상을 느끼기 시작하여 힘이 빠지고 통증이 일어나기도 합니다. 이런 경우 대부분은 잠깐 경험하게 되지만, 경우에 따라서는 몇 시간 또는 며칠이 될 수도 있습니다. 그러나 이런 경우는 예외적이며, 대부분은 기도하면 사라지게 됩니다. 성령으로 인도받지 못하고 성령이 보증해 주지 않는 이런 영적 사역은 자신이 지니고 있는 영적 능력을 소진하게 되는 소모성 사역입니다. 성령이 보증을 하여 주지 않는다는 증거입니다.

그러므로 사역자는 사역 전후로 충분한 기도로 무장해야 합니다. 이런 증상을 자주 경험하게 되는데, 치유하지 않고 그냥 방치한 일부 사역자에게는 악한 기능으로 고정되기도 합니다. 영적 사역은 영적 분별을 몸으로 느껴야만 하기 때문에 환자의 질병 정도를 가늠하기 위한 인식 수단으로 사역자의 영적 전이 현상이 환자 분별의 기능이 됩니다. 이런 기능을 갖추는 사람은 치유 사역자이며, 능력 전도자에게는 거의 찾아볼 수 없는 기능이기도 합니다. 일명 성령의 지식의 말씀의 은사입니다.

다시 한 번 말씀드리면 자신에게 강하게 고통이 찾아오는 경우는 영적으로 강하게 눌린 상태이므로 말씀과 영의 찬양과 안수로 치유를 받아야 합니다. 그리고 계속 성령의 깊은 임재로 완전히 심령이 장악된 다음에 사역을 하시기를 바랍니다. 성령의 사역은 급하게 인간 욕심으로 사역하면 안 됩니다. 대규모 군중 집회에서 치유의 역사를 일으키는 전도자에게 있어서 영적 전이는 사실상 필요하지 않습니다.

이 기능은 일대일 치유를 하는 경우 전인치유를 위해서 주어지는 성령의 지식의 말씀의 한 부분이기도 합니다. 그러나 지식의 말씀의 은사는 환자를 치유할 때 나타나는 현상이지, 치유가 끝난 다음에 나타나는 현상은 아니라는 것을 아셔야 합니다. 사역을 끝낸 다음에 나타나는 현상은 영적손상으로 나타나는 현상이니 치유하고, 사역자 자신의 영성관리를 하여야 합니다. 이런 영적 전이와 비슷한 영적 손상은 악령의 공격에 의해서 영적 능력이 급격히 소진되었을 경우에 나타나게 되며, 간혹 충분한 기도와 성령의 역사 없이 인간적인 욕심으로 혼적인 사역을 행한 결과 영적 능력이 상당히 소진되어 버렸기 때문에 나타나는 현상입니다. 저는 이렇게 사역을 하시다가 체력과 영력이 소진되어 사역을 하지 못하는 목회자를 많이 치유하여본 경험이 있습니다. 이런 분들의 공통적인 특징이 목회를 할 수 없을 정도로 탈진을 경험한다는 것입니다.

영적 탈진은 과도하게 능력을 소모했거나, 자신이 감당하기에 벅찬 악한 영으로부터 충격을 받았을 경우 나타납니다. 마귀의 집요한 공격을 받게 되면 영적 탈진이 일어나, 영적인 일이 시들해지거나, 무기력해져서 무덤덤한 신앙생활을 하게 되는 경우가 있습니다. 성령 충만이 사라지고 육신적으로 신앙생활을 해야 하기 때문에 교리적이고, 형식적인 신앙생활에 빠지게 됩니다. 그리고 기도가 되지 않고, 몸이 이곳저곳 아프기도 하고, 힘이 없고 피곤하기만 합니다. 짜증이 심해지기도 합니다. 이것이 일반적인 성도들과 경험이 부족한 사역자들이 경험하게 되는 영적 탈진의 현상입니다.

영적 사역자들이 경험하는 영적 손상으로 인한 능력의 소진은 점진적으로 나타나는 것이며, 악령으로부터 지속적으로 공격을 받게 되면 영적 능력이 소멸되어가게 됩니다. 일부 사역자들이 이런 증상을 영적 전이로 오해하게 되어 자신에 대한 축사를 하지 않게 되어 지속적으로 악령의 공격을 받게 되며, 그럴 때마다 영적 탈진이 일어나고, 마침내는 더 이상 사역을 할 수 없는 지경에 이르게 되는 것입니다. 체력도 소진되고 여러 영육의 문제가 발생하여 더 이상 사역을 하지 못하게 되는 것입니다. 일 년을 치유해도 회복이 되지 않는 사역자도 있습니다.

악한 영에 의해서 발생한 질병이나 문제를 다룰 때는 반드시 악령으로부터 공격을 받게 됩니다. 그러나 경험이 부족하거나 이에 대한 지식이 부족한 사역자의 경우 단순한 질병이나 문제로만 여기고, 주님이 주신 영적인 권세로 축사를 제대로 하지 못하고, 성령께서 치유하시거나 해결해주시기만을 간구하는, 치유하여 주시옵소서하는 나약한 기도를 하게 됩니다. 이런 경우에도 치유가 일어나고 문제가 해결될 수도 있지만, 사역자는 자신도 모르는 사이에 악한 영으로부터 심각한 영육의 훼손을 받게 되는 것입니다.

영적 손상을 받게 되면 육신적으로 힘이 빠지고, 쑤시고 아파서 환자처럼 눕게 되거나, 머리가 어지럽고, 매스꺼우며, 정신이 혼미해지고, 힘이 빠져 행동할 수 없게 됩니다. 몸은 매를 맞은 듯이 쑤시고, 이곳저곳 아프며, 머리가 어지러운 현기증 증상에 시달리게 되며, 이명 현상(tinnitus)이 나타나 정신을 차릴 수가 없습니다.

때로는 정신이 맑아져 잠을 잘 수 없게 되어, 불면증에 시달리기도 합니다. 환상이 보이고 환청이 들리며, 육신이 고단해져서 신음소리를 내기도 합니다. 이런 육신적 고통을 단순히 영적 전이로만 이해한다면 문제가 생길 수도 있습니다. 왜냐하면 축사를 받은 후에 나타나는 증상과 비슷하기 때문에 속기 쉽습니다. 일반적으로 축사를 받을 후 며칠 동안은 힘이 없는 경우가 많습니다. 그래서 특히 축사사역에 있어서 영적 능력을 가늠하는 것이 중요합니다. 자신이 감당할 수 있는 악령의 수준이 있는 것입니다. 성령이 앞서서 하시게 해야 합니다. 그리고 강력한 영권으로 무장하여 대적기도를 해야 합니다.

감당하지 못할 강한 악령을 만나게 되면 심각한 타격을 받게 될 뿐만 아니라, 심하면 귀신 들리게 될 수도 있습니다. 능력도 없는 스게와의 일곱 아들들이 함부로 귀신을 쫓으려다가 봉변만 당하였듯이, 능력이 되지 않는 상태에서 귀신을 섣불리 상대하려고 하다가 불행한 일을 당하는 경우가 있습니다. 귀신들린 청년을 불쌍히 여기고 믿음으로 귀신을 쫓아주려던 사모가 귀신들려 고생한 경우가 있었습니다.

축사 사역자의 경우에 기본적으로 어느 정도의 귀신들은 감당할 수 있는 능력이 있지만, 계속 되는 영적 전투에서 많은 능력과 체력을 소진할 수 있습니다. 그런 경우에 더 강력한 악령을 만나게 되면 심각한 손상을 받을 수 있습니다. 악한 영의 공격을 단순히 영적 전이로 오해하여 사역자 자신에 대한 적절한 축사를 하지 않으면 계속 탈진을 경험하게 됩니다. 악한 영에 의해서 생긴 문제를 다룰 때마다, 심각한 영적 탈진을 경험하게 되면 자신에 대해 축사를 해야 합니다.

악한 영을 대적하여 몰아내지 않기 때문에 악령은 사역자를 얕잡아보고 계속 공격을 하게 되고, 그럴 때마다 영적 전이라고만 생각하고 아무런 대응을 하지 않으면 이런 고통은 계속 당하게 될 것입니다. 영적 전이는 환자가 가지고 있는 영적 문제에 대한 정보를 성령으로부터 받아서 효과적으로 사역을 할 수 있게 하기 위한 성령의 기능으로 주어지는 일종의 지식의 말씀인 것입니다.

그런데 사단은 사역자를 괴롭게 하기 위해서 손상을 주게 됩니다. 사역 초기에 또는 이런 사실을 제대로 이해하지 못하는 사역자에게 마귀는 집요하게 공격을 하게 됩니다. 이렇게 되면 그 사역자는 영적 전이와 영적 손상을 함께 경험하게 됩니다. 그래서 자신에게 나타나는 모든 경험은 다 성령께서 주시는 영적 전이라고 믿어버리게 됩니다. 그 결과 육신적 고통을 계속 치르게 되는 것입니다. 더 나가서는 사역을 하지 못하게 되는 것입니다. 이를 흔히 '양신 역사'라고 부르는데, 성령과 악령이 그 사람을 함께 사용하는 것입니다.

그러나 이런 상태는 결국 오래 가지 못합니다. 사역자가 알아차리고 자신을 축사하고 관리하면 금방 없어집니다. 그러나 이런 사실을 제대로 파악하지 못하면 성령은 차츰 위축되고 악령의 역사가 더 강해지게 됩니다. 사단은 교묘하게 사역자를 속여서 그릇된 일을 하도록 만듭니다. 결과적으로 시간이 지나면 사역자의 타락으로 나타나게 됩니다. 인간 방법을 동원한 사역을 하게 됩니다.

그러다가 성령의 기름부음이 없는 사역자가 되어 필경에는 사역을 못하게 되는 것입니다. 이렇게 하는 것이 마귀의 목적입니다. 하나님의 일꾼을 타락시켜 사역에서 제외시키려는 것입니다. 영적 충격은 서서히 영적 능력을 소멸시켜 무기력하게 만들려는 사단의 전략이기도 합니다. 능력을 받아서 사역을 행하던 사람이 몇 년이 지나고 나면 무기력해져서 치유 사역을 더 이상 할 수 없게 되는 모습을 볼 수 있습니다. 이런 경우에 상당수는 이와 같은 과정에서 제대로 대처하지 못했기 때문에 있는 것도 빼앗긴 경우라고 볼 수 있을 것입니다. 그래서 사역자는 자신의 내면관리에 힘써야 합니다. 그리고 깊은 기도로 심령이 항상 성령의 임재 가운데 있어야 합니다.

그래야 자신의 영성을 보존하며 건강을 유지하며 사역할 수 있습니다. 특히 축사 사역을 할 때는 성령의 강한 역사를 일으켜서 성령께서 하시도록 해야 합니다. 절대 자신의 의지로 사역을 하려고 하면 영락없이 영적 손상을 당하게 됩니다. 그러므로 사역자는 항상 성령의 충만과 내면관리에 힘써야 합니다. 기도가 깊어져서 자신의 영성을 맑게 유지해야 합니다. 그래야 사역시 악한 영의 공격을 받지 않고 자신을 보호 할 수가 있습니다. 자신을 보호하며 사역을 해야 사역자의 수명이 길어지고 길게 사역을 할 수가 있는 것입니다.

얼마 전에 한 집사님이 저에게 메일로 상담을 하신 내용입니다. 저는 24년째 믿음 생활을 하고 있는 집사입니다. 제가 상담하고 싶은 것은 이런 것입니다. 제 생각 같아서는 충만한 교회에 직접 가서 은혜 받고 능력 받고 싶은 것이 솔직한 심정이나 그렇지 못할 상황이다 보니 저의 신앙을 상담 드립니다. 언제부터인가 금요 철야예배에 가서 찬양하고 기도 드리다보면 하품이 나는 것을 깨달았습니다. 저희 목사님도 성령 충만 하시다보니 기도 하던 중 넘어지기도 하고요. 말씀을 듣는 것도 아니고, 환상을 보는 것도 아니기에 능력을 받는 다는 느낌은 받지 못하고 그냥 그런 현상만 나타나는 것이었습니다. 그런데 "귀신축사 알고보니 쉽다"라는 책과 "가계의 고통을 끊고 축복받는 비결"이라는 책을 보면 영안이 열릴 때 가슴이 답답하고 하품이 나온다고 했습니다.

저의 경우에는 새벽기도 때 환자를 위해 기도하다보면 주체할 수 없는 하품이 나오며 가슴이 답답하고 온몸에 힘이 다 빠지는 것을 몇 번 체험을 하였습니다. 물론 환자를 놓고 기도 할 때 다 그런 것은 아니지만 정말 하품을 할 때는 입이 찢어지는 것 같고 눈물도 주체가 되지 않습니다. 그러다 보면 온몸에 힘이 다 빠지는 것을 느낍니다. 그러나 책을 보면 이러한 현상은 성령 세례를 받을 때 한번 나타난다고 설명이 되어있는 것 같아서요. 정말 영안이 열려서 주의 일을 하고 싶고 기회가 닿으면 꼭 충만한 교회에 가서 능력 받고 싶어요. 저 같은 경우 왜 이런 현상이 자꾸 나타날까요? 그래서 제가 이렇게 답변을 해주었습니다.

성령의 체험은 이론을 알고 이론을 들어서 체험할 수 있는 것이 아닙니다. 성령은 살아있는 실체이기 때문에 이론으로는 이해할 수가 없는 것이지요. 집사님의 교회 목사님이 안수하시면 넘어지기도 한다고 하는데, 넘어지고 아무런 영적인 현상이 일어나지 않으면 한번 잘 생각해볼 문제입니다. 성령의 권능으로 영. 혼. 육이 순간 성령으로 장악이 되어 넘어지는 것인데, 저의 지금까지 임상적인 경험으로는 이렇게 성령으로 장악되어 넘어지면 영적인 무슨 현상이 일어나야 진정한 성령에 권능에 의해 넘어진 것입니다.

우리 교회에서 제가 안수를 할 때 넘어지는 사람은 더러운 영들이 떠나고, 성령으로 충만함을 받아 방언을 말하는 영적인 현상이 눈에 보이게 나타납니다. 그리고 집사님이 자꾸 하품이 나오고 가슴이 답답한 것은 미약한 성령의 역사가 집사님에게서 나타나는 현상입니다. 이런 상태를 가지고 환자를 기도해주면 집사님에게 환자에게서 잘못된 영이 전이 되어 집사님이 고생을 합니다. 왜냐하면 집사님의 영이 열린 상태이기 때문에 영들이 쉽게 들락거릴 수가 있습니다.

그래서 기도해주고 나면 힘이 없고 자신을 감당하기 어려운 영적다운 현상을 경험하는 것입니다. 이것은 신학적인 용어로 영적 손상이라는 것입니다. 내가 상대방의 악한 영의 전이로 인하여 고통을 당한다는 것입니다. 우리 교회에 교재와 테잎 중에 영의전이와 성령의 역사라는 것이 있습니다. 여기에 제가 아주 자세하게 설명해 놓았습니다. 권면을 드리자면 집사님은 아직 성령이 완전히 장악하여 내면에서 올라오는 상태가 아니기 때문에 환자를 기도해주는 것은 삼가는 것이 본인의 영성관리를 위하여 좋습니다.

한번 오셔서 강한 불같은 성령을 체험하여 심령 안에 답답함을 말씀과 성령으로 씻어 내는 것이 좋겠습니다. 그리고 제가 지금 까지 출판한 책을 읽어보시면 많은 영적인 도움이 있고 집사님이 궁금해 하는 것이 많이 풀릴 것입니다.

영적인 은사를 사용하려면 영감이 깊어져야 하고 영력이 있어야합니다. 영적 삶이란 성령의 일과 마귀의 일을 분별하는 능력을 길러내는 과정이라고 생각할 수 있습니다. 하나님의 아들 예수께서 오신 이유는 마귀의 일을 멸하고자 함이 아닙니까? 그리고 그의 제자들인 성도들 역시 마귀의 일을 멸하는 것이 의무입니다. 그러려면 마귀의 속임수를 파악해야 하며, 특히 성령의 일로 위장한 짝퉁을 분별해낼 줄 알아야 할 것입니다. 날이 갈수록 교묘해지는 사단의 전략 전술을 밝혀내고, 그 정체를 폭로하는 일은 영적 사역자가 할 일입니다. 말씀을 왜곡시키는 이단은 말씀 사역자인 신학자가 할 일이며, 육신적인 고통을 주어 무기력하게 하려는 사단의 음모는 능력 사역자가 폭로해야 할 영역입니다.

신학자와 능력 사역자가 서로 보조를 맞추어서 사단의 책략을 밝혀내어 성도들을 안전하게 지키는 것이 주님이 우리들에게 권세와 능력을 주신 목적이기도 합니다. 이단과 악령은 우리가 잠시, 조는 틈을 타서 가라지를 뿌리고 갑니다. 그래서 정신을 차리고 우는 사자처럼 다니는 악령들을 멸해야 할 것입니다. 깨어 기도하지 않고는 이런 일을 이길 장사가 없습니다. 정신을 놓으면 속아 넘어갈 수밖에 없는 짝퉁들이 너무 많습니다.

2. 영적인 사역자에게 잘 발생하는 영적손상의 경우

1) 안양의 어느 목사님의 경우에 부흥회를 인도하면 꼭 자녀들이 다칩니다. 이는 이 목사님이 자신의 가정 사역을 등한시 해서 일어나는 현상입니다. 자신의 가정에 역사하는 악한 영의 역사를 성령으로 청소하면 이런 일이 일어나지 않습니다.

2) 경찰서 유치장에 전도를 열심히 하던 권사님의 경우입니다. 우울증으로 불면증으로 고생하다가 본 교회에 와서 치유 받

고 갔습니다. 이는 경찰서 유치장 같은 곳에 역사하는 잘못된 악한 영이 자신에게 전이되었는데 영적 지각능력이 없어서 자신을 관리하지 않아 누적되어 일어나는 현상입니다. 이런 곳에 전도하는 성도는 항상 성령 충만해야 하고 깊은 영의 기도로 자신의 영성관리에 힘써야 합니다.

3) 무당집에 방비 없이 무당집에 다니며 전도하다가 가슴이 답답하고 가정의 여러 문제가 발생한 경우도 있습니다. 이경우도 마찬가지로 성령으로 충만하여 자신의 심령에서 성령의 능력이 올라오게 한 다음 무당집을 출입하는 것이 좋습니다. 자신의 영적인 상태가 약하면 악한영이 육을 타고 들어올 수가 있는 것입니다. 절대로 방심은 금물입니다. 강하게 영적인 무장을 하고 무당집에 전도하시기를 바랍니다.

4) 부적을 통하여 문제가 발생하기도 합니다. 성도 집에서 부적을 회수하여 교회에 두었는데 그 부적을 통해 문제가 발생했습니다. 부적에 대하여는 앞 14장에서 자세히 설명했으니 참고하시고 부적은 회수하여 반드시 소각처리 하시기를 바랍니다.

15) 절 옆에서 살던 아이가 성령이 임재 하니 중이 염불하는 소리를 아주 능숙하게 했습니다. 이는 염불을 외우게 하는 귀신이 아이를 장악하여 그렇게 된 것입니다. 그러므로 저는 우리 예

수를 믿는 성도들은 이사를 가더라도 아무 곳에나 가면 안 된다고 권면을 합니다. 자신에게 해악을 끼치는 곳은 가지 않는 것이 상책입니다. 그러나 불가분 갔다면 피를 흘리면서 싸워이겨야 합니다.

　어느 여 목사님이 저에게 상담한 내용입니다. "목사님 저는 상대방에 대하여 전화로 기도를 해주어도 제가 기침을 해댑니다. 어느 때는 강단에서 설교할 때도 기침이 나오고 구역질이 나와서 덕이 되지 못합니다. 환자들을 기도할 때 환자는 아무런 역사도 나타나지 않는데 저만 막 기침을 해댑니다." 그래서 내가 이렇게 대답을 했습니다. "목사님 자신의 관리에 힘써야 하겠습니다. 상대방을 안수하는데 목사님이 구역질이 나오고 기침을 한다는 것은 목사님 안에 있는 상처가 나오는 것입니다. 원래 성령의 역사는 사역자가 먼저 일어납니다. 그 다음에 피 사역자에게로 성령의 역사가 전이되는 것입니다. 그래서 목사님에게서 일어난 성령의 역사로 목사님 안에 있던 상처가 나가면서 기침을 하는 것입니다." 그랬더니 이 목사님이 이렇게 말합니다. "목사님 어떤 영성 사역하는 목사님이 그러시는데 상대방의 악한영이 나에게서 나가는 현상이라고 합니다." 그래서 "잘못 아신 것입니다. 어떻게 상대방의 악한 영이 목사님을 뚫고 들어와서 목사님의 입으로 나갑니까? 절대로 잘못 아신 것입니다." 이런 경우는 그 여 목사님이 치유가 완전히 되지 않아서 자신의 더러운 것들이 나오는 것입니다. 원래 성령의 역사는 자신이 먼저 나타는 것입니다.

자신에게 나타난 성령의 역사가 상대방에게 전이가 되는 것입니다. 그래서 자신에게 나타난 성령의 역사로 자신에게 있던 상처들이 나가는 것입니다. 이런 분은 많은 시간을 치유하여 자신을 깨끗하게 하고 사역을 해야 합니다. 정 그렇게 하지 못한다고 한다면 일주일에 하루라도 자신이 치유를 받으면서 사역을 해야 합니다. 그렇지 못하면 자신의 건강에 문제가 올 수가 있습니다. 젊을 때는 문제가 없을 수 있지만 나이가 들어 체력이 떨어지면 탈진현상이 나타나 사역을 하지 못할 수도 있는 것입니다. 그러면서 목사님에게 이렇게 경각심을 가지고 사역을 하도록 했습니다. "목사님! 앞으로 주의하셔야 합니다. 지금같이 목사님이 성령으로 완전하게 장악되지 않고 치유되지 않은 상태로 계속 환자들을 상대하면 어려움을 당할 수도 있습니다. 왜냐하면 환자들에게 역사하던 악한 것들이 목사님에게 전이 될 수 있습니다. 목사님은 기도를 많이 하는 편이므로 영이 열린 상태라, 환자에게 역사하던 악한 영이 목사님에게 들어올 수가 있다는 것입니다. 이는 목사님이 육체를 가지고 있기 때문입니다. 그러므로 개인을 대상으로 치유 사역을 하는 사역자는 자신의 관리를 잘해야 합니다. 자신의 관리가 잘되지 않으면 상대방에게 역사하던 악한 영들이 사역자에게 전이 될 수가 있다는 것입니다. 이것을 신학적인 용어로 영적 손상이라고 합니다. 앞으로 좀 더 자기 관리에 힘쓰면서 사역을 하시기를 바랍니다."

성도나 목회자나 영적 손상을 당할 수가 있습니다. 그렇기 때문에 영적 손상을 당할 때 나타나는 현상을 바르게 인식하고 대처해야 합니다. 지금 영적인 사역을 하는 목회자가 무분별하게 성령의 능력을 사용하다가 영적인 손상을 당하여 목회를 하지 못하는 분들이 많습니다. 영적인 것은 성령으로 분별이 가능합니다. 성령의 인도를 따라서 사역을 감당하는 지혜로운 성도, 목회자가 되시기를 바랍니다.

4부 영적인 청소

18장 장소에 머무는 귀신이 있다.

(벧전5:10)"모든 은혜의 하나님 곧 그리스도 안에서 너희를 부르사 자기의 영원한 영광에 들어가게 하신 이가 잠깐 고난을 당한 너희를 친히 온전하게 하시며 굳건하게 하시며 강하게 하시며 터를 견고하게 하시리라"

하나님은 우리 성도들이 귀신역사를 분별하여 속지 말고 대처하기를 원하십니다. 귀신의 영향을 받는 사람은 자신이 그것을 구분하기란 결코 쉽지 않습니다. 초기에는 영적 지식이나 경험이 없기 때문에 구분하지 못하며, 그 후에는 귀신이 이미 자신 속에 잠재되어 있기 때문에 스스로 떨쳐낼 수 없습니다. 귀신들림의 초기 단계인 영향을 받는 단계는 대수롭지 않게 여길 수 있지만 이것이 위험하며, 그대로 방치하면 귀신들리는 불행한 결과가 오는 것입니다. 귀신의 영향을 받는 사람은 영을 분별하는 능력을 지닌 사람에게 가면 그 증상이 나타나기 시작합니다. 교회 안에는 반드시 영을 분별하는 능력을 지닌 사람이 있기 마련입니다. 그러나 담임목사는 그 사실조차 알지 못하며, 이런 분야에 관심조차 없기 때문에 귀신의 영향을 받는 사람뿐만 아니라 육체의 질병이 들거나 마음에 상처를 지닌 사람들이 고아처럼 버려진 상태에 있는 것입니다.

귀신의 영향으로 심령이 병든 사람의 특징은 이렇습니다. 마음이 어두워지고 평안과 기쁨과 감사를 잃어버립니다. 귀신이 사람의 의지를 잡으니까, 일어나는 현상입니다. 귀신에게 눌려서 의지를 발휘하지 못하여 일어나는 현상입니다. 이런 사람을 축사하면 정상으로 돌아옵니다. 미운 생각, 세속적 생각, 교만한 생각, 부정적 생각의 사람이 됩니다. 항상 생각이 부정적이 되어서 정상적인 사람들과의 대화가 되지를 않습니다. 은혜가 소멸되어 성경과 교회가 멀어지고 말씀을 불순종하며 거역합니다. 귀신에게 영이 눌려서 잠을 자니 생명의 말씀이 깨달아지지 않기 때문입니다. 차가운 사람, 불순종의 사람, 거짓을 말하고 증오를 합니다. 마음을 열지 않으니 마음이 차갑습니다. 좋은 이야기를 해도 의심하며 받아들이지 않기 때문에 정상적인 사람들이 대화하기를 꺼려합니다. 양심이 마귀의 화인을 맞아 죄책을 느끼지 못합니다. 그래서 인간으로서는 상상하지 못하는 범죄를 저지릅니다. 요즈음 일어나는 유아 성폭행 등을 들 수가 있습니다. 귀신이 마음을 억압하면 자신을 학대하게 되는데 의욕상실. 우울증. 불면, 패배감. 자포자기. 환각. 환청, 자살충동, 정신이상 등 자신의 본래모습을 상실하고 맙니다. 옛사람이 나타나서 유혹의 욕심을 따라서 정욕으로 행합니다. 우상을 좇습니다. 허영을 좇습니다. 음욕이 불타서 성적인 범죄를 저지릅니다. 술과 탐욕과 쾌락의 노예 되어 낚시에 물린 물고기 같이 귀신에게 끌려 다니다가 지옥 가는 운명을 살게 됩니다. 환경에 지기 때문에 심령이 병드는 것입니다. 환경에는 귀신이 역사하기 때문에 예수를 믿는 성도들은 환경을 이겨야 합니다. 자기(육의 본성)를 이기지 못하기 때문에 심령이 병드는 것입니다. 약속의 말씀과 성령으로 환경과 육의 본성을 이겨야 마귀와의 영적전투에서도 승리할 수 있습니다. 마치 막 5장의 군대 귀신들린 자의 모습(막5:1-20)이 됩니다. 자기 몸에 상처를 내며 사람들에게 공포를 조성하는 사람이 됩니다. 이렇게 더러운 귀신이 들어오면 인격과 신앙과 생활이 더럽게 되어 버립니다.

가정 중심에서 벗어납니다(막5:3). 가정에서 함께 지내지 못합니다. 군대 귀신 들린 자는 무덤 사이에서 거처했습니다. 엄청난 힘이 나타납니다(막5:3-4). 귀신의 영향으로 힘이 장사라 사람들이 제압할 수가 없습니다. 귀신의 영향 아래 있는 자는 주체할 수 없는 탐식과 정욕 등이 나타납니다. 고래고래 고성을 지릅니다(막5:5). 부부싸움 중 인격이 돌변되어 나타나는 고함, 술 먹고 노래방 등에서 질러대는 괴성의 노래 등도 이런 영향 아래 있는 경우가 많습니다. 자해를 합니다(막5:5). 조폭들만 자해를 하는 것이 아닙니다. 귀신의 영향 아래 있는 자해의 형태는 부부싸움에서의 폭력이나 파괴하는 행동이나 문신이나 지나친 성형수술 등도 이에 포함됩니다. 옷을 벗고 지내기도 합니다(막5:15). 여성에게 귀신이 역사하면 다른 남자가 있어도 옷을 벗고 있습니다. 아담 타락 후 사람의 본능은 죄의 몸을 가리게 되었습니다(창3:7). 그러나 귀신의 영향 아래 있으면 옷을 벗으면서도 부끄러운 줄을 모릅니다. 신령합니다(막5:6-7). 그래서 무당이나 점쟁이가 되는 것이며, 양신 역사 아래 있는 자들 중에는 예언하는 예수무당도 있음을 알고 경계를 해야 합니다. 점치는 영의 영향으로 예언 받기 좋아하는 성도는 분별력을 길러야 합니다(겔13:17-19).

사람 속의 귀신과의 대화가 가능합니다(막5:8-9). 귀신이 말을 못하게 하니 사역자에게 말을 하지 않는 환자도 있습니다. 귀신도 간구합니다(막5:10). 귀신은 사람이나 짐승 속에 수천씩이나 들어갈 수 있으며(막5:9), 많은 귀신이 들어가면 미쳐버립니다(막5:13). 귀신이 나가면 온전해집니다(막5:15). 귀신이 나가고 은혜가 들어오면 전도를 합니다(막5:20). 전도는 강력한 성령의 역사에 의한 은혜 운동이며, 성령의 전폭적 지지를 받기 때문에 구원받은 성도들은 전도 사명에 전력해야 합니다.

귀신에게 눌려서 귀신의 조종을 받는 성도의 생활을 살펴보면 이렇습니다. 첫째, 교회생활입니다. 외모에 신경을 많이 쓰고 짙은 화장과 시선을 끌만한 옷을 입습니다. 무엇이든지 교회직분을 맡으려고 하는데…. 진정한 봉사가 아닌 자기 자랑거리로 직분을 탐합니다. 봉사는 성령으로 해야 합니다. 온갖 기도회는 모두 참석하여 깊은 영의기도를 하지 않고 눈을 뜨고 고개를 돌리면서 기도하는 사람들의 모습을 살핍니다. 말이 갑자기 애교

스러워지며(상냥해지며) 간드러지게 말을 하고 남자(여자)를 홀리듯이 쳐다봅니다. 남, 여 선교회나 각종 회의시 가결한대로 따르지 않고 꼭 자기의 의견을 덧붙입니다. 자기 의견이 무시될 때는 갑자기 직분이나 사회경력으로 무시하려고 합니다.

목사님 설교나 회의시 자기나 자기 가족문제와 비슷하다고 생각되면 말로 대적하기 시작합니다. 목사님이 말씀으로 자기를 친다고 떠들고 다닙니다. 목사님이나 장로님의 허물을 지적하면서 공공연하게 말하는 것을 스스로 자랑스러워합니다. 성령 세례 받고, 성령 충만 받은 자, 항상 성령으로 기도하는 사람과 눈을 맞추지 못합니다. 교회 안에서 만나고 어울리는 사람의 폭이 좁습니다. 자기와 영이 통하는 사람과 어울리기 때문입니다. 자신에게 어떤 영이 역사하는지 쉽게 알려면 자신과 잘 통하는 친구를 보면 알 수가 있습니다. 봉사나 헌신을 하면서도 꼭 자신의 얼굴에 빛이 나는 것만 하려고 합니다.

둘째, 가정생활입니다. 교회에서는 성도 같은데 집에 오면 말이나 생활이 다른 사람으로 돌변합니다. 남편이나 아내에게 말을 함부로 하고, 심지어 쌍욕을 하는데 교회 가는 날만 조용합니다. 술과 고기를 탐하며 심지어 담배까지 피우며 찬송가 대신 유행가를 흥얼댑니다. 아내나 자식 심지어 이웃 사람이 놀러와 있는 데에도 교회 비판과 주의 종 욕을 합니다. 불신자들과 자주 어울리고 고스톱 포커 등으로 시간을 보냅니다. 가정에서 예배는 아예 관심도 없고, TV나 컴퓨터 앞에 앉아 시간을 보냅니다.

안목의 죄(음란물, 포르노 사이트)에 휩싸여 있으면서 성경 말씀 읽는 것과는 거리가 멉니다. 혈기를 자주 부리고 흉측하고 폭력적인 행동을 하며 거짓말을 쉽게 합니다.

셋째, 사회생활입니다. 남편이나 아내 외에 외도하는 여자나 젊은 남자를 둡니다. 헌금은 아까워하면서도 자기를 위한 약을 사거나, 술을 마시거나, 술집에서는 돈을 물 쓰는 것과 같이 사용합니다. 예배시간은 잘 지키지 못하면서 친구들과 먹고 마시는 시간은 꼭 지킵니다. 불신자들과 어울릴 때는 신앙의 티를 전혀 내지 않습니다. 샤머니즘적인 신앙을 끊지 못하고, 사주팔자, 무당, 점쟁이를 찾아가며, 그런 것을 무척 흥미로워합니다. 스스로 사람 만나기를 피하며…. 어두운 곳을 좋아하며…. 늘 입으로 죽고 싶다고 합니다. 돈을 무척이나 밝히고 돈에 손해가 나거나 돈이 궁색해지면 우울증이 발병합니다.

집안에 머무는 귀신이 있습니다. 만약에 당신의 집안에 머무는 귀신이 있다면 자기와 체질적으로 맞는 사람을 찾지 못했거나 주변 여건이 맞지 않아서 사람에게 침입하여 접신을 하지 못한 것입니다. 이 귀신들은 집안에 있는 사람에게 언제라도 들어갈 준비가 되어있습니다. 이 귀신들로 인하여 집안에 피해를 입습니다. 특별히 이사를 간 직후에 일어납니다. 교통사고가 빈번하게 일어납니다. 제가 병원에 능력전도 다닐 때 이사 온지 6개월이 되었는데 교통사고를 세 번이나 당한 사람도 만났습니다. 교통사고에 놀라 심장병이 발생하여 병원에 입원했다가 저에게 안수기도 받고 치유되어 퇴원한 성도도 있습니다. 또 이사 온지 석 달이 되었는데 아이들 둘이 번갈아 병이 발생하여 두 번이나 병원에 입원 했다가 저에게 안수기도 받고 치유 되어 퇴원한 경우도 있었습니다. 매사가 잘 안 풀립니다. 집안에 우환이 생기게 합니다. 까닭 없이 부부간에 자주 싸우고, 이유 없이 자녀가 가출을 하거나, 부모 말에 순종하지 않고 반항하며, 부모와 싸우게 합니다. 또 컴퓨터 게임에 빠지는 등 이해가 되지 않는 행동을 하기도 합니다. 특히 잠을 자고 일어나면 머리가 아프고, 숙면을 취하지 못해 몸이 나른하고, 피곤할 뿐만 아니라, 악몽을 꿉니다. 그리고 가위에 눌립니다. 원인이 없는 문제는 없는 법입니다. 집안에 귀신이 머물고 있으면 음산한 기운 때문에 건강이 나빠지고, 언제 가족에게 침입하여 들어올지 모르므로 항상 위험을 안고 사는 것입니다. 이사를 갔는데 원인 모를 이상한 일들이 반복적으로 일어납니다.

제가 우리 교회 권사님의 집에서 실제로 이런 일이 일어난 것을 체험했습니다. 전도를 하러갔는데 권사님 집을 방문하라고 성령께서 감동시는 것입니다. 그래서 권사님의 집을 방문했습니다. 아파트 2층이기 때문에 집에 도착하여 초인종을 눌렀더니 권사님이 누구냐고 합니다. 강 목사입니다. 하고 집 안으로 들어갔습니다. 차를 주시기에 받아서 마시고 있었습니다. 권사님이 이러시는 것입니다. 목사님! 저의 남편 집사님이 어제 화장실에서 볼일을 보다가 가위눌림을 두 번을 당했습니다. 막 숨도 제대로 쉬지 못하고, 소리를 지르지 못하다가 제가 이상해서 화장실 문을 열었더니 도망을 쳤습니다. 참으로 이상합니다. 그래서 제가 화장실에 귀를 기우리고 차를 마시면서 들으니까, 화장실에서 버스럭 버스럭 하는 소리가 나는것입니다. 화장실 문을 열고 성령이여 임하소서! 내가 나사렛 예수 이름으로 명하노니 화장실에서 역사하는 귀신은 떠나갈지어다. 명령했더니…. 권사님이 하시는 말씀이 아~ 이제 알았습니다. 목사님! 우리 아들이 이 아파트에 이사 오기 전날 밤에 청소를 하고 잠을 자는데 부스럭 부스럭 하는 소리 때문에 밤새 싸우느라고 잠을 자지 못했답니다. 그런데 그것이 우리 집사님 목을 누른 것 같습니다. 그래서 식구들을 모아놓고 예배를 드리면서 성령의 임재를 충만하게 하고 귀신들을 몰아낸 일이 있습니다. 그 후 한 번도 그와같은 잘못된 일이 일어나지 않았습니다. 만약 당신의 가정에 이런 일이 일어난다면 지체하지 말고 성령이 충만한 예배를 드리면 떠나가는 것입니다. 반드시 성령의 역사를 일으켜 귀신을 몰아내야 합니다.

마귀는 끊임없이 우리의 생각 속에 하나님과 어긋나는 생각들 즉 이기적이고 탐욕적인 생각들을 불어넣습니다. 그런데 이것이 교묘하게 위장될 뿐만 아니라, 타당한 근거를 지닌 내용처럼 보이기 때문에 속기 쉬운 것입니다. 하나님의 말씀으로 판단의 기초를 제대로 갖추지 못하면 우리는 그런 부분에서 마귀의 유혹에 휘말리게 됩니다. 우리의 그릇된 분별과 판단을 이용하여 마귀는 자신들이 하고자 하는 일을 하게 됩니다. 마귀는 각 그룹마다 자신들의 독특한 특징을 지닙니다. "종교의 영"은 거짓 종교 체계를 따르도록 우리를 유혹하며, "발람의 영"은 권세와 물질을 더 좋아하게 만들며, "이세벨의 영"은 우상을 숭배하게 만듭니다.

그 밖에 "게으른 영"은 모든 것을 내일로 미루도록 만들며, "분리의 영"은 항상 부정적으로 비판하게 만들어 분리하게 합니다. "다툼의 영"은 사소한 일도 크게 만들어 다툼이 일어나며, 이런 영을 가진 사람이 모임에 들어오면 반드시 싸움이 생깁니다. 수많은 영적 기능들이 있는데 이 마귀들이 접근함에 따라서 우리의 생각이 그 특성을 드러내기 시작하는 것입니다. 마귀는 우리 영속에 자신들의 특성적인 신호를 보내면 우리의 지각은 이것을 분석하여 받아들이게 됩니다. 말씀에 미약한 사람은 이 신호를 분별하지 못하고 자신의 생각인 것으로 여겨 그대로 행동하게 되는 것입니다.

떠오르는 생각 가운데 우리 영의 생각, 성령의 생각, 천사의 생각, 마귀의 생각이 있습니다. 이처럼 우리의 생각은 온갖 영의 생각들이 복잡하게 드러나는 싸움터입니다. 이런 생각들의 출처를 확실하게 구분할 줄 아는 것이 영적 분별력이며, 기술이기 때문에 배워서 익혀야 합니다. 우리의 생각을 멋대로 내버려 두어서는 안 됩니다. 하나님의 말씀으로 무장하고 분별력을 높여 하나님의 음성을 더 잘 듣도록 노력합시다. 귀신은 우리의 육체를 점령하여 그 가운데 거처를 삼고자 기회를 엿봅니다. 마음의 상처나, 고통스런 사건을 경험하여 심령이 극심하게 허약해져 있어 분별력이 없을 때 침투하게 됩니다. 극심한 사건이 없다 하더라도 영이 강건하지 못한 경우, 귀신은 접근을 시도합니다. 우리가 영적인 일에 무지하고 믿음이 약할 때 역시 공격을 시도하는데 귀신의 공격목표는 우리의 육신입니다. 그러므로 귀신이 접근하면 먼저 우리의 영이 이 사실을 깨닫게 되며, 그 신호를 육체에게 보냅니다. 육체가 느끼는 다양한 신호 가운데 가장 많이 나타나는 것이 소름끼치는 것입니다. 가슴이 조여들고 현기증이 나고 불쾌한 생각이나 두려운 생각, 썩은 냄새, 머리카락이 서는 강한 공포 등의 신호를 우리 감각기관에 보냅니다. 검은 물체가 보이거나, 어두운 분위기와 짓누르는 것 같은 압박감 등도 나타나며, 어둡고 불쾌하며 두려운 생각이 짓누르고 가위눌려 몸을 움직이지 못하게 되며, 악몽에 시달리며, 짐승들의 울부짖는 것과 같은 소리가 날카롭게 들립니다.

    방언이 거칠고 날카롭게 나오며, 짐승소리 비슷하게 변합니다. 공중에서 급하게 바람이 휘몰아 가는 것 같은 느낌이 들며, 날카로운 바람 소리가 들립니다. 무당들이 점을 칠 때 내는 독특한 휘파람 소리 같은 소리가 스쳐지나 가며, 뱀이 낙엽 위로 사삭거리면서 지나가는 것과 같은 소리와 느낌이 듭니다. 때로는 발자국 소리가 들리기도 하고 문이 열려 있어서 냉기가 스며드는 것 같아 누가 문을 열어두었나 하고 살피게 됩니다. 귀신은 공포를 동반하는데 이 모든 것이 일차적으로는 우리의 영이 우리 자신에게 알려주는 신호입니다. 귀신은 자신의 존재를 나타내려고 하지 않지만, 우리의 영은 이 사실을 알기 때문에 이런 다양한 신호를 우리에게 보냅니다. 귀신이 자신에게 접근해 오면 우리의 영이 이를 알고 느끼기 시작하며, 때로는 성령께서 이 사실을 우리에게 알게 해 주십니다.

마귀와 귀신의 접근은 마치 감기처럼 누구에게나 오는 것입니다. 우리의 몸과 영은 이 두 차원의 악한 존재들로 인해서 항상 싸움터가 되며, 이 영적 전쟁에서 이기기 위해서는 깨어 기도해야 합니다. 마귀는 우리가 하나님의 사랑을 더 많이 받을 수 있는 길목을 지키다가 적당한 때가 이르면 모조품을 먼저 우리 앞에 내어놓습니다. 마귀는 우리의 약점을 너무도 잘 압니다. 성령께서는 자신의 약점이 무엇인지를 알기 원하십니다. 누구든지 한 가지 이상의 약점을 지니고 있으며, 그 약점은 우리가 하나님 앞에서 겸손하게 하기 위한 은혜의 수단이기도 합니다.

19장 영적인 청소를 합시다.

(신7:25-26) "너는 그들이 조각한 신상들을 불사르고 그것에 입힌 은이나 금을 탐내지 말며 취하지 말라 네가 그것으로 말미암아 올무에 걸릴까 하노니 이는 네 하나님 여호와께서 가증히 여기시는 것임이니라. 너는 가증한 것을 네 집에 들이지 말라 너도 그것과 같이 진멸 당할까 하노라 너는 그것을 멀리하며 심히 미워하라 그것은 진멸 당할 것임이니라."

하나님은 우리가 자신과 가정, 사업장, 그리고 교회를 대상으로 영적인 청소를 하기를 원하십니다. 사람에게 붙어서 역사하는 영과 마찬 가지로 특정한 영역을 통하여 역사하는 악한 영을 쫓아내는 것을 영적 청소(spiritual house cleaning) 라고 합니다. 먼저 자신을 대상으로 영적인 청소를 하시기를 바랍니다. 영적인 청소를 한다는 말을 처음 들어보셨습니까? 일정한 장소에 거주할지도 모르는 악령들을 쫓아내는 것은 영적인 청소라고 합니다. 어떤 지역이나 장소를 장악하고 역사하는 악령이 존재합니다. 하나님께서는 하나님의 자녀인 우리 집안에 하나님께서 가증스럽게 여기는 물건과 그를 통해 들어온 악한 영들을 청소하고 없애시기를 원하십니다. 하나님은 거룩한 분이시고 우리는 그분의 자녀이기 때문입니다.

가증스런 물건을 통해서 악한 영들은 합법적으로 들어옵니다. 악한 영들은 아무런 법적근거 없이 빌미나 통로가 없이 들어올 수 없음을 명심해야 합니다. 집안 청소를 하기 전에 먼저 자신의 영적 청소를 먼저 하시기를 바랍니다. 이는 말씀과 성령으로 해야 합니다. 먼저 지갑을 살펴보시기를 바랍니다. 그리고 자신이 사용하는 책상 서랍을 점검하여 청소하시기를 바랍니다. 개인 사물함을 보시고, 옷장도 점검하여 보시기 바랍니다. 자신이 사용하는 노트북이나 개인용 컴퓨터를 점검하여 보시기 바랍니다.

자신이 사용하는 책상의 책꽂이를 점검하시기를 바랍니다. 개인 지갑도 해당이 됩니다. 그 외 카세트테이프, 비디오테이프, CD, 컴퓨터디스켓 등등을 점검하시기를 바랍니다. 좌우지간 개인의 비밀 창고를 포함하여 정밀하게 점검해야 합니다. 컴퓨터 게임, 책, 포스터, 잡지, 그림, 사전, 의식 용구나 옷, 상(像), 보석 등, 개인 용품을 완전하게 점검했다면 이제 자신의 마음속의 우상을 말씀과 성령으로 청소하시기 바랍니다.

1. 특정한 장소에 역사하는 영

귀신들은 그들의 특성에 따라서 사람을 매개로 하여 역사하는 영이 있고, 동물을 통하여 역사하는 영이 있으며, 장소를 매개로 역사하는 영이 있습니다. 하나님이 창조하신 것들을 그들은 불법적으로 소유하여 자기 것인 양 사용하며 그 소유권을 주장합니다. 그러므로 여기에서 신자들과의 영역 다툼이 생깁니다. 하나님은 믿는 자를 통하여 하나님의 소유가 회복되기를 원하십니다. 먼저는 사람이 회복되기를 원하며 다음으로는 땅과 거기 있는 것들이 온전히 하나님의 소유로 회복되기를 바라는 것입니다. 이로 인하여 마귀와 성도들 사이에 끊임없는 영역의 싸움이 발생합니다.

1) 가정

우리는 자신이 사는 집을 아름답게 장식하기 위해서 여러 가지 형상들이나 그림으로 집 안과 밖을 꾸미기를 좋아합니다. 그러나 이 때 주의해야 할 점이 있습니다. 장식물 가운데는 우상의 상징들이 많습니다.

① 아이콘(icon or eikon): 이것은 종교적인 그림을 말합니다. 그리스 정교회의 그리스도, 동정녀 마리아, 성인들의 그림들이 여기에 속합니다. 러시아의 볼세비키 혁명 전에 아이콘들은 교회에 장식되어 있었고 전투 때에는 군대와 함께 전쟁터로 나갔습니다. 우리는 어떠한 형상도 만들어서는 안 됩니다. 이는 우상의 한 형태입니다(출 20:4).

② 우상의 역사

유대의 우상 숭배의 역사는 라헬이 그의 아버지의 우상 '드라빔'을 훔친 사건에서 비롯됩니다(창 31:9). 이집트에 오래 거주하는 동안 그들은 그곳의 우상 숭배에 익숙하게 되었습니다(수 24:14, 겔 20:7). 광야에서 그들은 송아지 우상을 만들어 하나님을 볼 수 있는 존재로 나타내고자 하였습니다(출 32). 이후 이스라엘을 정복한 나라들은 그들의 우상을 정복의 상징으로 이스라엘에 세웠습니다. 옥수수 밭, 포도원, 그리고 개인들의 거주 공간인 집의 문 뒤에 우상을 설치하였습니다(사 57:8, 호 9:1-2). 사무엘의 시대에는 우상 숭배가 공적으로 배척되었습니다. 솔로몬의 통치 때에는 이러한 생각이 망각되었고 솔로몬도 다른 신을 좇았습니다(왕상 11:14). 이스라엘이 바벨론 포로로 잡혀가기까지 이들의 우상 숭배는 계속되었습니다.

③ 우상의 대상

태양과 달은 가장 오래된 우상의 상징입니다. 이 우상의 상징은 갈대아에서 시작하여 이집트, 그리스, 멕시코 그리고 실론에 이르기까지 광범위한 지역에서 숭배되고 있습니다. 그 이후 각종 동물의 형상이 등장합니다(왕하 23:5). 셈족들 가운데서는 영웅 숭배가 있었습니다. 마므레의 상수리 나무 아래에 아브라함이 하나님으로부터 언약을 들은 것을 기념하기 위해 단을 쌓았고(창 13:18), 브엘세바에서 상수리 나무를 상징으로 무덤가에 심었습니다(창 21:33). 이는 군주 숭배와 연관이 있습니다. 큰 나무는 우상을 숭배하는 장소로 사용되었습니다(왕하 23:12, 렘 19:3, 32:29, 습 1:5).

④ 우상 숭배의 매력

이스라엘이 살아계신 하나님이 있음에도 불구하고 지속적으로 우상을 숭배한 까닭이 무엇일까요? 보이는 것들은 보이지 않는 영적 실체보다 더 쉽게 이해될 수 있는 속성을 가지고 있습니다. 그러므로 믿음을 구체적으로 만들기 위해서는 보이는 형상이 필요했습니다. 보이는 것은 소유하고자 하는 욕망을 일으킵니다. 그러므로 믿음이 약한 사람은 형상을 통하여 믿음을 얻고자 합니다. 그러나 이러한 생각은 진정한 믿음을 만들어낼 수 없음을 알아야 합니다.

집안을 돌아보아 우상이 되는 것이 어떤 것들이 있는지를 점검해야 합니다. 여러 가지 형상의 인형들(이방신의 형상이나 상징을 본떠서 만든), 올빼미나 개구리(하나님이 싫어하는 것), 유니콘(사치 재정적인 문제) 등은 제거해야 합니다. 연예인의 사진을 걸어둠으로써 원치 않는 솔타이가 이루어집니다. 마린 몬로의 사진을 오래 간직한 어떤 사람은 마약에 빠지게 되었습니다.

이스라엘이 우상 숭배에 빠졌을 때 그들은 포로로 잡혀 갔습니다. 우상 숭배는 하나님의 은혜에서 떠나게 만듭니다.

자신의 집안을 점검하여 이러한 우상으로 의심되는 물건이나 사진들을 찾아내고 이러한 것들을 집안으로 들여놓은 자신의 죄를 회개하고 그것들을 불살라야 합니다. 그리고 그것을 틈타서 들어온 마귀를 예수의 이름으로 묶고 내어쫓아야 합니다.

⑤ 점검해야 할 것들
  ○ 사단의 왕국과 연관된 물건이나 책
  ○ 전에 살던 사람이 저주물로 남겨둔 것들
  ○ 소리를 내는 물건들(poltergeist).
  ○ 개구리나 올빼미를 형상화한 것들
  ○ 무당들이 사용하는 도구들
  ○ 이방신이나 거짓 종교의 문서들
  ○ 주조해서 만든 이방신 형상
  ○ 부적과 같이 행운을 가지고 온다고 하는 장식물
  ○ 장수를 상징하는 이집트 앵크(Egyptian ankh),
  ○ 부러진 십자가(평화를 상징),
  ○ 폴리네시아의 티키스(tikkis)=지역 신상,
  ○ 아프리카의 주주(jujus), 이태리의 뿔, 신비적인 메달, 별의 형상 등
  ○ 무속의 도구로 사용된 인형

⑥ 집안 청소의 5단계
  ○ 용서의 기도=조상, 가족, 그 외의 사람들을 용서하고 하나님이 그들을 용서하고 축복해 주시기를 구합니다. 자신을 용서

해 주시기를 구하고 자신이 자신을 용서합니다

　ㅇ 저주와 솔타이를 끊습니다.

　ㅇ 우상에 관련된 물건들을 제거합니다.

　ㅇ 집에 기름을 바르고 악령을 쫓아냅니다.

　ㅇ 저주로 인해서 들어온 귀신을 쫓아냅니다.

2) 사업장

사업장의 경영주가 미신을 믿음으로 사업의 번창을 위해 귀신의 힘을 빌리려고 무속적인 행위를 한 경우에 그곳에 귀신이 역사합니다. 특히 사업장에 부적을 묻어두거나 걸어두는 경우가 있습니다. 경영주가 바뀌어 걸어둔 부적은 제거되었으나 숨겨둔 부적이나 저주 물은 그대로 있기 때문에 마귀는 역사할 수 있는 권리를 가지고 있어서 계속 영향력을 행사하려고 합니다.

이러한 사업장을 그리스도인이 인수하였을 경우 심한 영적 싸움을 치르게 됩니다. 사업을 방해하기 때문에 여러 가지 까닭 모를 어려움에 빠집니다. 이런 경우 숨겨둔 부적이나 저주 물을 제거해야 합니다.

3) 지역 교회 내에서 역사하는 악령

저는 여러 지방의 교회를 가봅니다만 어떤 교회는 그 교회당에 들어가면 곧바로 영적으로 어둡고 깨끗하지 못한 것을 느낍니다. 한번은 남쪽지방의 경매 받아 입당한 한 교회에 들어가니

가슴이 답답하고, 영적으로 꽉 막혀서 담임목사에게 영적인 전쟁을 많이 하셔야 될 것 같다고 했더니, 그렇지 않아도 전에 있던 교회 성도들이 환상으로 보이는 데, 수많은 뱀들이 의자를 넘나드는 것이 보인다고 하여 대적기도를 하고 돌아온 적이 있습니다.

한번은 전에 사역하던 담임목사님이 질병으로 돌아가신 교회에 가서 부흥회를 인도하려고 강단에 엎드려서 기도를 하려고 하니까? 강단을 장악하고 있는 악한 영이 확 하고 덤비더니 등골이 오싹하여 한동안 방언으로 대적 기도하여 몰아낸 경우도 있었습니다. 강원도 어느 교회에 청빙을 받아 가서 목회하시는 목사님의 이야기를 들어보니까, 앞에 목회하던 목사님이 물에빠져 숨겼는데 지금은 자기 사모가 정신적인 문제로 고생을 한다는 것입니다. 영적인 사역을 하는 P목사님 교회는 지방 면 단위 교회인데, 전임목사님이 영적으로 너무너무 눌려 다른 지역으로 가셨는데, 그 교회 역사를 조사해보니, 교회 안에서 자살한 사건이 있었고, 그 지역에 살인사건도 있었으며, 교인들끼리도 분쟁과 싸움이 많았다는 것입니다. P목사님은 생명을 걸어놓고 기도하고 영적인 청소를 하고 예수의 피를 뿌린 후에 지금은 안정되게 목회를 하고 계십니다.

대부분이 교회성장의 결정적인 걸림돌이 교회내의 분쟁, 시기, 다툼, 불화, 수군거림, 비난, 비방의 오랜 역사를 지니고 있는 경우가 허다할 것입니다.

내가 섬기고 있는 우리 교회는 어떤가요? 톰 화이트는 교회당 내에 악령이 거주하거나 역사하고 있다는 사실을 알려주는 몇 가지 증상을 제시합니다.

① 먼저 교회 지도자들이 저지른 과거의 죄입니다. 주로 교인 간의 불법적 성행위, 교만에 찬 야심, 시기심 또는 분노 등입니다. 교인들이 상처를 입었을 때 표면적인 징후만 다루고 문제의 근저에 있는 죄악을 회개하지 않을 때 악령에게 계속 발판을 제공하게 됩니다.

② 또한 상호 신뢰감의 위반으로 인해 초자연적인 하나님의 사랑의 표현이 보이지 않는 경우입니다. 과거에 교회 지도자 사이에 신뢰가 무너진 적이 있으면 교인들은 현재 지도자들의 진실성을 의심합니다. 그 결과 교인들은 소외감을 느끼거나 자기 보호본능을 발동하여 참여는 하지만 깊은 헌신은 하지 않습니다.

③ 또한 교회 업무 처리가 불분명한 경우입니다. 이런 경우 서로 의견이 분열되어 무엇이 하나님의 뜻인지를 분별하기가 아주 어려워집니다. 사단은 이런 일을 통해서도 발판을 굳힙니다. 좌우지간 교회는 성령으로 하나가 되어야 부흥합니다.

④ 또한 예배 중 회중들이 영적으로 죽어 있거나 무감각한 경우입니다. 아무리 영적으로 충만한 교회라도 때로 영적으로 침체된 경우가 있지만, 이런 경우는 예배 인도자들이 영적으로 시들어서 죽은 예배를 인도하는 경우입니다. 회중의 성령 충만 정

도는 예배인도자의 성령 충만과 비례하는 것입니다. 그래서 담임 목회자의 영성이 중요합니다.

⑤ 마지막으로 한 두 사람의 주도적인 지도자가 교회 일을 좌지우지하는 경우 악령이 강하게 역사할 공산이 큽니다. 이들은 당을 지어 목회자를 대적하거나 분열과 악독과 시기심을 자극합니다. 악령의 영향을 받았든 받지 않았든 일부 평신도 지도자가 목회자를 공개적으로 비판하거나 뒤에서 험담을 늘어놓거나 나쁜 소문을 퍼뜨릴 경우, 이들은 광명의 천사로 가장하여 자신들이 가장 의로운 사람인양 행세하지만, 실제로는 하나님의 영광이 아니라 사단의 앞잡이가 되어 자신의 욕망을 채우는 사람들입니다.

그리고 교회가 지속적으로 재정에 문제가 생긴다거나, 성장이 되지 않는 다거나 병자가 많이 생긴다거나, 앞의 교회들이 부도를 당했다거나, 담임교역자가 질병이 많았다거나, 불미스럽게 생명을 잃었다거나 하는 것들을 찾아 회개도 하고 배후의 악의 영들을 몰아내야 합니다.

상당한 교회에서 악령은 역사하고 있습니다. 화곡동의 Y교회의 담임 목사는 귀신의 강한 영향을 받아 교회 안에 머물러 있기가 싫다고 합니다. 그래서 항상 산에 올라가 기도했습니다. 강대상을 빼앗긴 것입니다. 대구의 O교회 담임 목사는 극심한 우울증으로 인하여 목회를 할 수 없었습니다. 여러 차례 정신과 치유를 받았지만 증상은 여전하였습니다. 교회의 천정에서 엄청난 발전기가 돌아가는 소리가 들려왔다. 극심한 소음을 내는 귀신의 영향으로 인하여 담임 목사는 정신을 차리지 못하는 것입니다.

창신동의 K교회의 담임 목사는 교회에만 들어가면 기분이 가라앉아 기도하고 싶지도 않고 설교하고 싶지도 않았습니다. 교회를 나오면 기분이 상쾌해지지만 교회 안에만 들어가면 기분이 가라앉습니다. 성도들도 그런 느낌을 받아 오래 있지 못하고 떠납니다.

교회는 하나님의 성전이기 때문에 귀신이 역사할 수 없다고 생각하기 때문에 축사할 생각을 하지 못하고 고통만 당하는 것입니다.

2. 영적 청소의 실제

1) 먼저 소유자나 사용주의 허락을 받을 것.

본인의 소유나 전용이 아닐 경우는 먼저 허락을 받아서 행하도록 합니다. 허락을 받지 못했을 경우나 허락 받을 만한 여건이 아닌 경우 조용히 드러나지 않게 기도합니다.

대상: 거주지, 사무실이나 작업장, 하숙집, 기숙사, 호텔, 모텔, 여관 등.

영적 전투를 위해 부르심을 입은 중보 기도자들은 건물 주변을 돌면서 기도함으로써 많은 효과를 거두고 있습니다.

2) 그 장소에서 행하여진 모르는 죄를 대신 회개할 것

새로운 집이나 사업체 또는 장소에 들어갔을 때 그 장소에서 그 이전에 어떤 일이 행하여졌는지 알 수 없으므로 "하나님, 저는 잘 알지 못하오나 하나님께서는 아시오니 이 장소에서 저질러진 모든 죄악을 용서하여 주십시오"라고 기도하면 됩니다.

기도 중에 성령께서 특정한 장소에서 특정한 죄가 행해졌음을 알게 해 주시면 그 죄를 회개하면 된다. 집안 청소가 필요하면 그 이유를 설명하고 제거합니다.

3) 그 죄를 발판으로 역사하는 모든 흑암의 세력들을 예수 이름으로 물리칠 것.

건물 주변이나 마당 또는 정원을 돌면서 예수의 이름으로 청결케 되었음을 선포합니다. 성령으로 충만한 상태에서 방마다 다니며 찬양 또는 기도로 청결케 하는 사역을 행합니다. 필요할 때는 기름을 바르거나 예수의 피를 뿌려 귀신을 추방합니다.

4) 그 장소를 주님께 온전히 드릴 것.

하나님은 어떤 물건이나 심지어는 사람조차 거룩하게 성별하시기 위해서 먼저, 피로 정하게 하고 그 다음에 기름 부음으로 거룩하게 하셨습니다(출 29:10-28 참조). 그래서 어떤 분은 집이나 건물의 문에 손으로 좌우상하로 기름을 발라 하나님께 드리는 행위를 상징적으로 하기도 합니다. 그리고 난 후 장소를 온

전히 주님께 드리는 결단의 기도를 하고 악한 세력들로부터 보호를 간구하는 기도를 합니다. 물론 어떤 경우에는 한 번 했다고 금방 효과가 있는 것은 아닙니다. 특히 그 장소에서 끔찍하거나 심각한 죄가 저질러졌을 때는 일정 기간 강한 기도가 필요합니다. 또한 새 장소에 들어갔을 때는 성령의 기름부음이 자연스럽게 임할 때까지 지속적으로 할 필요가 있습니다.

5) 영적 청소가 제대로 되지 않았을 때 일어날 수 있는 현상들

영적 공기가 더러워져서, 자주 짜증이 나거나, 사고가 나거나, 싸움이 잦거나, 건망증이 일어나기도 하고, 성경 말씀을 보고, 기도하고, 찬양하는 것을 막기도 합니다. 심하면 당사자는 물론 그곳에 거주하는 사람에게 큰 사고나 재앙을 일으키기도 합니다.

이사를 갔을 경우 영적으로 눌려서 고통을 당한다면 분명한 영적인 문제입니다. 자기가 성령으로 충만하지 못하다면 성령으로 충만한 담임목회자를 초청하여 예배를 드리며 영적인 청소를 해야 합니다. 그래야 불필요한 고통을 당하지 않습니다.

20장 가정 사업장의 영적 청소

(벧전5:8-9)"근신하라 깨어라 너희 대적 마귀가 우는 사자 같이 두루 다니며 삼킬 자를 찾나니, 너희는 믿음을 굳건하게 하여 그를 대적하라 이는 세상에 있는 너희 형제들도 동일한 고난을 당하는 줄을 앎이라"

세상 사람들은 새로 사업장을 마련해서 장사를 시작하려고 할 때 대부분은 돼지 머리를 올려놓고 귀신에게 절하는 관습이 있습니다. 고사를 마치면 가까운 이웃 가게에 그 떡을 돌립니다. 믿지 않는 사람들은 어떤 일을 새로 시작할 때 반드시 돼지 머리를 두고 고사를 드리는 것을 당연한 의식으로 여기기 때문에 각종 사회 행사에서 이런 모습은 낯설지 않습니다.

성도들이 새로 가게를 얻어서 장사를 시작하는 그 가게 역시 전에 믿지 않던 사람이 장사를 했다면 아마도 그 장사를 시작할 때 고사를 치렀을 것입니다. 그리고 불교나 무속에 관심이 있는 사람은 그들이 믿는 종교의 절차에 따라서 예불이나 고사를 드리고 어떤 흔적을 남겨놓았을 수도 있습니다. 예를 들면, 부적이나 불경구절이 적힌 법문(法文)이라고 하는 일종의 부적 같은 것을 걸어두었거나 가게 어딘가에 숨겨두었을 수도 있습니다.

이렇게 귀신들에게 어떤 관계를 맺는 행위가 이루어진 지역은 영적으로 무척 불결할 수밖에 없으며, 예불이나 고사를 통해서 불러들인 귀신은 그 장소를 자신들의 영역으로 주장하고 그곳에 들어오는 많은 사람들에게 영향을 행사하려고 할 것입니다. 이런 장소를 사업장으로 선택한 그리스도인들은 개업을 하기 전에 우선 '개업예배'라는 공식적인 예배를 드립니다.

오늘날 교회는 이런 개업예배가 거의 관례가 되어 일상처럼 드려지고 있습니다. 그러다 보니 많이 형식적이 되어 버린 점이 있습니다. '개업예배'를 단순히 일과성 행사처럼 또는 교회에 알리는 신고식 정도로 생각하는 경우도 있습니다. 이 사업장이 자신이 사업을 해서 생계를 유지하고 돈을 버는 중요한 수단이 되는 곳이며, 또한 그 장소를 통해서 하나님의 나라가 확장되는 것이라는 생각을 해야 합니다. 믿는 사람이 어떤 영역을 소유하고 지배하게 되면 그만큼 하나님의 나라는 확장되는 것이며, 반대로 사단의 영역은 축소되는 것입니다.

그렇기 때문에 여기에서 문제가 생기는 것입니다. 확장하는 그리스도인과 축소되는 사단 사이에 다툼이 없을 수가 없습니다. 사람뿐만 아니라 동식물에 이르기까지 영역 다툼은 생존의 문제입니다. 사단 역시 그들의 생존을 위해서 영역 다툼은 피할 수 없는 것이며, 어쩌면 이것이 가장 핵심적인 영적 전쟁의 원인일 것입니다. 땅을 빼앗고 빼앗기는 연속적인 다툼을 우리는 구약의 열왕기와 역대기에서 너무도 자세하게 봅니다.

이스라엘의 끝없는 전쟁은 신약시대를 사는 우리들의 영적 전쟁의 모형(typos)입니다. 우리가 육안으로는 볼 수 없는 영역에 대한 다툼은 끊임없이 이어지고 있고, 그 한 형태로 사업장의 다툼이 있습니다. 모든 그리스도인들은 사단과의 싸움에 직면해 있으며, 사업장은 그 싸움의 가장 핵심에 놓여있는 것입니다. 사업장의 주제는 돈입니다. 돈은 생명이며, 능력입니다. 돈 때문에 다툼이 생기고 살인이 일어납니다. 세상의 모든 부조리와 갈등의 배경에는 이 돈이 있습니다.

돈을 통해서 하나님의 복음이 전파되고, 하나님의 영광이 나타납니다. 돈이 없으면 교회도 없고 믿음도 없습니다. 생존 그 자체는 돈과 긴밀하게 연관되어 있기 때문입니다. 그러므로 사단이 그리스도인에게서 이 돈을 빼앗고자 온갖 수단을 다 동원하게 되며, 이 돈을 버는 장소인 사업장을 공격하는 일은 절대적이라고 할 것입니다. 이런 사단의 주된 공격 목표인 사업장을 하나님의 나라로 만들고 그것을 방어하는 일은 영적 전쟁에서 필수적인 것입니다.

그러므로 새로운 사업장을 확보한 사람은 그 사업장이 하나님의 나라가 되었음을 공식적으로 선포하는 예배는 필수이며, 그렇기 위해서 먼저 영적 청소를 해야 하는 것입니다. 이는 새로 이사하여 들어갈 집을 먼저 수리하거나 청소한 다음에 이사하는 것이 당연한 일인 것처럼 영적으로 혼탁해진 그 장소를 정리하는 것이 먼저입니다. 그러므로 '가정 사업장의 영적 청소'는 소홀히 할 수 없는 것입니다.

무속인들은 자신들의 영역임을 상징하는 부적을 교묘하게 숨겨둡니다. 사람들의 눈에 쉽게 띄지 않는 곳에 은밀하게 숨겨두도록 지시합니다. 흔히 보이는 북어에 실타래를 감아 천정에 매다는 것은 보편적인 행위이며 그냥 관례적으로 하는 것이며, 일반인들이 알 수 없도록 자신들만이 아는 특별한 장소에 은밀하게 부적을 숨겨둡니다. 예를 들면, 인테리어를 할 때 내부에 부적을 부착합니다. 겉으로는 드러나지 않지요. 때로는 벽을 깨고 그 속에 부적을 감추고 다시 시멘트로 바르는 경우도 있습니다.

이렇게 은밀하게 감추어둔 부적으로 인해서 귀신들이 그 장소를 자신들의 영역으로 지배하게 되며, 계속 지배하려고 합니다. 새로 그리스도인이 입주했을 경우 그 사람에게 많은 영향을 끼치며, 돈을 벌지 못하도록 훼방하게 됩니다. 이런 영향을 받게 되면 여러 가지로 문제가 생기게 됩니다. 종업원들 사이에 불화가 생긴다든가, 손님들이 불편을 느낀다든가, 거래처와 문제가 자주 생긴다든가 해서 장사를 하는데 귀찮은 일들이 생깁니다. 이렇게 되면 장사를 하는데 신경이 많이 쓰이게 되고 그만큼 에너지를 빼앗겨 손해를 보게 되는 것입니다.

믿지 않는 사람들은 첫 개시 손님을 무척 중요하게 생각합니다. 개시를 잘 못하면 그날 장사를 망치는 일이 많기 때문입니다. 첫 손님이 액수가 적게 물건을 사갔다면 그날은 종일 그런 사람들만 옵니다. 첫 손님으로 까탈을 잡는 사람이 오면 그날 역시 그런 사람들로 인해서 피곤합니다. 그래서 못마땅한 손님이

왔다 가면 입구에 소금을 뿌려 액운을 막으려고 합니다.

이런 일들은 믿지 않는 사람들의 오랜 경험에서 얻은 지식입니다. 실제로 장사를 해보면 이런 일들을 어렵지 않게 경험하게 됩니다. 이런 현상들은 영적 다툼에서 비롯되는 일이지요. 마귀들은 자신의 존재를 드러내고 싶어 하는데, 그 까닭은 지배권을 확보하기 위해서입니다. 그러므로 그리스도인들은 이 싸움을 당연히 치르게 되는데, 이런 사실을 제대로 인식하지 못하기 때문에 마귀의 교묘한 속임수로 인해서 많은 것을 잃게 됩니다. 새로운 가게에서 얻어야 할 것을 다 얻지 못하고 사단의 방해로 인해서 일부만 얻게 된다면 얼마나 억울할까요?

사단은 그리스도인들에게 전면적으로 방해하지 않고 우리가 얻어야 할 것 중에 일부를 얻지 못하도록 방해하는 것입니다. 그렇게 하는 까닭은 우리들에게 들키지 않게 하려는 속셈이 있기 때문입니다. 우리는 '이미 그러나 아직 아니'라는 교리를 알고 있습니다. 그런데 영적 싸움에 있어서 이 교리를 망각할 때가 많습니다. 예수를 믿기만 하면 사단과의 싸움에서 '이미' 백전백승했다고 생각하는 것입니다. 그러나 이것은 어리석은 생각입니다. 사단은 아직 자신들에게 주어진 권한을 막강하게 사용할 수 있습니다. 이것이 '아직 아니'라는 상태에 놓여있기 때문이지요.

그러므로 사단은 믿는 사람에게 여전히 영향을 주어 충만한 은혜를 얻지 못하도록 끊임없이 방해하는 것입니다. 성령충만을 받았다가도 사단의 계략에 휘말려 그 충만을 다 잃어버리지 않습니까? 사단은 우리들이 돈을 벌지 못하도록 갖은 방법을 다 써서 방해하려고 하는 것입니다. 그러므로 사업장에 대한 영적 청소는 필수입니다. 단순히 관례적으로 개업예배를 드리는 것으로는 충분하지 못합니다. 자기 축사처럼 일정기간에 주기적으로 사업장 청소를 해야 합니다.

종업원이 많으나 적으나 매일 일과를 시작하기에 앞서서 예배를 드리는 것이 생활이 되어야 합니다. 믿지 않는 직원들이 있어서 이를 불편해 한다면 지혜를 구해야 할 것입니다. 예배가 일과 가운데 하나임을 이해시키는 것이 중요합니다. 지난해에 기독교 학교에서 예배를 거부하고 일인 시위를 벌인 고등학생의 경우처럼 극단적으로 거부하는 종업원이 있다면 설득하고 그래도 안 된다면 해고해야 할 것입니다. 그런 생각을 가진 사람이 있으면 사단은 그 사람을 이용해서 많은 문제를 일으킵니다.

영적 청소는 주기적으로 해야 하며, 그 가운데 처음 청소는 무척 중요합니다. 시작이 반이라는 말처럼 시작부터 강력하게 대응해야 합니다. 사단을 묶고 그 지배권을 빼앗습니다. 예수 그리스도께서 십자가에서 승리하여 사단을 무력하게 한 사실에 근거해서 그리스도의 지배권을 선포하며 그 대리자인 자신이 이 영역을 다스린다는 사실을 악한 영들에게 선포하는 것입니다. 이런 선포를 통해서 이 사업장은 '이미'라는 예수의 지배가 이루어지는 곳이 되었음을 선포하는 것입니다. 사단은 더 이상 어떤 방해도 할 수 없으며, 하고자 한다면 그 모든 행위는 불법이며, 따라서 7배로 배상해야 함(잠 6:31)을 선포합니다. 영적 청소를 통해서 우리에게 주어진 몫을 사단에게 빼앗겨서는 안 될 것입니다. 사단은 끊임없이 우리를 괴롭게 하고자 할 것이기 때문에 주기적으로 영적 청소를 해서 사단의 방해를 막아야 합니다. 이런 일을 소홀히 하는 까닭은 사단의 방해가 교묘하며, 때로는 즉각적으로 나타나지 않기 때문입니다. 영적 청소를 위한 예배를 드렸다고 눈에 띌 정도로 상황이 개선되는 것은 아닙니다.

이는 마치 우리가 불신자를 위해서 중보기도를 하지만 그가 곧 바로 교회에 나오는 것이 아니지요. 오랜 중보기도를 통해서 마침내 구원의 문이 열립니다. 그러므로 낙망하지 말고 꾸준히 중보 해야 하듯이 사단은 단번에 모든 것을 포기하고 쉽게 떠나는 것이 아닙니다. 그러나 지속적인 영적 청소를 행한다면 사단의 영향은 점차로 약화되고 언젠가는 떠나버리고 말 것입니다. 그렇게 되면 그 사람은 어디에 가든지 사단과의 싸움에서 승리할 것이며, 무슨 일을 하든지 다 형통하게 되는 것입니다.

자신이 하는 장사가 잘 되지 않는다면 영적 청소를 시작하십시오. 때로는 많은 시간이 지나야 그 효과가 나타날 것입니다. 그러나 지금 당장 영적 청소를 시작했다면 여러분은 확실한 성공의 길로 들어선 것입니다. 사단의 방해는 약화되어가기 시작하며, 여러분의 사업은 그만큼 하나님의 축복을 온전히 받을 수 있는 관계로 나아가게 됩니다. 무슨 장사를 해도 늘 잘 되는 사람이 있고, 반대로 늘 안 되는 사람이 있습니다. 그 배경에는 우선 사단의 집요한 방해가 있다는 사실을 인식하기 바랍니다. 영적 전쟁은 모든 믿는 사람들이 피해갈 수 없는 중요한 것입니다. 그리고 그 전쟁은 반드시 믿는 사람의 승리로 끝이 난다는 사실도 잊지 마십시오.

21장 마음을 정화시키는 비결

(행15:9)"믿음으로 그들의 마음을 깨끗이 하사 그들이나 우리나 차별하지 아니하셨느니라"

하나님은 말씀을 우리의 마음 안에 있는 영에 넣어주십니다. 우리의 영은 이 말씀을 받아 자신의 마음에 전합니다. 마음에 전해진 말씀을 우리는 느낌이라는 감각으로 깨닫게 되고 이것을 이성(머리)이 분별합니다.

우리말에는 마음이 하나로 표현 되지만 영어는 두 가지로 구분합니다. 즉 mind와 heart인데 우리는 이 두 가지를 한 마디로 마음이라고 정의합니다. 영어의 heart는 하나님의 말씀을 받는 곳 즉 느낌을 만들어내는 곳을 일컫습니다. 그리고 mind는 그 느낌을 분석하는 의지적인 작용을 하는 곳을 일컫습니다. 우리는 전자를 마음, 후자를 이성이라고 봅니다.

하나님은 원석에 해당하는 말씀을 heart에 전해주고 이 말씀을 올바르게 분별할 수 있는 기름부음의 식별능력(anointing reasoning)을 mind에 부어주시는 것입니다.

이처럼 마음은 그리스도인에게 있어서 매우 중요한 부분인 것입니다. 하나님의 음성을 듣고 주님과 친밀한 관계를 유지하기 위해서는 이 마음이 주님이 쓰시기에 합당하도록 준비되어야 하는 것입니다.

주님의 음성을 듣고 싶어도 듣지 못하는 많은 그리스도인들은 이 점에서 무언가 문제가 있기 때문임을 인식하기 바랍니다.

우리의 마음이 주님이 쓰시기에 합당하기 위해서는 먼저 투명해야 합니다. 수정같이 맑은 마음이라는 표현이 있듯이 우리의 마음이 거울처럼 맑아야 합니다. 마음이 맑지 않으면 하나님의 음성을 듣기가 어렵습니다.

투명한 마음을 가지기 위해서 어떻게 해야 할지는 잘 알 것입니다. 어린아이와 같은 마음을 유지하기란 쉽지 않지만 불가능한 것은 아닙니다. 쉽지 않다고 해서 마음이 복잡하고 어지럽고 더러운 채로 둔다는 것은 게으름의 결과이지요. 마음을 정결하게 하기 위해서는 많은 노력과 포기가 전제되어야 하는 것입니다.

우리의 행동으로 인하여 마음의 상태가 결정됩니다. 행동하기 전에 우리는 마음이 이미 결정하였고 그 결정을 육신이 행동으로 옮깁니다. 행동을 계속하면 육신은 그 행동을 자동으로 행동할 수 있는 체계를 만듭니다. 이것이 몸에 익숙해지는 것이며, 이를 공부라고 합니다. 공부된 행동은 그 다음부터 마음과는 상관없이 행동하게 됩니다.

자전거를 처음 탈 때는 마음을 집중해서 탑니다. 그러나 그 행동이 몸에 익게 되면 생각 없이도 자전거를 잘 타게 됩니다. 투명한 마음은 이러한 행위를 만들어내지 않는 마음입니다.

마음을 정화시키기 위해서는 성령으로 충만한 생활입니다. 그리고 성령의 임재 하에 깊은 영의기도를 하는 것입니다. 깊은 영의기도를 하면서 성령께서 주시는 감동대로 마음을 정화하는 것입니다.

불신으로 가득한 마음을 성령께서 주시는 믿음으로 채워야 합니다. 신앙생활을 하면서도 불신과 불안과 의심과 두려움으로 가득한 마음을 가지고 있다면 주님과 친밀한 관계를 유지할 수 없습니다.

불신을 떨쳐내고 믿음의 마음으로 바뀌기 위해서는 모험이 필요합니다. 성경에 나오는 믿음의 사람들은 예외 없이 하나님 앞에서 큰 믿음의 도전을 받고 그 시련을 이겨낸 사람들입니다.

도전이 없이는 결코 믿음이 만들어지지 않습니다. 도전은 모험입니다. 모험에는 정답이 없습니다. 아무도 가본 적이 없는 새로운 길이기 때문에 두려움이 생깁니다. 이 두려움을 극복하는 과정에서 믿음이 생깁니다. 이 믿음이 없이는 하나님을 볼 수 없는 것입니다.

선한 분별력을 길러야 합니다. 우리의 마음은 세상적인 교육으로 인하여 하나님의 능력에서 벗어나 있습니다. 세속적인 인습과 학습으로 찌든 마음으로는 결코 주님의 음성을 들을 수 없습니다.

그러므로 성령 안에서 주님의 말씀을 공부하고 경험해야 합니다. 선한 분별력은 성경을 깊이 묵상함으로써 얻어지는 것입니다. 성경을 날마다 묵상하고 경험하는 노력이 없이는 마음정화는 불가능합니다. 성경 66권을 골고루 읽어서 성경 말씀에 대해 어색한 부분이 없어야 합니다.

마음의 정화는 성령 안에서 회개를 의미합니다. 진정한 회개는 자신의 죄를 인식하고 그 죄를 주님 앞에서 고백할 뿐만 아니라 그 죄로 인하여 생긴 악습을 제거하는 노력을 계속 지속하는 것입니다. 죄의 고백으로 인하여 죄사함을 받는 것은 오직 은혜로 얻어집니다. 그러나 그 죄로 인하여 발행한 악한 습관은 많은 시간과 노력으로 해결해야 하는 과제인 것입니다.

사람들은 죄를 회개하면 그것으로 끝났다고 생각합니다. 그리고 그 죄로 인한 악한 습관의 처리에 대해서는 별로 관심을 가지지 못합니다. 그래서 얼마 지나지 않으면 그 죄를 다시 반복합니다. 그리고는 또 회개합니다. 이런 일을 계속 반복하면 죄의 처리에 대해 의문을 가지게 되고 죄의 회개에 대해 무의미하게 생각하며, 이윽고 신앙생활을 게을리 하거나 신앙을 버리게 되기까지 합니다.

마음 청소는 죄로 인하여 생긴 악한 습관들을 정리하는 것입니다. 악습을 정리하지 않고는 그 죄에서 진정 자유로워질 수 없습니다. 은혜가 식어지면 언제라도 다시 그 죄에 돌아가게 됩니다. 은혜가 식어진다는 말은 무엇을 의미합니까? 주님과의 친밀함이 유지되지 못한다는 말이 아닙니까?

마음이 정화되지 않으면 주님의 음성을 들을 수 없게 되며 주님의 은혜를 분별할 수 없게 되는 것입니다. 치유집회나 영성집회에서 큰 은혜를 받았습니다. 이것은 주님과의 진정한 친밀함이라고 볼 수 없습니다. 주님과의 친밀함에서 얻을 수 있는 기쁨과 평강을 일시적으로 맛본 것뿐입니다. 이 친밀함은 깨끗한 마음이 유지되어야만 지속될 수 있는 것입니다.

그러므로 마음 정화는 손님을 맞이하기 위해서 날마다 깨끗하게 청소하는 영업장과 같습니다. 그날의 주인이신 주님을 맞이하기 위해서 우리는 날마다 마음을 깨끗하게 청소하고 단장해야 합니다. 마음의 청소는 하루라도 걸러서는 안 되는 중요한 업무입니다.

마음의 정화가 이루어져야만 비로소 주님의 음성을 들을 수 있게 되며, 친밀한 관계가 유지 될 수 있는 것입니다. 마음 정화를 하기 위해서 먼저 죄를 회개해야 하며 그 죄로 인해서 생긴 습관을 살펴보아야 합니다. 습관은 육체적인 것과 정신적인 것이 있습니다. 몸에 익은 습관들은 그 행동을 단절하여야만 고쳐집니다. 오래된 습관을 교정하기 위해서는 많은 시간이 필요합니다. 흡연하던 사람은 적어도 3년이 지나야 안심할 수 있고 10년이 지나야 비로소 완전한 흡연으로부터 자유로울 수 있다고 합니다.

이처럼 악습은 그 뿌리가 깊습니다. 정신적인 습관은 더욱 심합니다. 이 습관은 우리의 시각과 가치관이 변화하지 않으면 바뀌지 않습니다.

돈을 사랑하는 사람은 돈 벌 생각만 합니다. 일시적으로 은혜를 받아 돈 없어도 살 것처럼 당당하던 사람이 은혜가 식어지면 다시 돈을 추구하고 돈 벌기 위해 불법이라도 서슴없이 저지릅니다. 이런 정신적 악습은 가치관의 획기적인 변화가 없이는 불가능하기까지 합니다.

주님의 말씀으로 생각을 가득 채워야 하는데 그게 쉽지 않습니다. 특별한 사명감을 가지고 주님의 일에 전념하는 목회자가 되었음에도 불구하고 이 악습을 끊지 못함으로써 돈을 주님보다 더욱 사랑하는 사람들이 있지 않습니까?

획기적인 변화는 무엇을 의미합니까? 이는 생사를 건 모험에서 얻어지는 것입니다. 정신적 악습은 생명을 담보로 하는 시험을 통과해야만 정리될 만큼 그 유혹이 끈질깁니다.

많은 목회자들이 금전, 명예, 이성의 유혹이라는 정신적 악습을 정리하지 못해서 실패하는 경우가 있지요. 마음의 정화는 결코 게을리 해서는 안 되며 단 일회적으로 끝나지 않고 지속적으로 해야 하는 힘든 훈련입니다. 그러나 주님을 맞이하는 기쁜 마음으로 할 수 있는 일입니다. 지금 주님과 친밀함이 없고 주의 음성을 듣지 못하고 있다면 지금 당장 성령 안에서 마음의 정화를 시작하기 바랍니다.

22장 영적 진단을 주기적으로 받아라.

(고전2:13)"우리가 이것을 말하거니와 사람의 지혜가 가르친 말로 아니하고 오직 성령께서 가르치신 것으로 하니 영적인 일은 영적인 것으로 분별하느니라."

하나님은 말씀과 성령으로 자신의 영적진단을 주기적으로 하여 영육으로 강건하게 지내게 하십니다. 예수를 믿고 성령으로 거듭난 성도는 영적진단이 습관이 되어야 합니다. 성도의 문제는 영에서부터 시작이 되기 때문입니다. 자신의 육체에 문제가 생긴 것은 이미 영적인 문제가 깊어진 것입니다.

제가 집필하여 출판한 책을 읽고 상담 전화를 하시는 분들이 있습니다. 이분들이 이구동성으로 하는 말이 기도가 되지 않는다는 것입니다. 기도가 되지 않는다는 것은 영의 질병이 깊어진 것입니다. 이때에 치유법은 막힌 기도를 성령의 역사로 뚫는 것입니다.

절대로 혼자 기도하려고 해도 기도가 열리지를 않습니다. 반드시 영적인 사역자의 안수를 받아 막힌 영의 통로를 뚫는 것이 급선무입니다. 문제는 기도가 되지 않는 지경에 까지 진전되지 않게 하기 위하여 영적진단을 주기적으로 하는 것입니다. 육체를 건강하게 하기 위하여 건강진단을 주기적으로 합니다. 40세가 넘으면 건강보험 공단에서 2년에 한 번씩 건강 검진을 받게 합니다. 이때 자신의 건강 상태를 확인하고 문제가 있는 곳은 치유합니다. 그래서 건강을 유지하게 합니다. 이처럼 건강한 영적 삶을 살기 위해서는 주기적으로 영적 진단을 받을 필요가 있습니다. 저는 주기적인 영적진단을 아주 많이 강조합니다. 성령의 역사가 강한 장소에 가서 자신의 영적인 상태를 주기적으로 진단하는 것입니다. 암은 조기에 진단하면 100% 치유가 되지만, 검진을 하지 않으면 말기가 될 때까지 우리 몸은 암을 느끼지 못합니다. 그래서 의사들이 하는 말이 암을 발견하는 것은 주기적인 검진 밖에 없습니다. 라고 말을 합니다. 영적인 병도 이렇습니다. 병의 바이러스인 마귀나 귀신이 들어왔는데도 우리의 몸이 느끼지 못하는 경우가 많습니다. 영은 신호를 보내는데도 무지해서 그 신호를 놓치는 경우가 많습니다. 그러므로 주기적으로 자신의 영적인 상태를 점검할 필요가 있습니다. 주기적인 영적 상태 점검은 무엇보다 중요합니다.

세대에 역사하는 영적인 존재들은 태중에서 들어옵니다. 이 것들이 평소에는 잠복하여 있다가 취약한 시기가 되면 고개를 들고 일어나 문제를 일으키는 것입니다. 이를 예방하기 위하여 주기적인 영적 검진이 필요한 것입니다. 저는 평소에 이렇게 말합니다. 예수를 믿고 교회에 들어오면 먼저 성령으로 세례를 받아야 합니다. 성령으로 세례를 받은 다음에 말씀과 성령으로 내면의 상처를 치유하는 것입니다. 상처를 치유 받으면서 병행하여 자아를 십자가에 매다는 것입니다.

성령의 역사로 혈통에 대물림되는 악한 영을 축귀하는 것입니다. 그리하여 영적체질을 만드는 것입니다. 이는 어려서부터 적용해야 되는 것입니다. 세대에 역사하는 악한 영을 성령의 역사로 드러내어 미리 축귀하는 것입니다. 그래서 저는 우리 충만한 교회에 다니고 있는 성도들의 자녀를 매주 안수해서 영적으로 맑은 상태를 유지하게 하려고 노력합니다. 이렇게 주기적으로 안수를 받으니 영적으로 깨끗해지는 것은 물론이고 육적으로도 건강하게 지냅니다.

기존 성도들은 주일날 영적점검을 받는 것입니다. 성령의 역사가 강하게 나타나니 세대에 대물림 되던 악한 영이 더 이상 숨어있지 못하고 정체를 폭로하는 것입니다. 폭로되어 떠나가게 하고 매 주일 성령의 역사를 체험하며 영적 상태를 유지하는 것입니다. 저는 항상 이렇게 말합니다. 성도들은 주일날이 아주 중요하다고 말입니다. 요즈음 세상 살아가는 것이 힘이 들어 주일 하루 밖에 교회를 나오지 못하는 분들이 많습니다. 이 중요한 주일을 성령으로 충만하게 예배를 드려서 영성을 유지하는 것입니다.

이렇게 신앙생활을 하지 못하니 세대에 역사하던 악한 영들이 예수를 믿어도 꼼짝하지 않고 숨어 있다가 영육으로 취약한 시기에 고개를 들고 나와 문제를 일으키는 것입니다. 제가 지금까지 성령치유 사역을 하면서 체험한 바로는 세대에 역사하던 악한 영이 장로가 된 다음에도 영육으로 이해 못하는 고통을 가하는 것입니다.

우리 충만한 교회 성령치유 집회와 주일 예배에 참석하여 성령의 강한 역사를 체험하고 자신 안에 도사리고 있던 중풍의 영들이 정체를 폭로하여 떠나보낸 분들이 부지기수입니다. 또 무속의 영들이 숨어 있다가 정체를 폭로하여 떠나보낸 성도 목회자가 많습니다. 이는 현재 진행형입니다. 지금도 역사가 일어난다는 것입니다. 오늘도 일어날 것입니다. 오셔서 체험해 보시기를 바랍니다. 이렇게 사전에 성령의 역사로 정체를 폭로하여 떠나보내지 않고 취약한 시기에 드러나서 고통을 당하다가 찾아오는 분들 또한 부지기수입니다.

또 매주 토요일 진행하는 개별 집중치유 시간에 자신도 모르고 지내던 영적인 문제가 드러나 치유가 됩니다. 어떤 분은 무당의 영이 정체를 밝히고 떠나갑니다. 어떤 분은 중풍의 영이 드러나 떠나갑니다. 어떤 분들은 관절염을 일으켜서 걷지 못하게 하려고 숨어있던 귀신들이 정체를 폭로하고 떠나가기도 합니다. 저는 모든 성도와 목회자가 집중 치유를 받아서 자신의 영적인 상태를 진단 받아야 한다고 강조합니다. 영적인 진단은 나이가 젊을 때 받는 것이 아주 좋습니다. 저는 아이들은 초등학교 다닐 때 받는 것이 가장 좋다고 생각을 합니다. 영적인 진단을 주기적으로 하시기를 바랍니다.

고통을 당하다가 이렇게 해도 안 되고, 저렇게 해도 안 되니,

할 수 없이 저희 교회 같은 곳에서 치유를 받는 것입니다. 그런데 때는 이미 늦은 것입니다. 이미 정체를 드러냈기 때문에 치유하려면 시간이 많이 걸리는 것입니다. 세대에 역사하는 악한 영은 태중에서 침입을 합니다. 침입하여 정체를 드러내는 시기는 두 가지가 있습니다. 첫째, 성령의 역사에 의하여 청체를 드러냅니다. 이것이 제일로 좋은 현상입니다. 두 번째는 여러 가지 상황이 좋지 못하여 스트레스를 당하여 영육으로 취약한 시기에 드러내는 것입니다. 이 상황이 제일로 나쁜 것입니다. 이런 취약한 시기에 드러나는 것을 방지하기 위하여 주기적인 영적 점검을 하여 악한 영들을 드러내는 것입니다.

그래서 성도는 교회를 잘 정해야 합니다. 그리고 주일을 효과적으로 보내면서 주기적인 영적 점검을 받아야 합니다. 많은 성도들이 이렇게 주기적인 영적 점검을 받지 않음으로 인하여 불필요한 고통을 당하고 있습니다.

어떤 분은 목사가 된 다음에 악한 영들이 드러나 고생을 합니다. 어떤 분은 안수 집사가 된 다음에 악한 영이 드러나 말로 표현 못하는 고통을 당하기도 합니다. 저는 하나님의 은혜로 성령 치유 사역을 하고 있습니다. 사역을 하다 보면 영적으로 무지하여 예수를 잘 믿으면서도 불필요한 고통을 당하면서 사는 분들을 볼 때 참으로 안타깝기 짝이 없습니다. 기독교 신앙은 예방 신앙입니다. 주기적인 영적검진이 필요한 것입니다.

다시 한 번 강조합니다. 우상 숭배가 혈통에 대물림되는 성도는 반드시 드러납니다. 어떤 사람은 17세에 발생합니다. 어떤 사람은 20세에 발생합니다. 어떤 분은 26세에 발생하기도 합니다. 어떤 분은 34세에 발생할 수도 있습니다. 대략 이런 증상이 발생하는 사람의 유형을 보니 집안에 우상의 숭배가 심한 집안의 내력이 있는 가문에서 발생합니다. 그리고 태중에서나 유아 시절에 상처를 많이 받은 분들이 많이 발생됩니다. 대개 심장이 약하여 잘 발생합니다. 그러므로 제가 강조하는 것과 같이 불같은 성령을 체험하고 내적치유를 미리 받아야 합니다. 그러면 성령의 임재로 사전에 상처가 드러나서 치유가 됩니다. 정기적인 영적 진단이 아주 중요합니다.

그리고 병이 들었을 때 주변에서 안다고 해서 그 사람이 고치지 못하듯이 영적 질환도 같은 이치입니다. 병이 들면 전문의의 도움이 필요하듯이 영적 질병 역시 전문 사역자의 도움이 필요한 것입니다. 목회자는 부분적으로 고칠 수는 있습니다. 그러나 전문가가 접근하는 방식과는 다릅니다. 전문가는 총체적으로 접근하며 병의 뿌리를 제거합니다. 그래서 전문가가 있는 것입니다. 영적 진단은 주기적으로 받아볼 필요가 있습니다. 병의 근원을 조기에 발견하면 치유가 쉽습니다. 그러나 그 시기를 잃게 되면 거의 치유가 되지 않습니다. 치유가 된다하더라도 시간과 노력이 많이 듭니다. 조기 검진 이것이야말로 효과적인 치유의 지름길입니다. 자신의 귀중한 영을 관리하기 위하여 영적진단을 주기적으로 받는 습관을 들이시기를 바랍니다.

5부 선과 악의 분별 능력 개발

23장 영적인 묶임을 분별하라

(고전 1:12-13)"내가 이것을 말하거니와 너희가 각각 이르되 나는 바울에게, 나는 아볼로에게, 나는 게바에게, 나는 그리스도에게 속한 자라 한다는 것이니, 그리스도께서 어찌 나뉘었느냐 바울이 너희를 위하여 십자가에 못 박혔으며 바울의 이름으로 너희가 세례를 받았느냐"

하나님은 영적인 묶임을 주의 하라고 하십니다. 영적인 묶임을 '솔타이'라고 합니다. 우리는 영적 묶임인 '솔타이'를 벗어나야 합니다. 한 사람이나 악한 영에게 묶이면 자신이 잘못되었다는 것을 알 때까지 그 영으로부터 벗어나지 못합니다. 이는 영적인 활동에 아주 중요한 요소입니다. 동물 가운데는 어려서 태어난 곳으로 돌아오는 종류들이 있습니다. 이런 동물들이 지니고 있는 본능을 귀소본능(歸巢本能)이라고 합니다. 모든 동물은 이런 본능을 정도의 차이는 있지만 다 지니고 있습니다. 사람에게는 자신이 자란 유년시절의 고향이 늘 그리움으로 남습니다. 그리고 이 시절에 생긴 버릇이나 입맛이 평생 동안 자신을 따라다닙니다. 한 사람의 인생에서 유년의 습관이 중요하듯이 영적 삶에서도 처음 받게 되는 교육이 중요합니다.

처음 받게 되는 영적 교육에 따라서 그 성향을 지니게 됩니다. 이는 이후의 삶에 계속 영향을 주게 되는 것입니다. 처음 주님을 영접하고, 그리고 신앙생활을 시작하게 되면, 이때 만나는 지도자가 어떠한가에 따라서 자신의 영적 성향이 결정되는 것입니다. 물론 성장하면서 의식적으로 바꿀 수도 있지만 그것이 그리 쉬운 일이 아닙니다. 영적 유아기에는 무엇이 좋고 나쁘고를 가릴 수 있는 능력이 없기 때문에 일방적으로 가르침을 받아들이게 되는 것입니다. 은혜를 받은 지도자의 영적 성향을 그대로 본받게 되며, 그렇게 성장하게 되면 자신의 의지와는 상관없이 지도자와 비슷한 태도를 취하게 되는 것입니다. 은혜를 받은 지도자와 영적 묶임 "솔타이"가 되었기 때문입니다.

사람의 성품만큼이나 다양한 영적 성향이 있습니다. 크게 말씀주의, 교리주의, 경건주의, 은혜주의 등이 있지요. 성경공부를 주로 하는 지도자 밑에서 성장한 사람은 성경을 학문적으로 이해하고 그런 것을 바람직하게 생각합니다. 능력을 사모하는 지도자 아래에서 성장한 사람은 은혜를 구하는 신앙생활을 합니다. 이렇게 성장한 사람은 자신의 성향과 맞지 않는 곳에서는 신앙생활을 하기가 그리 쉽지 않습니다. 이것은 성장하면서 만들어진 영적 성향이며, 이것은 지도자를 통해서 자연스럽게 만들어지는 것입니다. 경건주의를 추구하는 사람은 조용한 신앙생활에 익숙해져 있기 때문에 분주하고 요란스런 분위기에서는 신앙생활을 하지 못합니다.

　부모의 가풍에 따라서 인격의 모습이 드러나는 것처럼 지도자의 영적 성향에 의해서 자신의 영적 성장의 모습이 나타나게 되는 것입니다. 지도자의 성향 가운데는 바람직한 것이 있고 그렇지 못한 것이 있습니다. 그러나 하나님의 나라에 대해서 아는 바가 없는 유년기 신앙인들은 지도자의 성향이나 성숙도에 대해서 분별하는 능력이 전혀 없기 때문에 아무렇게나 발을 들여놓게 됩니다. 목회자의 겉모습만 보고 선택하거나 은혜를 받은 동기가 있어서 따르게 되는 것이지요. 이렇게 시작했다가 차츰 성장하면서 무언가 부족한 것을 알게 되면 다른 곳으로 옮기게 되지만 이때는 이미 자신의 영적 성향이 결정된 이후입니다. 그래서 선택하여 옮긴 곳도 전의 지도자와 비슷한 성향의 목회자를 선택하게 되는 것입니다.

　이것이 영적 유대입니다. 부모를 싫어하는 사람이 부모를 떠나 살아가지만 그 성향이 비슷해서 결국은 부모와 같은 길로 가게 되는 경우를 많이 봅니다. 이와 같이 유년기에 형성된 영적 성향을 바꾸기란 쉬운 일이 아니며, 다른 성향의 사람들의 신앙생활을 이해하는 것도 간단하지 않습니다. 특별한 계기가 있지 않고는 쉬운 일이 아닙니다. 저 역시 지금의 이런 영적 성향과는 정 반대의 신앙생활을 오래 해왔기 때문에 이것을 극복하기란 너무도 힘들었습니다. 하나님의 강제적인 고난과 시련으로 이끌리어 많은 갈등을 겪으면서 하나씩 내려놓게 되었습니다. 늘 조용하게 묵상으로 기도하는 것에 익숙하였다가 부르짖는 기도를 하게 되기까지 엄청난 문제를 계속 만나 결국 부르짖지 않고는 견딜 수 없는 상황으로 내몰렸습니다.

지금은 예전의 신앙의 틀이 거의 사라졌고 다른 모습으로 변해있지만 그렇기까지 겪은 갈등의 골은 너무도 깊었습니다. 하나님은 전혀 반대의 성향으로 바뀌게 하는 어려운 과정을 거치게 하기 보다는 이런 성향에 맞는 사람을 선택하시든지 아니면 지금의 성향을 가진 지도자를 처음부터 만나게 했다면 저도 어렵지 않고 하나님도 힘드시지 않을 터인데 라고 수도 없이 생각해 보았습니다. 이 가치관의 변화와 성향의 변화를 이루는 과정에서 발견한 것은 자신과 다른 성향의 신앙생활을 하는 사람에 대한 이해의 폭이 넓어지게 되었다는 것입니다. 조용하고 경건한 모습으로 신앙생활을 하던 저에게 있어서 박수치고 부르짖는 사람들은 무언가 경박하고 성숙하지 못한 것처럼 여겨졌었습니다. 성경 공부에 치중하던 저에게는 '믿습니다' 식의 신앙태도는 뿌리 없는 사람들처럼 보였습니다.

원하지 않는 것을 해야만 하는 상황으로 내몰리면서 겪게 되는 갈등은 심각한 것입니다. 무언가 잘 못된 길을 가는 것이 아닌가 하는 두려움과 조심성이 저를 늘 괴롭게 했습니다. 그러므로 주저하게 되고 돌다리도 두드려 건너듯이 하나씩 점검하고 살피는 일을 하지 않을 수 없었습니다. 이것은 피할 수 없는 단점이었습니다. 하나님의 명령을 들으면서도 항상 식별해야 하고 거부해야만 했습니다. 이제까지 배워온 신앙생활의 틀과는 다른 것이었으므로 조심하지 않을 수 없었고, 마귀에게 속을 것을 먼저 생각하지 않을 수 없었습니다. 그리고 다른 사람들의 시선을 의식하고 공동체가 어떻게 볼까를 염려할수록 행동은 힘을 잃었습니다. 그럴 때마다 닥치는 시련과 역경으로 인해서 깊은 갈등을 겪으면서 결국은 하나님이 원하시는 방법으로 자신을 내려놓지 않을 수 없는 그런 과정을 거치면서 한 가지씩 변화를 경험하게 된 것입니다.

이런 과정을 수도 없이 거치면서도 아직도 변화를 선뜻 받아들이지 못하고 있는 자신을 보면서 영적 유아기에 생긴 신앙의 틀을 허물고 새로운 집을 짓는다는 일이 얼마나 어려운 과정이라는 것을 절실하게 깨닫습니다. 그래서 주님이 새 술은 새 부대에 담아야 한다는 말씀이 지니는 의미를 실감합니다. 굳어진 고정 관념과 인습의 틀을 깨고 새로운 것을 받아들이는 일이 어쩌면 불가능에 가깝다고 여겨집니다. 이것이 영의 묶임 '솔타이'의 강력한 영향력입니다. 예수님의 신선한 가르침과 능력에 이끌려 나온 많은 사람들이 얼마가지 않아 주님을 떠나게 되는 모습을 봅니다. 대다수가 호기심으로 주님에게 나아왔지만 결국은 다들 떠나가고 말았습니다. 그것은 자신들의 신앙 형태를 바꿀 수 있는 힘이 강하지 못했기 때문입니다.

성숙하지 못한 지도자 아래에서 신앙의 유년기를 보낸 사람은 성숙하지 못합니다. 그리고 성숙한 것이 무엇인지를 모르기 때문에 성숙하려고도 하지 않습니다. 편협된 지식을 지닌 지도자 아래서 성장한 사람은 역시 편협된 행동을 보입니다. 유년기부터 온전한 지도자를 만난다는 것은 얼마나 행복한 일인지 모릅니다. 그러므로 지도자가 되려고 하는 사람은 자신을 온전하게 만드는 일이 중요합니다. 한 쪽에 너무 치우치지 않는 원만한 영성을 지니는 것입니다. 그렇기 위해서 자신을 다루어야 합니다. 극단은 아름다운 일이 아닙니다. 성경은 우리가 극단에 치우치는 것을 경고합니다. 지식적인 사람은 은혜를 사모해야 하고, 은혜를 구하는 사람은 지식을 채워야 합니다. 앵무새처럼 지도자를 그대로 흉내 내는 사람이 많이 있습니다. 스승을 흉내 내는 것은 아직 어리다는 증거입니다. 어릴 때는 지도자를 따르지만 성장하면 자신만의 모습을 보여주어야 합니다. 그렇게 해야만 새로운 시대가 열리는 것입니다.

 시대가 변하고 삶의 양태가 바뀌었는데도 전의 지도자를 그대로 흉내 내는 사람들이 있습니다. 세상은 급하게 변화하는데 지난 시대의 가치관과 낡은 지식으로 가르치려는 사람으로 인해서 침체가 생깁니다. 이것은 시대를 읽지 못하는 형식주의를 만드는 배경이 됩니다. 지난 시대의 가치관으로 새 시대를 이해하려고 하기 때문에 갈등이 깊어지는 것입니다. 지도자의 그늘을 벗어나 자신 만의 색깔을 찾을 때 비로소 자신의 길이 열려지는 것입니다. 지도자의 명성에 기대어 편안한 삶을 살고자 한다면 그것은 삶을 위한 삶일 뿐일 것입니다.

24장 명상과 기수련의 위험성

(히 5:14)"단단한 음식은 장성한 자의 것이니 그들은 지각을 사용함으로 연단을 받아 선악을 분별하는 자들이니라"

하나님은 성령으로 심령이 변하기를 원하십니다. 마음의 작용에 관한 과학적 심리학적 접근은 아직은 초보 수준에 지나지 않습니다. 동양에서는 마음의 작용에 관해서 많은 관심을 가지고 다루었지만 대부분이 형이상학적이고 철학적이며 종교적이기 때문에 과학적 증거를 찾아내어 정리하여 일관된 원리를 구성하는 일에는 미치지 못했습니다. 기독교는 오랜 기간 동안 수도사들이 마음을 다스리는 훈련을 했지만 역시 과학적인 근거를 구성하지 못했습니다.

주로 명상이나 묵상을 통해서 마음을 다스리고 정화하는 정도에 머물렀고, 최근에는 내면 치유(innerman healing)라는 기술이 발전하면서 상한 감정을 치유하여 질병을 고치려는 시도가 많이 일어나고 있습니다. 마음으로 인해서 발생하는 질병을 '심인성 질환'이라고 부르는데, 한방에서는 '화병'이라고 불렀습니다. 심리학에서는 무의식이 질병과 연관이 있다고 보고 심리치료를 개발했습니다. 불교에서는 선(禪)이라는 용어를 사용하여 심리적인 문제에 접근하려고 했습니다.

최근까지 불교에서는 선방을 중심으로 주로 명상을 통해서 진리를 깨닫던 과거의 전통적인 교리주의적 방법에서 벗어나 치유를 목적으로 하는 선수련이 장려되고 있으며 그 명칭도 다양해지고 있습니다. 그 가운데 최근에 인기를 끌고 있는 것이 '동사섭(同事攝)'이라는 이름으로 불리는 명상법이 있습니다. 이 명상법은 전통적인 불교적인 명상과는 달리 교리적이고 종교적인 배경을 가능하면 배제하고 행동심리학적인 면을 더 강조해서 수련자가 접촉과 몸짓을 통해서 심리적 안정을 회복하고 마음의 질병을 치유하는 것을 목적으로 하고 있다고 합니다.

종교색을 배제하고 심리학적인 접근법으로 다루었다는 주장을 하고 있는 조계종 소속의 용타라는 법명을 사용하는 승려가 개발한 이 '동사섭'이라는 명상법을 원불교에서 수련방법으로 행하는 이 수련회에 많은 기독교인들도 참석한다는 것입니다. 참으로 위험한 행동이 아닐 수가 없습니다. 자신도 모르는 사이에 악한 영의 전이가 일어나 시간이 지나면서 고통을 당합니다. 이것은 1장에서 단 월드에 다녀온 성도의 예를 들어 설명을 했습니다.

기독교에서 실시하는 '속사람 치유'(내적 치유)의 기법과 비슷한 내용입니다. 원망과 상처와 같은 마음의 응어리를 풀어내기 위해서 접촉이라는 수단을 통해서 자신의 내면을 돌아보게 되며, 그로써 심리적인 문제에 접근해서 이해하고 용서하는 과정을 통해서 내면에 쌓여 있던 억눌린 감정을 이끌어내어 정화시

킴으로써 심리적 안정과 해방을 경험하게 하는 것입니다.

'동사섭'이라는 불교수련은 불교의 이론과 심리학을 혼합하여 5박 6일 동안 집중적으로 실시하는 불교적 명상 수련인데 이곳에 적지 않은 기독교인들과 지성인들이 참석한다고 합니다. 기독교인이 불교시설에서 실시하는 행사에 참석하는 일이 없을 수는 없겠지만 특히 명상수련과 같은 영적 접촉을 가능하게 하는 행사에 참석하는 일은 참으로 안타까운 일이 아닐 수 없습니다. 정말로 영적으로 무지한 성도들입니다. 거기에서 무슨 일이 벌어지는지 모르고 순간의 평안을 위해서 참석하는 것입니다.

종교단체는 아니지만 단학원이라고 하는 명상 전문시설에서 실시하는 명상 프로그램에 참석하는 일 역시 바람직하지 못합니다. 명상이란 영적 실체와의 접촉을 위해서 개발한 프로그램이므로 그 수행을 통해서 본인이 원하든 원치 않던 영적 실체와 접촉하게 되며, 그 영향을 받을 수밖에 없습니다. 기독교인들이 불교단체에서 행하는 이와 같은 명상수련에 참석하는 일은 위험한 일일 수밖에 없으며, 이는 하나님이 기뻐하시지 않는 일이 분명합니다.

기독교 묵상은 성령의 임재와 그 은혜를 구하는 구도자의 자세를 배경으로 개발된 것이며, 그 부대적인 효과로 치유가 일어납니다. 심인성 질환은 용서와 화해라는 행위를 통해서 치유가 일어나며 심리적 억압을 가져왔던 무거운 짐을 내려놓음으로써 주님으로부터 자유롭게 되는 은혜를 덧입게 됨으로써 죄와 쓴뿌리와 상처로부터 해방되어 심신이 가벼워지고 평안해지는 것입니다.

기독교 묵상은 말씀이신 하나님과 형상이신 하나님을 동시에 경험하는 것이며, 말씀이 육신이 되어 우리가 접촉하고 목격했던 그 하나님의 실존을 묵상이라는 수련을 통해서 만나는 경험을 얻게 되는 것입니다. 말씀과 형상이 조화를 이루고 이분적인 것이 아닌 통합으로서의 하나님을 경험하고 소유함으로써 치유와 회복이 일어나는 것입니다. 기독교 묵상은 말씀이시며 형상이신 하나님을 경험하는 것을 목적으로 합니다. 그 과정을 통해서 우리는 하나님의 인격을 형상을 통해서 이해하게 되며, 그것이 곧 사랑임을 깨닫게 될 때 진정한 화해와 용서가 일어나게 되는 것입니다.

내면치유를 위한 다양한 방법들이 개발되고 있으며, 때로는 심리학적인 방법으로 우리의 내면을 바라볼 수 있습니다. 심리학은 마음을 창조하신 하나님을 배제한 채로 오로지 그 기능에만 주목합니다. 따라서 다양한 방법들이 추구하는 바는 우리의 건강과 행복입니다. 그러나 기독교 묵상과 내면 치유는 하나님과의 인격적인 만남을 경험하는 것을 목적으로 합니다. 인격적 경험이란 사랑을 배우는 것을 말합니다. 영적 경험을 통해서 진정한 사랑의 의미를 확인하며, 그것을 구체적으로 자신의 삶을 배경으로 재해석하며, 적용시키는 것이 기본 원리인 것입니다.

심리적 질환의 배경에는 사랑의 결핍이 기인한다는 사실은 오래전에 발견된 사실입니다. 대부분의 범죄 행위의 배경 역시 사랑을 제대로 받지 못하고 자란 어두운 과거가 깔려있습니다. 타인을 배려하고 자신을 희생시키려는 생각은 사랑을 통해서 만들어지는 것이며, 그것은 청소년기 이전에 인격형성기에 주로 만들어진다는 사실도 심리학적으로 확인된 내용입니다. 이런 시기에 하나님과의 인격적인 만남이 이루어진다면 그 작용은 더욱 강화될 수 있을 것입니다.

청소년기에 묵상은 무척 소중한 것입니다. 육체적인 청소년기뿐만 아니라 영적 청소년기에도 중요합니다. 그러므로 거듭난 그리스도인이라면 예외 없이 묵상을 통해서 하나님을 영적으로 또는 인격적으로 경험해야 합니다. 말씀과 형상이라는 두 가지 기능을 통해서 하나님의 인격을 경험할 수 있다면 우리는 사람들 사이에 생기는 모순과 갈등을 극복할 수 있을 것입니다. 명상원에서 실시하는 체험수련은 우주의 근원이신 하나님을 배제하고 오로지 기능에만 집착하며, 때로는 악한 영의 작용을 기의 흐름이라든가 심리적 반사작용이라고 오해함으로써 악령의 통로가 되기도 합니다.

악한 영의 접촉도 위험한 것이지만 더 경계해야 할 것은 묵상이라는 방법을 주신 하나님의 기본 목적을 알지 못한 채로 그릇되게 사용하여 하나님의 영광에 이르지 못하며 그것을 주신 하나님께 영광을 돌리지 않습니다. 이것이 큰 문제입니다. 원불교 수련원에 참석한 기독교인들이 그 수련에서 경험하고 발견한 원리가 무엇이겠습니까? '동사섭' 수련의 첫날 첫 시간에 다루는 내용이 '인생이란 무엇인가?'라는 제목이랍니다. 마음이 가는대로 허식을 훌훌 벗어버린 자유로운 행동으로 마음의 병을 고칠 수 있다고 주장합니다.

이것을 그들의 행동명상이라는 말로 표현하는데, 기독교 집회에서 일어나는 '거룩한 웃음'이나 '뒹굴기'와 같은 행동과 흡사한 것입니다. 기독교의 모든 영적 현상의 경험은 창조주 하나님을 만나며 그 하나님에게 영광을 돌리는 것이지만, 불교나 기타 명상원에서 행하는 수련은 가장 중요한 '하나님께 감사하는 일'을 하지 않는 것입니다.

용서와 화해는 그리스도의 십자가를 이해하는 것입니다. 그러므로 기독교 묵상은 십자가 없이는 불가능하며, 이것은 핵심입니다. 이 핵이 제거되면 복제품이 될 수밖에 없습니다. 요즘 문제를 야기시키고 있는 줄기세포가 바로 핵을 제거하고 체세포 핵을 이식하여 복제하는 것이지요. 복제 동물을 인위적으로 만들어냄으로써 생명을 만들어내신 하나님에게 영광을 돌리지 못하고 그 기술을 개발한 인간에게 공을 돌리게 되는 무서운 결과를 만들게 되는 것입니다.

하나님의 말씀과 형상이 배제된 어떤 형태의 영성 수련은 모두 복제품일수밖에 없으며, 그 결과는 하나님을 배제시키는 엄청난 죄악으로 치달아가게 될 것입니다. 단순히 심리적 안정을 찾고 몸의 건강을 회복하기 위해서 이런 동사섭과 같은 수련회에 참석하는 일이 무슨 대수겠는가 하는 생각으로 그런 모임에 참석하는 그리스도인들은 이 점을 심각하게 고려하고 행동해야 할 것입니다. 중심이 되는 핵이 빠지고 다른 핵으로 치환되어 만들어지는 복제동물은 동물로 볼 수 없습니다.

하나님이 우리들에게 주신 가장 소중한 원리인 '무엇을 하든지 주께 영광을 돌려야 한다'는 가르침을 망각하고 영광이라는 그 핵심을 제거한 단순한 심리적인 작용으로서의 화해와 용서로써는 하나님의 인격이신 사랑의 진정한 의미를 이해할 수 없게 될 것입니다. 그리스도의 십자가가 빠진 일체의 행위나 양식은 그 본성을 드러내는 핵이 사라진 단순한 유기물에 지나지 않을 것입니다. 그것은 아무런 개성이 없는 같은 복제품만을 만들어 낼 뿐이기 때문입니다.

반드시 말씀과 성령의 역사가 일어나는 곳에서 내적치유도 받아야 합니다. 자신의 귀중한 영을 지키기 위하여 무분별한 행동을 삼가야 할 것입니다. 내면을 치유 받더라도 공인되고 성령이 역하는 장소를 찾아서 치유 받으시기를 바랍니다.

25장 영적 상태를 분별하는 비결

(히 5:12-14)"때가 오래 되었으므로 너희가 마땅히 선생이 되었을 터인데 너희가 다시 하나님의 말씀의 초보에 대하여 누구에게서 가르침을 받아야 할 처지이니 단단한 음식은 못 먹고 젖이나 먹어야 할 자가 되었도다. 이는 젖을 먹는 자마다 어린 아이니 의의 말씀을 경험하지 못한 자요. 단단한 음식은 장성한 자의 것이니 그들은 지각을 사용함으로 연단을 받아 선악을 분별하는 자들이니라."

신체가 건강하고 힘이 센 사람이 있듯이 영이 강하고 담대한 사람이 있고, 그와 반대로 병들고 유약한 사람이 있습니다. 우리의 속사람은 하나님의 말씀과 기도와 경험이라는 삼 요소에 의해서 강건해지고 힘이 생기게 됩니다. 이 세 가지 요소가 균형을 이루지 못하면 영은 기형이 되고 한 쪽으로 치우쳐 힘을 내지 못합니다. 영이 강건하기 위해서는 자신의 영이 지금 어느 상태에 있는지를 먼저 알아야 하고 어느 부분으로 치우쳐 있는지를 살펴야 합니다.

영이 약한 사람은 무기력하고 외부의 자극에 반응을 하지 못합니다. 무기력하다는 말은 영적인 일에 전혀 관심을 가지지 못하는 것을 말합니다. 여전히 세속적인 일에만 흥미를 느끼고 영적인 일에 대해서는 알려고도 하지도 않고 흥미도 없습니다. 교회에 출석은 하지만 마지못해서 나가거나 할 수 없이 끌려가는 수준입니다. 예배 시간보다도 교제의 시간이 더 즐겁고, 세속적인 이야기만 하며, 세상사는 것처럼 행동하며 교회 생활도 세상살이의 연장에 지나지 않습니다. 세상 이야기만 하면 신바람이 나다가도 영에 대한 이야기를 하면 금방 풀이 죽고 시큰둥합니다.

영이 약한 사람은 영적 감동과 흥미를 제대로 느끼지 못합니다. 부흥회에 가도 낯설기만 하고, 그 분위기에 어울리지 못합니다. 그 자리가 거북스러워 견디지 못합니다. 기도는 물론 전혀 할 줄도 모르고 할 필요도 못 느낍니다. 이런 상태에 있는 사람은 영이 아사직전입니다. 귀신에게 눌려있기 때문입니다. 이런 사람은 스스로 영을 키우고 강하게 할 수 있는 힘이 없기 때문에 주변의 도움이 절대로 필요한 사람입니다. 어떻게 해서든지 영이 힘을 얻을 수 있도록 말씀을 먹이고, 기도에 합류시켜 영에 힘을 불어넣어주어야 합니다. 스스로는 일어설 힘이 전혀 없는 무기력한 사람이기 때문입니다.

영이 약한 사람은 방향감이 없습니다. 정신이 흐리멍덩하며 자신이 지금 어디로 향하고 있는지 위치 파악이 안 되는 것처럼, 이런 사람은 지금 자신이 가고 있는 방향이 어디인지를 모릅니다. 목표와 방향이 없기 때문에 왜 신앙생활을 해야 하는지를 모릅니다. 무엇 때문에 교회에 출석하고 봉사하는지를 모릅니다. 무엇 때문에 말씀을 들어야 하는지도 모릅니다. 방향을 모르기 때문에 위치 파악이 되지 않고, 주변 분위기를 파악하지 못합니다. 이리 저리 방황하며 어찌 할 바를 모르게 됩니다. 기도는 해야 한다는 사실은 알지만, 어디서부터 시작해야 하고, 어떻게 해야 하는지도 모릅니다. 무작정 닥치는 대로 이렇게 해보고 저렇게 해봅니다. 그리고는 쉽게 포기합니다.

영이 약한 사람은 감정을 이기지 못합니다. 속사람이 겉 사람을 이기지 못하기 때문에 겉 사람의 요구에 끌려 다닙니다. 감정적인 사람은 감정에 이끌리고 이지적인 사람은 논리에 끌려 다닙니다. 그러므로 한 쪽으로 치우쳐서 생활하게 됩니다. 감성과 이성이 조화를 이루지 못하고 자연인의 상태로 더욱 기울어집니다. 감정적인 사람은 즉흥적인 행동을 하게 되고, 이지적인 사람은 논리적으로 따지게 됩니다. 감정적인 사람은 대부분이 여성이고, 이지적인 사람은 남성들이기 때문에 상대적으로 감정적인 사람이 무언가 부족하고, 비합리적인 것으로 취급을 받지만 실상은 이 두 가지는 다 같이 문제입니다. 교회도 주도권이 남성중심으로 이루어졌고 게다가 영이 약한 사람들이 대부분이기 때문에 이지적이고 논리적인 것이 올바른 것처럼 오해되고 있습니다.

말씀과 능력이 균형을 이루어야 하는데도 불구하고 어느 한 쪽으로만 치우쳐 있기가 쉽습니다. 이 둘이 균형을 이루는 일이 말처럼 쉬운 일이 아니기 때문에 어려운 과정을 거쳐 바람직한 영적 균형을 이루려는 생각을 하지 못하는 것입니다. 영이 약하면 균형을 이루기가 쉽지 않습니다. 약한 영은 모험을 두려워합니다. 하나님에 대한 지식은 모험을 필요로 합니다. 학문적인 과정을 통해서 배우는 이론적이고 교리적인 지식은 시간을 필요로 하지만, 성령을 통해서 배우는 지식은 많은 도전을 필요로 하고 위험하게 보이는 모험을 통과해야 합니다. 그래서 이 학교를 광야의 학교라고 부릅니다. 그런데 영이 약하면 이 과정을 소화할 수 없습니다. 영이 약한 사람은 광야의 시험을 두려워합니다.

영이 약한 사람은 새로운 것을 거부합니다. 안전하고 일상적인 것을 좋아하고 새롭고 낯선 것은 싫어합니다. 항상 똑 같은 절차와 방식으로 살아가려고 합니다. 일정한 수준과 경계를 만들어 놓고 그 범위를 넘어서려고 하지 않습니다. 이런 태도는 본능에 기인한 것입니다. 사람이나 동물이나 본능적으로 영역에 대한 집착이 있습니다. 늘 다니던 길로만 다니고, 자신의 영역 안에서만 활동합니다. 생명의 위험이 닥쳐도 영역을 벗어나려고 하지 않습니다. 이처럼 영이 약한 사람은 안전하고 예측이 가능한 길로만 갑니다. 그래서 성령의 변화와 다양한 역사를 받아들일 여지를 만들어내지 못합니다. 기적을 만드는 삶은 더더욱 꿈도 꾸지 못합니다. 제사장들이 율법에 기록된 대로 하듯이 틀에 박힌 종교 행위에만 관심을 가집니다.

영이 약한 사람은 기도가 형식적일 수밖에 없습니다. 늘 같은 수준의 기도와 같은 방법의 기도만 합니다. 기도 역시 틀에 박힌 교과서적인 것입니다. 성령의 감동을 받지 못하기 때문에 성령이 인도하는 기도를 하지 못합니다. 영이 약하기 때문에 성령의 충격을 받아들일 만한 자신감이 없습니다. 기도하다가 무언가 이상한 느낌을 받게 되면 두려워서 기도를 끝내고 더 이상 들어가려고 하지 않습니다. 이상한 현상이 나타날 것 같으면 마귀라고 생각하고 거부합니다. 자신이 만들어 놓은 틀에서 벗어나면 모두 위험하고 마귀의 침해라고 여깁니다. 자신의 방식으로 하나님이 응답하지 않으면 모두 거부합니다. 그렇기 때문에 실제적 응답이라는 것을 별로 경험하지 못하고 살아가며, 하나님과의 친밀함이란 도무지 이해되지도 않고 이해할 필요도 느끼지 못합니다.

영이 약한 사람은 삶에서 영적 경험이란 거의 없습니다. 그래서 영적인 일이란 성경을 읽고 배우고 실천하는 것이 전부라고 생각하고 그 이상은 오히려 신비주의로 위험한 것이라고 생각합니다. 자신의 의지로 판단하고 세상적 안목으로 결정하려고 합니다. 도덕적이고 윤리적이고 상식적이기 때문에 사람들에게 거부감을 주지 않습니다. 합당한 논리도 있고 말씀에 근거하기도 하므로 이상하게 여길 것이 전혀 없습니다. 이런 결정은 하나님의 뜻에 따른 것이라고 여깁니다. 그러나 그들의 삶은 봉사의 수준은 될지언정 기적을 만들고 하나님의 능력을 드러내는 것에는 미치지 못합니다. 정말로 하나님이 원하시는 것이 무엇인지 모르기 때문에 성령의 열매는 맺지 못합니다.

　이스라엘 백성들이 율법에 맞추어 희생을 드리고 번제를 드렸습니다. 이런 행위는 누구도 나무랄 수 없는 완벽한 율법준수였고 하나님이 정하신 법에 충실했습니다. 겉으로는 아무도 흠을 잡을 수 없는 완전한 것이었지만, 이런 행위에 대해서 하나님은 신물이 난다고 표현합니다. 이들이 드리는 제사는 짐승의 목을 비트는 행위에 지나지 않을 뿐만 아니라, 나아가 사술을 행하는 것과 같다고 말씀하시면서 이들의 제사를 전혀 받을 수 없다고 말씀하십니다. 그 이유는 이스라엘이 하나님의 마음을 모르기 때문이라는 겁니다. 하나님의 마음을 모르고 기록된 말씀에만 따라서 행동하였기 때문입니다. 기록된 말씀에 비추어서는 전혀 이상이 없지만, 그런 행위를 하는 배경에는 하나님을 사랑하는 마음을 갖추지 못했다는 것입니다. 영이 약한 사람은 하나님의 마음을 알지 못합니다.

　우리가 하나님의 마음을 알 수 있는 유일한 길은 우리 안에 계시는 성령님을 통해서 감동을 받는 것입니다. 성령을 통해서 하나님의 마음을 알기 위해서는 우리의 영이 성령으로 인해서 단련되고 훈련되어야 하며, 그렇기 위해서는 영이 강건해야 하는 것은 필수입니다. 어느 정도의 수준에 이르지 않고서는 성령의 역사하심을 알지 못합니다. 그러므로 이 수준에 이르기까지 불가불 지도자의 도움을 받아야 하고, 영이 강건해지는 법을 배우고 실천해야 하는 것입니다. 앞에서 언급했지만 영이 강건해지는 세 가지 요소를 우리가 어떻게 균형 있게 행하는가 하는 문제가 영성을 개발하는 과제인 것입니다.

이 과정은 개인적 성향과 특성으로 인해서 일률적으로 공식화할 수 없다는 점을 지니고 있습니다. 그래서 영성훈련은 개별적이고 개인적이어야 하는 것입니다. 주님도 12명을 한계로 설정하고 그들을 가르쳤습니다. 실제로 한 사람이 다룰 수 있는 제자는 이 수준을 벗어나지 못합니다. 다양한 특성을 지닌 사람들에게 다양한 방법으로 가르쳐야 하는 영성훈련은 말처럼 쉽지 않음을 저는 13여년의 경험으로 알게 되었습니다. 그런데 수십 명 수백 명을 상대로 하는 제자훈련이나 속사람치유(내적치유)는 분명히 바람직하지 못한 문제를 지니고 있다고 인식하고 있습니다. 교리교육이나 이론 교육은 될 수 있지만 하나님의 마음을 아는 법을 배우는 데는 문제가 있는 것입니다. 하나님은 체험하므로 아는 것이기 때문입니다.

하나님의 교육방식은 피라미트 방식입니다. 제자가 제자를 길러내는 것이지요. 그 한계가 12명 이하입니다. 사람과 사람의 접촉을 통해서 스승이 지닌 능력과 지식을 제자에게 전하고 제자는 그 능력을 받아 더욱 강하게 키우는 것입니다. 이것이 엘리사가 엘리야의 능력을 받아 더 많은 사역을 했던 모델입니다. 인간적 교제 속에서 경험하면서 배우는 것이 하나님의 제자 세우기 방식입니다. 제자 훈련이라는 말은 온전한 의미가 없다고 봅니다. 저는 이 말보다는 제자 만들기 또는 제자 세우기라는 말이 적당하다고 봅니다. 제자를 만들고 세우는 일은 함께 인격을 나누고 교제하는 친밀함 속에서 가능합니다. 그러려면 절대로 소수가 아니면 불가능합니다.

성령을 체험하고 치유를 받으려면 공인된 사역자가 개별적으로 지도하는 곳을 찾아가시기를 바랍니다. 영적인 것은 성령으로 분별이 되는 것입니다. 영적 체험은 소수를 대상으로 하지 않으면 절대로 불가능합니다. 이는 제가 지금까지 성령치유 사역을 하면서 임상적으로 경험해보아서 잘 압니다. 한사람, 한사람 터치하면서 사역이 이루어져야만 영적체험과 치유가 가능합니다. 바르게 분별하여 보시고 찾아가시기를 바랍니다.

26장 기도 안수통한 영의 전이

(딤전 5:22)"아무에게나 경솔히 안수하지 말고 다른 사람의 죄에 간섭하지 말며 네 자신을 지켜 정결하게 하라"

하나님은 안수를 받을 때도 주의 하라고 하십니다. 안수를 하는 사역자도 주의를 해야 합니다. 안수를 받는 성도나 목회자도 분별력을 길러 분별하며 안수를 받아야 합니다. 처음 능력이나 은사를 받게 되면 무척 흥분하게 됩니다. 우리는 본능적으로 새로운 것을 접하게 되면 가슴이 설레고 흥분하지요. 마치 새로운 곳으로 여행을 떠나는 것과 같은 기분이 들게 되는 것입니다. 우리가 방언을 처음 받았을 때 경험한 그런 설레는 마음입니다. 능력을 받는 것은 방언을 받을 때보다 더 감격하게 되고 흥분하게 됩니다. 이런 상태가 상당히 오래 지속되는 것입니다. 적어도 유아기를 벗어나 쓰라린 실패와 광야를 경험하기 전까지는 그렇습니다.

이 시기에 있는 사람들이 흔히 소홀하기 쉬운 부분이 있습니다. 그것은 경험이 부족한 데서 오는 것이며, 배우지 못한 무지함에 기인하기도 합니다. 특히 아무에게나 안수해서 자신에게 주어진 능력을 드러내고 싶어 하는 경향이 있는 것입니다. 이 부분은 능력을 받지 않은 일반적인 성도에게도 매우 중요한 내용이므로 반드시 알아두어야 합니다.

안수는 능력을 행하는 사람에게 있어서 중요한 도구입니다. 안수를 통해서 자신에게 주어진 능력이 그 능력을 필요로 하는 사람에게 흘러들어가는 것입니다. 치유와 축사를 위해서는 이 안수는 필수적인 방법인데 이 과정에서 우리가 전혀 생각하지 못했던 부정적인 일들이 나타나게 됩니다.

안수의 성경적 의미는 '죄의 전가'입니다. 제사장이 백성들의 죄를 희생으로 드릴 번제물에 안수함으로써 그들의 죄가 그 희생물에 전가되며, 그럼으로써 그 희생물을 소각함으로써 죄가 사해지는 것입니다. 죄는 사망을 불러오는 것이며, 자신을 대신해서 희생물을 죽임으로써 그들의 죄가 처리되는 것입니다.

신약시대를 사는 우리에게는 그리스도가 단번에 죽으심으로써 그를 믿음으로써 우리의 죄가 전가되어 용서함을 받게 된 것입니다. 그러므로 죽음으로써의 희생의 의미 즉 죄의 전가는 안수에서 사라지게 된 것이지만 그 밖의 다른 부분들은 여전히 안수를 통해서 우리에게 영향을 주는 것입니다.

안수는 '넘겨주는 의미'를 지니고 있습니다. 넘겨주고 받는 통로로서 안수가 사용되고 있는데 안수하는 사람으로부터 피 안수자에게로 옮겨가고 반대로 피 안수자로부터 안수자에게 옮겨옵니다. 환자에게 안수하면 그 병이 안수자에게 옮겨올 수 있는 길이 열려 있는 것입니다. 물론 세균이라는 병리학적 전염은 청결의 문제와 연관되어 있는 것입니다. 이런 부분은 우리가 상식적으로 알고 있는 방역 조치를 취해야 합니다.

　병균은 상처를 통해서 직접 전염되며, 세균은 공기를 통해서 직접 옮아옵니다. 이런 병리학적 방법이 아닌 영적 전이는 힘의 균형에 의해서 물이 높은 곳에서 낮은 곳으로 흐르듯이 강한 쪽에서 약한 쪽으로 흘러들어가게 되는 것입니다. 우리 모두는 강점을 가지고 있는 반면에 약점도 가지고 있습니다. 자신이 어떤 특정한 부분에 약점을 지니고 있다면 또는 그런 부분의 죄를 반복하고 그 처리가 제대로 되어있지 않은 상태라면 그 부분의 부정적인 요인들이 영향을 받을 수 있는 것입니다. 이것을 '죄의 유혹'이라고 합니다.

　조선 시대에 서당에 가기 전의 유아들에게 가르치기 위해서 만든 교양서인 '四字小書'라는 책에 "近赤者는 赤이요, 近墨者는 墨이라"는 글이 있습니다. 사람을 사귀되 누구와 사귀냐에 따라서 영향을 주고받을 수 있다는 내용의 글입니다. 이처럼 우리는 영적으로도 영향을 주고받게 되는 것입니다. 여기에는 강하고 약한 힘의 논리가 적용되는 데 그 비교는 절대적 기준이 없다는 것입니다.

　부분적으로 강하고 약한 성향을 지니고 있습니다. 한 부분이 강하다고 해서 상대방의 모든 부분에서 강한 위치에 있는 것이 아닙니다. 부분적으로 상대방보다 약한 부분이 있고 이런 부분에서 영향을 받을 수 있기 때문입니다. 우리는 건강할 때는 감염의 위험이 낮지만 체력이 약해진 경우에는 쉽게 감염되는 것처럼 우리의 영적 상태가 항상 건강할 수는 없습니다. 특히 문제가 있는 경우에는 매우 약화되어 있어 우리의 방어기재가 제대로 역할을 할 수 없기 때문에 문제를 가진 부분들의 영향을 직접 받게 될 수 있는 것입니다.

안수를 통해서 귀신이 드러나 심하게 고생한 분이 있고, 직접 안수를 받지 않았지만 그 장소에 갔다가 귀신이 드러나 목회를 포기하기까지에 이른 어떤 목회자가 있습니다. 이 뿐만 아니라 환자를 위해서 기도한 뒤에 그 병에 걸려 고생한 사역자들이 간혹 있습니다. 이런 불행한 일을 겪지 않기 위해서 반드시 알아두어야 할 것이 '보호기도'입니다.

보호기도는 자신을 부정한 것으로부터 안전하게 지키기 위한 기도입니다. 우리가 살아가고 있는 세상에는 병리적인 균류뿐만 아니라, 영적 질병을 일으키는 수많은 부정한 요소들이 널려 있고 우리는 그 대부분을 알지 못합니다. 세균이 눈에 보이지 않기 때문에 감염된 장소에 아무런 생각도 없이 들어가거나, 감염된 음식을 모르고 먹습니다. 이처럼 우리는 어떤 장소나 물건이 부정한 상태에 있는지를 알지 못할 수 있습니다. 그런 장소나 물건에 접촉함으로써 우리는 부정한 영향을 받게 되는 데 우리의 영적 상태가 건강하면 그 영향을 이길 수 있지만, 그렇지 못하면 피해를 입게 되는 것입니다.

보호기도는 낯선 장소에 들어갈 때 반드시 해야 합니다. 그리고 물건을 접촉할 때 역시 해야 하는 것이지만 모든 물건이 아니라, 부정한 것의 형상을 취한 것들에 대해서 해야 합니다. 그리고 무엇보다 중요한 것은 안수를 하거나 받는 경우 반드시 해야 합니다. 안수하는 사람은 자신의 부정한 것들이 피 안수자에게 옮겨가지 않도록 지켜주시기를 기도하고 피 안수자로부터 부정한 것들이 자신에게 옮아오지 않도록 기도합니다. 이는 피차 해야 하는 것입니다.

부흥회에서 부흥사가 무조건 집단적으로 안수하는 경우는 매우 위험할 수 있습니다. 이 경우 안수를 하는 부흥사는 반드시 보호 기도를 공개적으로 하고 난 다음에 안수해야 할 것입니다. 그리고 굳이 그런 안수는 하지 않고 받지 말기를 바랍니다. 물론 성령님이 허락하시는 경우는 예외이겠지만 그렇지 않은 경우에는 할 필요가 없는 것입니다. 그리고 그런 안수를 받지 않는 편이 좋지만 어쩔 수 없는 상황이면 반드시 보호 기도를 해야 합니다. 전가된 부정적인 요인들이 당장에는 나타나지 않는다고 해도 잠복되어 있다가 나타나며, 다른 사람에게 전하는 숙주역할을 할 수도 있습니다.

자신을 부정한 것으로부터 지켜주시기를 구하는 단순한 기도를 하지 않음으로써 우리는 때로는 치명적인 올무에 걸려 엄청난 고통을 겪는 사람들이 있습니다. 특히 안수하는 경우에는 이런 부분을 유의해야 합니다. 그리고 부득이 한 경우가 아니면 안수하는 것을 피하십시오. 환부에 손을 얹는 것은 다소 위험이 적지만 머리에 안수하는 것은 매우 위험할 수 있습니다. 그러므로 머리에 손을 얹는 일은 정말로 꼭 필요한 경우가 아니면 서로 피하는 것이 좋습니다.

강릉에서는 매년 음력 5월에 국제민속축제라는 이름으로 단오절 행사를 하고 있습니다. 그런데 이 행사를 시작하기 앞서서 대관령에 있는 국사성황당이라는 신당에서 무녀들이 굿판을 벌려 귀신을 불러들이고 그 귀신이 임하였다는 나무를 베어 그 나뭇가지에 오색 천을 매달고 행사장 한 가운데 세웠습니다. 단오절 행사를 국사신이라는 신(김유신 장군신이라고 함)을 섬기는 우상숭배를 위한 잔치판으로 만들었습니다. 여러날 동안 제주들이 모여 신당 앞에서 제물을 드리고 강릉 시장이 그 제물 앞에서 머리를 조아려 절을 했습니다.

이 귀신을 섬기는 엄청난 일이 국제민속축제의 본질입니다. 이것을 알지 못하는 그리스도인이 이 행사에 참석하는 것은 그 자체로 부정한 영향을 받는 것입니다. 우리는 이런 행사에 참석하는 것을 삼가야 할 것이지만 부득이 참여했다면 보호 기도를 해야 합니다. 그리고 이런 민속 행사가 단순한 민속적인 축제로 시작하고 끝나야지 무속적인 행위를 그 중심에 두는 일이 없도록 문제제기를 해야 할 것입니다. 강릉 지역에 있는 기독교인들 특히 목회자들이 이런 부분을 시정하는 노력을 하고 우리도 많은 기도로 지원해야 할 것입니다.

안수를 받는다고 무조건 치유되고 능력이 전이되는 것이 아닙니다. 안수하는 사역자는 성령님이 보증하여 주어야 합니다. 안수를 받는 사람은 믿음이 있어야 합니다. 여기에다가 하나님의 역사가 같이해야 질병이 치유되고, 은사가 전이되고, 성령 체험을 하는 것입니다. 아무나 인수한다고 다되는 것도 아닙니다. 반드시 분별해야 합니다.

　보호기도는 이렇게 합니다. 호흡을 들이쉬고 내쉬면서 성령의 충만함을 구합니다. 성령이 충만한 상태에서 호흡을 들이쉬고 내쉬면서 마음으로 방언기도를 하는 것입니다. 성령께서 감동하시는 대로 대적기도를 합니다. "예수 이름으로 더러운 영들은 물러가라"마음에서 나오는 소리로 합니다. 지속적으로 하면 좋습니다. 보호기도와 대적기도로 귀중한 자신의 영을 지키시기를 바랍니다.

27장 영분별은 예방 신앙의 초석

(고전 12:7-12)"각 사람에게 성령을 나타내심은 유익하게 하려 하심이라. 어떤 사람에게는 성령으로 말미암아 지혜의 말씀을, 어떤 사람에게는 같은 성령을 따라 지식의 말씀을, 다른 사람에게는 같은 성령으로 믿음을, 어떤 사람에게는 한 성령으로 병 고치는 은사를, 어떤 사람에게는 능력 행함을, 어떤 사람에게는 예언함을, 어떤 사람에게는 영들 분별함을, 다른 사람에게는 각종 방언 말함을, 어떤 사람에게는 방언들 통역함을 주시나니 이 모든 일은 같은 한 성령이 행하사 그의 뜻대로 각 사람에게 나누어 주시는 것이니라"

하나님이 성도들에게 영분별의 능력을 주시는 주요 목적은 마귀를 물리치고 귀신을 쫓아내는 것만이 아니라, 그 근본은 우리의 죄를 처리하기 위한 것입니다. 불결한 곳에 파리가 끼는 것처럼, 죄가 있는 곳에 마귀와 귀신이 다가오는 것입니다. 마귀와 귀신은 우리의 신앙생활을 무기력하게 만들고 심하면 분열과 갈등을 만들어냅니다. 이것은 그리스도 공동체를 위협하는 일이며, 파괴하기까지 하는 것입니다.

영분별의 능력은 마귀와 귀신을 발견하고 내어 쫓는 능력만이 아니라, 죄를 발견하고 처리하는 능력입니다. 마귀와 귀신을 통해서 우리 가운데 처리 되지 않은 죄를 발견하게 되고, 이것을 적당한 절차를 통해서 처리함으로써 올바른 신앙생활을 할 수 있도록 돕는 것입니다. 필자가 매주 진행하는 치유 집회할 때 사람들에게 자신에게 처리되지 않은 죄가 있다고 하면 불쾌해 하고 받아들이려 하지 않습니다. 결점과 단점뿐만 아니라, 죄의 악습에 대해서 지적하면 불쾌하게 생각합니다. 그리고 자신은 아무런 허물이 없고 신앙생활에 문제가 없다고 여깁니다. 그러므로 심각한 문제가 앞에 놓이지 않으면 그 사실을 겸손하게 받아들이려고 하지 않습니다.

우리에게는 죄의 처리가 일상적인 일이 되어야 함에도 불구하고 그런 생각을 가지고 있지 못합니다. 그만큼 일반적으로 죄에 대해서 심각하게 생각하고 있지 못하기 때문입니다. 우리는 날마다 몸을 청결하게 하는 것처럼, 우리의 영을 더럽히고 있는 죄를 날마다 처리해야 하지만 실제로는 그렇게 하지 못하는 것입니다. 그런 까닭에 죄가 쌓이고 악습이 되어 어쩔 수 없이 강제로 처리해야 하는 심각한 지경에 이르게 되는 것입니다. 그것이 바로 마귀와 귀신의 침해를 입는 것입니다.

일상적으로 해야 하는 죄의 처리를 제대로 하지 못하기 때문에 마귀의 올무에 걸리게 허락함으로써 비로소 죄를 회개하는 입장으로 나오게 되는 것입니다. 몸이 병들게 되면 그 때 비로소 자신의 영적 삶을 진솔하게 돌아보게 되고 회개하게 됩니다. 사업이 곤경에 빠져 경제적으로 어려움을 당해야 비로소 영적인 권면을 들을 마음이 생기는 것입니다. 일상에서 죄를 언급하면 전혀 남의 일로만 생각하던 사람이 심각한 문제에 부닥쳐야 회개할 마음을 가지게 되는 것입니다. 어쩔 수 없는 상황에까지 이르러서야 사역자의 말에 귀를 기울이는 것입니다.

영분별의 능력은 심각한 문제가 일어나기 전에 그 전조를 발견하고, 그에 따른 바른 조치를 취하는 것입니다. 한마디로 문제를 사전에 예방하는 것입니다. 이것은 심각한 문제를 만나기 전에 영혼을 돌아보는 기회를 주는 것입니다. 저의 경험으로 보아도 심각한 문제 앞에 직면해 있는 사람에게 다가올 어려운 시기에 대해서 조언을 해주면 별로 달가와하지 않습니다. 특히 마귀의 시험이나 귀신의 공격이 임박해 있으므로 죄를 처리하고 마귀의 시험에서 벗어날 것을 권유해도 들으려고 하지 않는 경우가 많습니다. 그만큼 대부분의 사람들은 자신은 온전한 것으로 여깁니다.

영분별의 능력은 마귀와 귀신을 통해서 그 사람이 처리해야 할 죄를 발견하는 것입니다. 이것은 반드시 지식의 말씀을 갖추어야 합니다. 악령이 어떤 사람 곁에 다가와 있다는 것을 발견하기란 그리 어려운 일이 아닙니다. 그러나 악령이 무슨 까닭에 접근하고 있는지 그 원인을 찾아내는 데는 지식의 말씀이 필요한 것입니다. 지식의 말씀은 상담으로 얻을 수 있는 내용에 대해서는 주어지지 않는 것이 원칙이라는 점을 안다면 악령의 존재를 발견했다면 그 사람과 상담을 해야 합니다. 원인이 되는 것이 무엇인지를 상담을 통해서 알아야 하고, 알 수 없는 부분은 지식의 말씀을 통해서 알게 됩니다.

영분별의 능력을 받은 사람은 이런 까닭에 지식의 말씀을 얻도록 간구해야 하며 상담기술도 익혀야 합니다. 악령이 있는 것을 알아차리는 것만이 목적이 아닙니다. 하나님이 원하시는 바는 그것을 기회로 죄를 처리하는 것입니다. 그러므로 다양한 죄의 종류를 정확하게 파악하고 처리하는 것은 말처럼 쉬운 일이 결코 아닙니다. 초보 사역자는 문제만을 봅니다. 그래서 악령을 쫓는 일에만 급급합니다. 신유의 은사를 받은 사람도 역시 마찬가지입니다. 병만 나으면 된다고 생각하기 때문입니다. 환자도 그것을 원하지만 본질은 병에 있는 것이 아니라, 영적 문제에 있는 것입니다. 물론 단순한 질병이 원인인 경우도 있습니다. 저는 항상 5차원의 사역을 하라고 권면합니다. 5차원의 사역이란 문제만 해결하는 것이 아니라, 문제가 발생하게 된 원인을 찾아서 뿌리까지 해결하는 것입니다.

영분별의 능력은 단순하지 않고 복잡한 기능을 지니고 있습니다. 그것은 내담자의 문제가 간단하지 않기 때문입니다. 정확한 진단과 처방을 해야만 온전한 치유가 이루어지는 것처럼, 영분별의 능력은 죄의 문제를 정확하게 볼 줄 알아야만 제대로 되는 것입니다. 영분별의 능력을 가진 사람은 악한 영의 존재를 정확하게 분별할 줄 알아야 합니다. 우선 마귀와 귀신을 분별하고 악령의 역할이 무엇인지를 알아내야 하며, 그 힘이 어느 정도인지도 알아야 합니다. 그 대상인 악령의 능력은 주로 느낌으로 알아차릴 수 있습니다. 이것은 처음 이 능력을 받을 때 경험하는 것인데 악령의 힘을 몸으로 느끼는 과정을 거치게 됩니다. 소름이 끼치고 머리카락이 솟고 온몸이 떨리고, 가슴이 짓눌리는 공포감을 경험함으로써 그 위협을 극복하게 됩니다.

그러면서 그 힘의 크기를 느끼게 됩니다. 자신이 경험하고 극복한 능력을 다룰 수 있게 됩니다. 자신은 능히 감당할 수 있는 악령의 힘을 일반인들이 당하면 기절하고 졸도하며, 깊은 잠에 빠지듯이 실신합니다. 강한 힘으로 인해서 여러날 자리에서 일어나지도 못합니다. 때로는 병이 들기도 합니다. 그러므로 영의 힘이 얼마나 큰지를 즉각적으로 간파하는 능력이 있어야 악령을 다룰 수 있게 됩니다.

이런 내용들은 악령의 존재와 그 능력을 파악하고 그에 따른 적절한 조치를 취하게 하는데 도움이 됩니다. 마귀가 틈타고 들어온 배경을 제거함으로써 물리치게 되고, 귀신을 내어 쫓음으로써 당사자를 구원하는 것입니다. 그러나 이 모든 일에 있어서 반드시 다루어야 할 부분이 죄입니다. 이 부분을 온전히 다룰 수 있어야 제대로 된 사역자입니다. 그러므로 죄에 대한 연구가 많아야 합니다. 죄의 처리에 대한 지식도 갖추어야 합니다. 영분별의 능력은 단순히 악령을 제거하는 것이 아님을 제대로 알아야 합니다.

영분별의 능력을 가진 사람이 알아야 하는 바는 죄의 처리의 절차와 시기입니다. 죄의 종류는 상담을 통해서, 그리고 지식의 말씀을 통해서 알았다면 그 처리를 위한 적절한 방법을 찾아야 하고, 그 시기에 대해서 통찰력을 얻어야 합니다. 모든 것을 다 잘 알아냈다고 해도, 그 시기를 알지 못하면 문제를 제대로 다룰 수 없습니다. 모든 일에 시기는 매우 중요합니다. 심각한 문제를 가지고 있다고 해서 지금 이 문제를 해결할 시기라고 단정해서는 안 될 경우가 많이 있습니다. 실제로 시기의 문제는 매우 미묘하고 어렵습니다. 대부분의 사역자들이 이 시기를 제대로 파악하지 못하기 때문에 치유에 실패하는 경우가 많습니다.

시기를 정확하게 알기 위해서는 많은 경험이 필요합니다. 경험 이외에는 다른 방법이 없는 것 같습니다. 저 역시 오랫동안 사역을 했지만, 이 부분에 대해서는 아직도 온전하지 못해서 간혹 실수를 합니다. 상당히 미묘하고 어려운 부분이 이 시기를 파악하는 일이라고 생각합니다. 그러나 여기에도 요령이 있습니다. 전반적인 상담을 통해서 당사자의 진실성을 파악하는 것이 중요하다고 생각됩니다. 정말로 문제를 심각하게 생각하고 하나님의 도우심을 간절하게 사모한다면 지금이 그 치유의 시기일 것입니다. 당사자의 진실성이 시기와 깊은 연관이 있는 것 같습니다.

죄의 처리에 대한 진실성이 어느 정도인가를 파악하는 것이 도움이 됩니다. 아직 그 치유의 시기가 아닌 경우에는 더 고통스런 일을 겪어야 합니다. 그런 경우 악령은 쉽사리 떠나지 않습니다. 이런 경우 사역자의 능력이 부족해서가 아니라 시기가 아직 아니기 때문입니다. 이 경우에 대처할 수 있는 나름의 노하우가 있어야 합니다.

자신의 능력의 한계 밖의 일임에도 불구하고 매달리면 깊은 상처를 입게 됩니다. 그러므로 자신에게 주어진 능력의 한계를 아는 것도 중요합니다. 악령은 높은 수준의 영적 존재로부터 낮은 수준까지 다양한 위계와 계급을 가지고 있습니다. 자신의 능력의 한계를 아는 것은 자신이 경험한 영적 체험의 깊이와 넓이로 가늠할 수 있습니다. 자신에게 주어진 능력의 한계를 넘는 악령과의 대면은 영적 손상을 입게 되고, 두려움에 쌓여 사역 자체를 제대로 할 수 없는 경우도 있습니다. 자신이 감당할 수 없는 악령을 대하면 그 두려움과 공포는 상상을 초월합니다. 그리고 영적으로 심각한 손상을 입어 매사에 두려워하게 되고 소극적으로 변하게 됩니다.

이것은 자신의 의지와는 상관없습니다. 영적 손상을 입게 되면 악령을 만나면 두려움부터 생기기 때문에 사역 자체를 감당하지 못하게 되는 것입니다. 자라보고 놀란 가슴 솥뚜껑 보고도 놀란다는 말처럼 심각한 영적 손상을 입게 되면 그렇게 됩니다. 영적 두려움에 시달리게 되고, 영적 사역에 대해서 관심을 가지지 않으려고 합니다. 이런 현상은 심각한 위협을 당하는 경우이지만, 그렇지 않은 경우에는 자신도 모르게 능력이 점점 소멸되어 무능해지고 맙니다. 그래서 결국에는 사역을 포기하고 일반적인 목회를 하게 됩니다.

능력 한계를 모른 채 사역하는 것은 사역자의 수명을 단축하는 주요 원인입니다. 능력은 힘입니다. 주님은 여인이 옷자락을 만졌을 때 자신에게서 능력이 나가는 것을 느꼈습니다. 능력 사역을 하면 자신에게서 힘이 빠져나가는 것입니다. 그런데 초보자들은 이런 것을 알아차리지 못합니다. 점점 미약해지는데도 알아차리지 못합니다. 그것은 빠져 나간 능력을 다시 채워야 하는 법을 모르기 때문입니다. 소모된 배터리를 다시 충전하듯이 소모된 능력을 다시 채워야 하는 것입니다.

영분별의 능력을 받은 사람에게는 자신이 다루어야 할 악령의 능력의 범위를 파악해야 합니다. 이것은 주님이 능력을 주실 때 그 범위를 경험하게 하신 것입니다. 자신이 감당할 악령의 범위에 해당하는 시험을 통과하게 하시는 것입니다. 어느날 갑자기 자신에게 닥치는 두려운 생각과 느낌들과 소름끼치는 전율 등을 반복적으로 그리고 집합적으로 경험할 때 이것은 주님이 자신에게 가르치는 영적 범위임을 알아야 합니다.

28장 영력을 보존하는 비결

(히 9:14) "하물며 영원하신 성령으로 말미암아 흠 없는 자기를 하나님께 드린 그리스도의 피가 어찌 너희 양심을 죽은 행실에서 깨끗하게 하고 살아 계신 하나님을 섬기게 하지 못하겠느냐"

하나님은 하나님이 주신 영력을 바르게 사용하라고 하십니다. 하나님이 주신 영력을 무분별하게 사용하지 말고 보존할 줄 알아야 합니다. 우리 몸의 구조들 가운데 한 가지가 여러 가지 기능을 하는 것들이 있습니다. 세상의 이치도 그렇습니다. 예를 들어보면, 사람의 입은 음식을 먹는 기능과 말을 하는 기능을 가지고 있지요. 이처럼 기도에도 '간구' '교제' '응답' 등과 같은 여러 가지 기능을 가지고 있습니다. 그 가운데 중요한 것이 영적 에너지를 채워 넣는 통로가 된다는 것입니다. 기도는 '영의 호흡'이라고 부르는 것이 이런 까닭이지요. 호흡은 단순히 공기의 흡입과 배출만이 아니라 영을 받아들이고 내 보내는 통로가 되기도 합니다. 영을 히브리말로 '루아흐'라고 표현했는데 바람과 같아서 바람이라고 부른 것입니다. 즉 대기의 흐름과 같다는 뜻입니다. 그래서 그 루아흐를 받아들이기 위해서 바른 호흡을 해야 한다고 생각한 것입니다. 그리고 실제로 그렇습니다. 올바른 호흡은 우리의 영을 강하게 만들 수 있습니다.

기도를 해야 하는 줄은 알면서도 기도가 되지 않고 기도하려고 하면 잡스런 생각이 가로막고 힘이 드는 까닭은 영의 에너지가 부족하기 때문입니다. 이 말은 다른 표현을 빌리면 성령 충만하지 못한 것입니다. 성령은 인격의 하나님이지만 그 실체는 영입니다. 영은 다양한 속성들을 가지고 있는 데 그 가운데 하나가 불입니다. 불은 에너지 덩어리입니다. 만물은 불에 의해서 그 생명력을 이어가고 있지 않습니까? 에너지의 근원인 태양은 불덩입니다. 그 불이 모자라면 에너지가 고갈된 증거입니다. 즉 뜨거움이 사라지면 우리에게서 영의 충만이 사라진 것입니다. 따라서 영적 에너지를 어떤 방법을 통해서든지 다시 채워 넣어야만 합니다. 이것이 영적 에너지의 보전(補電, energizer)입니다.

영의 에너지를 채워 넣는 가장 강력한 수단이 기도입니다. 기도는 호흡이기 때문에 고갈된 영적 에너지를 다시 채워 넣기 위해서는 신선한 공기를 마음껏 호흡하듯이 기도의 호흡을 해야 합니다. 에너지가 고갈 되는 이유가 여러 가지일 것입니다. 우리의 영적 에너지는 아무런 일도 하지 않아도 자연적으로 소모되는 소모품과 같습니다. 배터리가 사용하지 않아도 시간이 지나면 자연적으로 방전되듯이 우리의 영의 에너지도 그렇게 소멸되어가는 것입니다. 그러므로 기도를 하지 않고 그냥 지내기만 해도 점점 무기력해지고 나태해지게 됩니다. 이런 경우 서서히 소멸되기 때문에 자연인은 그 증상을 느끼지 못하다가 거의 바닥이 날 무렵에야 무언가 잘못되었다고 느낍니다. 그러나 그 이유가 무엇인지 몰라 다시 보전하는 일을 하지 않다가 결국에는 영적 탈진에 빠지게 되는 것입니다.

영적 에너지가 소멸되는 가장 큰 이유는 영적 전쟁을 치르는 과정에서 많은 양의 영적 에너지를 사용하였기 때문입니다. 우리는 일상의 삶 속에서 끊임없는 영적 전쟁을 치릅니다. 그 사실을 인식하는 사람이 별로 많지 않은 듯합니다. 영적 전쟁은 악령의 실체를 인식하면서 싸우는 축사(exorcism)가 있지만, 이런 경우를 제외하면 우리의 영적 싸움의 대부분은 인식하지 못하는 가운데 일어납니다. 우리 몸이 끊임없는 병균과 싸우는데도 불구하고 우리가 인식하지 못하는 것처럼 영적 전쟁은 인식하지 못하는 가운데 벌어지고 있는 것입니다. 이 과정에서 우리는 날마다 상당량의 영적 에너지를 사용하는 것입니다.

실체적 영적 싸움인 축사를 하고 나면 속사람이 피곤한 것을 느낍니다. 자신의 내면에 허전함을 느끼고 무언가가 몸에서 빠져나간 것 같은 허탈감을 느낍니다. 그리고 기도를 하면 새로운 힘이 외부로부터 들어와 채워지는 신선함을 느낍니다. 이것이 영의 보전인데 예민하지 못한 사람은 느끼지 못할 수도 있습니다. 그러나 신경 쓰이고 어려운 일을 만나면 영적으로 피곤함을 느끼며, 여러 날 또는 여러 달 동안 하고자 하는 의욕이 생기지 않고 매사가 귀찮아지고 의미가 없는 것 같은 무력감을 경험하게 됩니다. 흥미도 없어지고 관심도 사라지며 모든 것이 귀찮아지기만 하는 이런 증상을 우리는 정신적인 것으로만 이해하고 그렇게 다루어왔습니다. 병적으로 극심한 증상을 '우울증'이라고 하는데 이것은 영적 에너지가 극도로 고갈된 상태가 계속 이어질 때 영적 탈진을 넘어서 심각한 상태에 이른 것입니다. 이런 증상은 그 시작이 영적 에너지의 보전이 제대로 되지 않는 에너지 부족에서부터 비롯되는 것입니다.

영적 에너지를 보충하기 위해서 기도는 필수입니다. 기도는 호흡이고 심호흡은 신선한 공기를 폐 깊숙이 흡입하여 폐 속에 남아있는 나쁜 공기를 제거하여 건강하게 만들어줍니다. 심호흡은 폐를 건강하게 하듯이 깊은 영의기도는 우리의 영적 건강을 좋게 합니다. 깊은 영의기도란 하나님의 영을 우리의 심령 깊숙이 받아들이는 것을 말합니다. 영적 에너지가 고갈된 사람은 답답하고 무기력한 증상을 경험하게 됩니다. 내면에 에너지가 없기 때문에 열을 내지 못하는 것이지요. 그래서 기도하려고 해도 힘이 없기 때문에 알면서도 기도를 제대로 하지 못하게 됩니다. 이런 경우 기도를 해야겠다는 강박감으로 인해서 더 탈진하게 됩니다. 무언가 기도해야 하겠는데 생각도 나지 않고 할 말도 없고 기도할 염치도 없어서 기도하려고 하다가 결국에는 기도를 하지 못하고 맙니다. 이런 일을 반복하게 되면 결국에는 깊은 영적 침체에 빠져들게 되는 것입니다.

깊은 영의기도는 '침묵기도(silent prayer)' '호흡기도(breathing prayer)' '관상기도(meditation prayer)' '집중기

도(centering prayer)' 등으로 불립니다. 이 모든 기도는 수동적 기도입니다. 자신이 적극적으로 무언가를 하는 기도가 아니라 하나님의 임재 앞에서 자신을 내려놓고 하나님을 바라보는 기도입니다. 탈진한 사람에게는 쉼이 필요하듯이 영의 재충전을 위해서는 쉼이 필요한 것입니다. 영을 하나님 앞에서 쉬게 하는 것이 이런 유형의 기도입니다. 자신의 분주함을 내려놓고 잠잠히 하나님을 바라보면서 기다리는 것입니다. 영의 에너지가 보전되기를 기다리는 것입니다. 기다림의 기도는 자신을 주님 앞에 내려놓는 것으로부터 시작합니다. 그러므로 기도할 때 무언가 하려고 할 것이 아니라 하지 않는 것입니다.

주님 앞에서 잠잠하게 기다리는 것입니다. 30분 이상 때로는 몇 시간을 잠잠히 기다리면서 주님이 자신에게 새로운 힘을 넣어 주시기를 사모하는 것입니다. 호흡을 가지런히 하면서 깊은 호흡을 합니다. 이것은 깊은 기도 체험하기의 호흡기도에서 설명한 것입니다. 호흡을 고르게 함으로써 흩어졌던 정신과 마음을 가다듬는 것입니다. 마음을 한 곳에 집중시킵니다. 하나님의 은혜를 사모하는 마음만 가지고 가만히 기다림으로써 기도할 힘이 생기기 시작하는 것입니다. 영의 에너지가 많이 고갈되었을수록 보전하는 시간이 많이 필요합니다. 영적 전쟁에서는 많은 양의 에너지를 한 순간에 사용하기 때문에 우리는 그 증상을 바로 느낍니다. 축사를 끝내고 돌아오면 심한 탈진을 느낍니다. 마귀에게 점령당한 사람과 접촉하고 나면 힘이 소진된 것을 느낍니다. 기도가 되지 않고 눌리는 느낌을 받았다면 영적 에너지가 많이 소모된 것입니다. 그러므로 반드시 보전하는 기도의 시간을 가져야 합니다.

에너지가 빠져 나가는 것을 느끼는 사람은 보전의 기도를 할 경우 에너지가 다시 채워지는 느낌도 받게 됩니다. 새로운 힘이 솟아나고 정신도 맑아지고 기분도 좋아집니다. 기도가 전보다 더 강해진 것을 느끼지요. 속에서 힘이 솟아나 즐거워집니다. 마음이 평안하고 든든해지는 것을 경험하게 됩니다. 기분이 상승되어 능동적이고 긍정적인 생각으로 바뀌게 되는 것입니다. 영적 전쟁으로 소모된 에너지를 보충하기 위해서 보전의 기도를 하면 전 보다 더 많은 양의 에너지를 공급 받게 됩니다. 승리한 자에게 주시는 하나님의 선물인 것입니다. 우리는 이 땅에서 영적 전쟁을 하도록 부르심을 받은 사람들이고 하나님의 아들이 나타남은 마귀의 일을 멸하기 위한 것인 것처럼 그 대리자인 우리가 이제 그 일을 하도록 위임을 받은 것입니다.

영적 에너지는 소멸되면 그 즉시 보전해야 합니다. 에너지가 빠져 나간 것을 느끼면서도 보충하지 않으면 더욱 나약해져서 무기력해집니다. 건강한 사람은 피곤하면 몸이 먼저 느끼지 않습니까? 그래서 쉬거나 영양을 보충하지 않습니까? 그런데 건강하지 못한 사람은 그걸 제대로 느끼지 못해서 무리하다가 큰 병을 얻게 되지요. 우리 몸의 신호는 건강할 때 제대로 작동하듯이 우리 영의 신호 역시 그렇습니다. 그러므로 그 때 그 때 적절한 대응을 해야 합니다. 우리는 알게 모르게 영적 전쟁을 치르고 있습니다. 악한 영의 조정을 받는 세속적인 사람들과 접촉함으로써 우리 영은 끊임없이 우리를 지키기 위해서 내면에서 싸웁니다. 그래서 영이 피곤하고 지쳐갑니다. 그렇기 때문에 보전의 기도는 날마다 해야 하는 일상이지요. 쉬지 말고 기도해야 하는 까닭이 여기에 있는 것입니다. 우리 원수 마귀가 우는 사자처럼 삼킬 자를 찾아다니지 않습니까? 이 삭막한 영적 전쟁터에서 날마다 승리하기 위해서는 주님이 주시는 영적 에너지를 매일 보충해야만 합니다. 저는 항상 이렇게 말합니다. 영적인 일은 하나님에게 영력을 공급받은 만큼 사용하라는 것입니다. 받은 만큼 사용하지 않고 무리하면 영적인 탈진이 찾아오는 것입니다. 우리 모두 영적 전쟁에서 승리합시다.

29장 영의 전이와 영의 흐름

(요 6:63) "살리는 것은 영이니 육은 무익하니라 내가 너희에게 이른 말은 영이요 생명이라"

성경은 성령님을 바람에 비유하여 설명하고 있습니다. 그리고 성령으로 태어난 사람 즉 영의 사람도 이와 같다고 합니다. 영을 바람에 비유한 것은 영의 속성이 우리가 육신적으로 느끼는 바람 즉 기체의 흐름과 비슷한 특성을 지니고 있기 때문입니다. 바람은 기체가 온도 차이에 의해서 이동하는 흐름이라는 사실이 밝혀졌습니다. 어떤 특정한 두 지역의 온도의 차이가 심할수록 대기는 급하게 이동을 하지요. 이런 경우 강한 바람이 부는 것입니다. 이와 같이 영의 흐름도 두 영의 사이에 있는 영적 차이에서 생겨나게 됩니다.

영의 흐름이란 자신의 몸 안에서 영이 이동하거나 유입해 들어오는 것을 말합니다. 우선 그리스도인에게는 성령님이 흐릅니다. 우리 안에는 성령님이 항상 떠나지 않고 계십니다. 그럼에도 불구하고 성령님이 우리 안에 충만하기 위해서는 외부로부터 임해야 합니다. 이것은 우리의 상식으로는 도무지 이해할 수 없는 하나님의 신비입니다. 우리는 하나님을 형상으로 이해하기 때문에 우리 안에 이미 계신 성령님을 왜 다시 받아들여야 하는지를 이해할 수 없는 것입니다.

　성령님이 우리 안에 계심에도 불구하고 우리는 날마다 충만함을 구해야 합니다. 성령의 충만함을 구하는 적극적인 방법이 기도입니다. 성령님은 인격임에도 불구하고 또한 영이며, 바람이며, 기(energy)입니다. 이 성령님이 우리에게 스며드는 느낌을 우리는 발견할 수 있어야 합니다. 성령님의 흐름을 포함해서 모든 영의 흐름을 느끼고 구분할 수 있어야 합니다. 영의 흐름을 인식하기 위해서 먼저 우리는 영이 흐른다는 사실을 받아들여야 합니다. 이런 사실을 모르면 우리 몸에 영이 흘러들고 있는데도 불구하고 도무지 알아차리지 못하는 죽은 사람이 되는 것입니다. 성경은 사도들이 사역할 때 성령이 어떤 특정한 사람에게 임하는 모습을 본 기록이 있습니다. 이것은 성령이 임하는 외적 증거를 보고 파악하는 것은 물론이고 영적인 지각을 통해서 느끼고 보는 것입니다. 즉 영적 흐름을 파악하는 것입니다.

　성령님은 그렇다 해도 악령이 드나드는데도 불구하고 전혀 눈치조차 못 채고 있다면 이것이 얼마나 한심스러운 일이겠습니까? 그런데 이것이 사실입니다. 악령이 마음 놓고 제 집 드나들듯이 하는데도 전혀 알지도 못하고 알려고도 하지 않습니다. 수많은 그리스도인이 이와 같이 명목상의 그리스도인으로 머물러 있는 모습이 안타깝습니다. 영이 흐른다는 말조차 생소한 사람들이 얼마나 많은지 모릅니다. 이런 사람들에게 하나님은 어떻게 일을 하시겠습니까?

영의 흐름은 살아있는 증거입니다. 살아있는 모든 것은 움직입니다. 영이 살아나면 운동하기 시작합니다. 눈에 보이지는 않지만 몸으로는 느낄 수 있는 것이 에너지의 흐름입니다. 눈에 보이지 않는 흐름을 특수한 장치를 하고 보면 볼 수 있습니다. 바람 속에 연기를 불어넣으면 그 흐름이 확연하게 눈에 보이듯이 우리의 영의 흐름에도 이와 같이 매체를 넣으면 눈에 확연하게 드러나는 것입니다. 이 매체는 여러 가지가 있는데 그 가운데 가장 보편적인 것이 능력 있는 사람(특히 영분별의 은사를 받은 사람)의 안수를 받으면 그 느낌을 확연하게 알 수 있게 됩니다.

질병으로 고생하는 사람에게 저는 한 손은 환부에 얹고 한 손은 머리에 얹고 기도합니다. 그렇게 하는 까닭은 환자의 질병의 치유는 물론이거니와 환자가 이 기회로 말미암아 영의 흐름을 느끼게 하기 위해서 입니다. 이렇게 기도하면 환자들은 기도가 끝난 다음 자신의 몸속으로 스며드는 강한 에너지의 흐름을 느꼈다고 말합니다. 이런 현상을 처음 경험하는 그들에게는 매우 신기한 것이기 때문에 제가 여쭈어보지 않아도 스스로 먼저 고백하거나 물어봅니다.

사람마다 다소 다르지만 대체로 뜨거운 바람(열기), 서늘한 바람(청량감), 잡아 흔드는 것 같은 진동, 몸을 띄우는 것 같은 부양감, 포근하게 감싸는 것 같은 힘(포옹감), 전기 충격과 같은 전율, 머리를 어루만지는 것과 같은 느낌, 별빛이 쏟아지는 것과 같은 눈부심 등을 느낍니다. 이런 기운이 안수하는 저의 손을 타고 들어와 온 몸에 골고루 퍼진다는 말을 합니다. 드물기는 하지만 주님 같은 희고 거룩한 분이 자신을 감싸거나 안거나 바라보고 계시는 것을 환상으로 보는 경우도 있습니다.

영의 흐름을 인식하는 것이 왜 중요한가요? 그 까닭은 굳이 말할 필요조차 없는 것인데 우리의 영을 지키고 보호하기 위해서이며, 나아가 성령의 충만함을 늘 유지하게 하기 위해서 입니다. 성령님이 우리 몸에서 움직이는 것을 느끼지 못하면 성령님에게 즉각적으로 반응하기 어렵습니다. 영적 사역을 하는 사역자는 물론이거니와 모든 성도들은 성령님의 흐름에 민감해야 합니다. 성령님은 수줍음을 많이 타시는 분입니다. 이렇게 표현하는 것은 우리의 생각과 행동에 따라서 성령님은 쉽게 위축되고 제한 받으신다는 말입니다. 우리의 행동으로 인해서 성령님이 쉽게 위축되기도 하고 활성하기도 합니다.

하나님을 기쁘시게 하면 성령님은 기뻐하시며 우리 몸속에서 활발하게 역사하시지만 우리가 하나님의 말씀대로 살지 못하면 성령님은 근심하시고 따라서 행동이 위축되는 것입니다. 이런 흐름을 제대로 느끼고 파악할 수 있어야 합니다.

성령님 이외에 우리는 타인으로부터 많은 영의 영향을 받습니다. 영의 흐름은 강한 곳으로부터 약한 곳으로 흐르는 것이 원칙입니다. 물은 높은 곳에서 낮은 곳으로, 바람은 차가운 곳에서부터 더운 곳으로 흐릅니다. 이와 같이 영도 그렇게 흐릅니다. 강한 쪽에서 약한 쪽으로 흘러듭니다. 영적인 힘이 약한 사람 즉 믿음이 약하거나, 기도를 게을리 하거나, 신앙의 연륜이 짧거나, 말씀의 깊이가 없거나 하는 사람은 상대적으로 그런 부분에 강한 사람을 만나면 그 사람으로부터 영적 에너지가 자신에게로 흘러 들어옵니다. 이 과정에서 영적인 영향을 받게 됩니다. 영의 흐름은 긍정적인 것뿐만 아니라 부정적인 것도 함께 흘러 들어옵니다. 물론 부정적인 것은 걸러내야 합니다. 그러려면 영의 흐름을 파악할 수 있어야 하는 것입니다.

영의 흐름을 파악하는 일은 마치 거쉬탈트(gestalt)를 응용한 숨은그림찾기와 같다고 할 것입니다. 눈 속에 드러난 예수님 형상의 사진 말입니다. 이 흑백 사진을 처음 보는 사람은 그 속에서 예수님의 형상을 찾기 힘들지요. 분명히 형상이 있는데도 불구하고 아무리 보아도 찾지 못합니다. 그런데 한 번 찾으면 그 다음부터는 예수님 형상이 한 눈에 들어옵니다. 이와 같습니다. 영의 흐름을 느끼지 못하는 사람은 계속 못 느끼지만 한 번 느껴 본 사람은 쉽게 느낄 수 있습니다. 그러므로 처음 느낌을 경험하는 것이 중요합니다. 그러므로 능력 있는 사람을 통해서 영의 흐름을 경험하는 것이 좋습니다.

사람들이 예수님에게 몰려와 서로 밀치는 속에서도 예수님은 자신에게서 능력이 나가는 것을 느꼈습니다. 이것은 어떤 여인이 의도적으로 예수님의 옷자락을 만졌기 때문입니다. 어떤 한 쪽에서 의도적으로 접근하면 자신 안에 있는 영이 흘러들거나 나가는 것을 느낍니다. 안수 기도를 할 때 자신으로부터 영적 에너지가 흘러나가는 것을 느낄 수 있지요. 반대로 흘러 들어오는 것도 느낍니다. 때로는 다른 사람을 위해서 기도할 때 많은 영적 에너지가 그 사람에게로 흘러가는 것을 느낍니다.

이것을 영적 에너지를 나누어주는 것(spiritualimpartation) 이라고 하는데 영적 능력이 강한 사람이 약한 사람에게 자신의 능력을 나누어주는 것을 말합니다. 이렇게 함으로써 자신도 능력을 얻게 되지요. 능력을 나누어준 사람은 다시 그 능력이 증대됩니다. 마치 헌혈하는 것과 같은 이치입니다. 나누어주고 난 뒤에 주님으로부터 다시 충분한 능력을 공급 받아 채웁니다. 안수기도를 하고 돌아온 뒤에 기도를 하면 다시 능력이 채워지는 흐름을 느끼게 되고 그럴 때는 기분이 매우 상쾌해집니다. 하늘로부터 에너지가 자신의 몸속으로 쭈욱 스며드는 그 기분은 느껴보지 않은 사람은 알 수 없는 상쾌함입니다. 마치 환자가 링거를 꽂고 누워있으면 정신이 맑아지고 힘이 솟아 기분이 좋아지는 것과 흡사합니다.

몸에 스며드는 것 이외에 자신의 주변에 흐르는 영의 흐름을 느낄 수 있습니다. 이 경우는 축사를 위해서 어떤 지역에 들어가는 경우 영의 흐름이 마치 물 흐르듯이 움직이는 느낌을 받습니다. 강하게 몰아치기도 하는 것이 마치 파도가 밀려오는 것과 같습니다. 악한 영의 흐름은 음산하고 불쾌하며 어둡습니다. 이와 반대로 성령의 흐름은 밝고 신선하며 따뜻합니다. 가정을 방문하면 먼저 느껴지는 것이 이런 흐름입니다. 기도도 많이 하고 경건한 삶을 사는 사람의 집으로 들어가면 향기가 나고, 밝은 기분이 들며, 정신이 맑아지고 기분이 좋아집니다. 그런데 문제가 있는 가정에 들어가면 기분이 가라앉고 어둡고 음산합니다.

이런 느낌의 강도에 따라서 영적 진단을 할 수 있는 것입니다. 영적 흐름은 대기의 흐름과 같아서 경건한 사람이나 능력 있는 사람이 가면 반드시 변화를 나타내게 마련입니다. 온도가 일정한 방 안에서는 대기의 흐름이 전혀 없지요. 그런데 방 한가운데 얼음덩이를 가져다 놓거나 난로를 피우면 대기는 움직이기 시작합니다. 그리고 활발한 흐름이 생깁니다. 이와 같이 아무렇지도 않은 곳이라 할지라도 경건한 사람이나 능력 있는 사역자가 관여하면 변화가 즉시 나타납니다. 이것은 힘의 균형이 깨어지기 때문에 필연적으로 그런 현상이 나타나는 것입니다.

성도들 가운데 아직 이런 영의 흐름을 느끼지 못한다면 분발하여 영의 흐름을 느낄 수 있도록 노력하십시오. 그런 기능은 자각으로부터 시작합니다. 이런 영의 흐름이 있는 줄도 알지 못하면 눈먼 장님과 같아서 전혀 느끼지 못합니다. 이제 알았기 때문에 느끼는 과정으로 들어갑시다.

눈을 감고 기도할 때 자신의 몸속에 어떤 기운이 흐를 것이라는 믿음을 가지고 시작하십시오. 영적 감각이 예민한 사람은 쉽게 느끼지만 감각이 다소 둔한 사람은 시간이 걸릴 것입니다. 평소와 같이 기도하십시오. 스타일을 바꾸면 생소해져서 희미한 흐름을 놓칠 수 있습니다. 기도하면서 몸에 나타나는 어떤 변화가 있다면 그 때부터 정신을 집중하고 그 흐름에 집중하여 살피십시오. 영의 흐름은 자신의 몸에 있는 영(성령이든 자신의 영이든 심지어는 악령이든지)이 운동하는 에너지이므로 반드시 움직임이 나타납니다. 다만 이것을 자신이 눈치를 챌 수 있는 요령을 발견하는 것입니다.

그러므로 누구나 영적 흐름을 경험할 수 있는 것입니다. 강하고 약한 차이가 있을 뿐이고 이런 흐름을 예민하게 잡아내는 능력은 처음 그 느낌을 경험하는 ice break이 중요한 것입니다. 첫 경험이 힘들고 어려울 뿐 그 이후는 아주 쉽게 파악할 수 있는 그런 능력입니다.

무엇이든지 처음 경험이 어렵습니다. 영적인 것도 마찬가지입니다. 처음 성령을 체험하기가 어렵다는 것입니다. 그러나 한 번 체험하면 지속적으로 체험의 은혜를 받는 것입니다. 체험하려고 노력하시기를 바랍니다. 성령의 역사에 집중해야 쉽게 체험을 할 수가 있는 것입니다.

30장 영이 약한 사람 특징

(고전 2:10)"오직 하나님이 성령으로 이것을 우리에게 보이셨으니 성령은 모든 것 곧 하나님의 깊은 것까지도 통달하시느니라"

우리는 몸이 약하면 어떻게 합니까? 병으로 생각하고 보약을 먹고 운동도 합니다. 이런 일은 스스로 하기 보다는 부모가 챙겨주거나 기혼자이면 배우자가 권하지 않습니까? 의사의 도움을 받아 자신에게 맞는 약을 먹음으로써 건강을 회복합니다. 요즘은 가정의가 있어서 가족 전체의 건강을 돌보아줍니다. 그런데 우리의 영에 대해서는 이런 조치를 주거나 받는 일이 별로 없습니다. 알아서 하라는 식입니다. 너무 방임하고 있는 것입니다. 이런 일에 관심을 가지고 성도의 영적 건강을 돌보아야 할 목회자가 그 책임을 다하지 못하는 것이 현실입니다.

성도의 영적 건강을 돌보아야 할 책임 있는 목회자마저 영적으로 약하기 때문에 이런 부분에 있어서 균형 있는 지도를 제대로 할 수 없는 경우가 있습니다. 수요기도회라든가 금요심야기도회 등의 이름으로 예배가 드려지지만, 기도와는 사실 거리가 먼 경우가 대부분입니다. 그저 모여서 말씀 듣고 한 두 마디 기도하고는 헤어집니다. 이것이 일반 교회의 모습입니다. 기도를 구체적으로 어떻게 하고, 어떤 영적 현상들이 나타나고, 어떤 능력들이 들어나게 되는지를 가르치고 실행하는 기도모임은 거의 찾아볼 수 없습니다. 참으로 안타까운 현실입니다.

　성도의 영적 건강을 진단하고 그에 따른 적당한 개별적인 조치를 행하는 일은 우리에게는 아직 낯선 일이며, 일방적인 프로그램으로 진행하기 때문에 개별적이고 구체적인 영적 도움을 받을 수 있는 그런 길이 없습니다. 영적으로 약한 사람에 대해서 그 영을 강건하게 하는 치유목적의 프로그램은 대부분의 교회가 가지고 있지 못합니다. 앞글에 이어서 영이 어린 사람은 스스로 영을 강하게 하는 일이 불가능에 가깝다는 사실을 우리는 알았습니다. 이것은 우리가 몸이 약할 때 전문가인 의사의 지도를 받으면 쉽게 해결할 수 있는 일을 자신이 해결하려면 시행착오만 겪고 효과가 별로 없는 것과 같습니다. 전문가의 도움을 받으면 쉽게 해결되는 일을 가지고 몇 년씩 고생하는 사람들이 많습니다.

　영의 지도를 맡아야 할 책임이 있는 목회자가 영의 일에 대해서 거의 지식과 경험을 가지고 있지 못하기 때문에 이 일에 대해서 아예 문을 닫아둡니다. 다만 성경공부 등과 같은 지식 위주의 가르침으로 책임을 다하는 것으로 생각합니다. 그래서 영적인 문제를 지니고 있는 많은 성도들이 지금도 방황하고 갈등하면서 성장을 이루지 못한 고통 속에 놓여있는 것입니다. 영이 약한 사람은 그 시작을 어디서부터 해야 하는지를 모릅니다. 그래서 영적 여정의 입구를 찾지 못하는 것입니다. 영적 여정의 입구란 성도가 영적인 생활을 하기위해 바른 목회자를 만나는 것부터 시작하라는 것입니다.

기도할 때 30분을 넘기지 못한다면 자신의 영이 매우 약하다고 생각해야 합니다. 기도의 시간(length)은 중요합니다. 주님도 밤이 새도록 기도하였고 40일 금식하며 기도했습니다. 기도의 양과 영의 능력과는 비례합니다. 인내하는 기도를 하지 못하면 주님과의 친밀함을 누릴 수 없습니다. 기도가 삭막하고 일방적이고 힘이 없고 상투적이라면 자신의 영이 약한 것입니다. 기도할 마음은 있어도 막상 기도하려고 자리에 앉으면 생각이 다 달아나고 막막하기만 하다면 문제가 있는 것입니다. 기도는 훈련을 필요로 하고 습관이 되어야 합니다. 인내하는 기도를 통해서 영적인 힘이 생깁니다. 훈련은 힘을 만들어냅니다.

영이 약한 사람이 기도를 혼자하면 힘을 얻기 어렵습니다. 그래서 함께 기도하는 기도모임에 나아가 영의 힘이 강한 사람으로부터 도움을 받는 것이 좋습니다. 5~6명의 기도모임을 만들어 주기적으로 기도회를 가지고 영이 건강하기 위한 훈련을 하는 것이 유익합니다. 반드시 자신보다 더 강한 영적 힘을 지닌 지도자가 포함되어있어야 하고, 영적인 현상에 대한 이해와 지식을 나눌 수 있는 전문 사역자가 있는 기도모임이어야 합니다. 기도를 통해서 경험하는 다양한 영적 변화에 대해서 설명을 받을 수 있어야만 영적 진보가 이루어집니다. 기도모임은 주 1~2

회에 걸쳐 주기적으로 하는 것이 바람직합니다. 기도훈련을 받은 사람들로 구성된 기도모임이 별로 없어서 이런 모임을 현실에서 찾기란 쉽지 않습니다. 교회는 많아도 영적 성장에 도움이 되는 내용을 가진 교회가 적습니다. 정말 해변 모래사장에서 단추를 찾는 것과 같이 찾기 힘이 듭니다.

경험은 우리의 영적 성장에 필수적인 요소입니다. 경험이 없이는 모든 것이 이론에 지나지 않습니다. 하나님의 일은 반드시 증거가 나타납니다. 그것은 하나님이 살아계신 영이시기 때문입니다. 성령이 우리 안에서 역사하시는 현재적 하나님이기 때문에 반드시 영적 현상은 피할 수 없는 것입니다. 그러므로 경험이 없는 이론은 쓸모없는 것이며, 알맹이가 빠진 허울에 지나지 않습니다. 경험은 우리의 영적 믿음을 더욱 강하게 하며, 실존하시는 주님을 만나는 것입니다. 경험이 많은 지도자는 영적 행위에 따르는 영적 증거들을 알고 있기 때문에 적절한 지도를 할 수 있습니다. 영적 현상이 나타나지 않는 것은 자신의 영이 약하기 때문인데 영이 강해지는 훈련을 행하면 그에 따라서 영적 현상이 나타나는 것입니다.

경험은 배운 것이 진실임을 보장하는 증거입니다. 현실에서 증거 되지 않는 일체는 이론일 뿐입니다. 우리가 믿는 하나님은 지나간 역사를 배우는 그런 것이 아니며 살아계신 하나님을 만남으로써 확인하는 증거 위에 세워지는 믿음입니다. 그런 까닭에 우리의 믿음은 경험을 바탕으로 하는 증거된 믿음이어야 합니다. 하나님의 응답을 이끌어내는 일이 쉬운 것이 아니며, 우리가 원한다고 그대로 되는 것도 아닙니다. 그러나 하나님의 정한 원칙에 충실하면 응답은 얻을 수 있는 것입니다. 지도자는 그 원칙을 잘 알고 있고 적절한 때에 적절하게 하나님의 응답을 이끌어낼 수 있어야 합니다.

증거는 하나님의 보장이며 모든 다툼의 최후 판결입니다. 히브리서는 이 부분에 대해서 분명하게 언급하고 있습니다(히 6:16~17). 하나님은 거짓말이 아니라는 사실을 두 가지 증거로 맹세하시는데 오늘날에도 이 원리는 그대로 적용됩니다. 두 가지란 영적 증거와 육적 증거입니다. 보이지 않는 믿음의 증거와 보이는 현실적 증거입니다.

이 두 가지는 우리의 믿음을 영육으로 강건하게 하기 위함이며, 하나님은 우리의 영의 하나님일 뿐만 아니라 육의 하나님이시기도 이기 때문입니다. 그래서 이 두 가지 증거는 우리에게 절대로 필요한 것이며, 지도자는 이 증거를 이끌어내는 능력이 있어야 합니다. 이런 능력이 있을 때 지도자로 나설 수 있는 것입니다. 그렇지 못하다면 이 역시 아직 배워야 하는 제자일 뿐입니다.

말씀을 배우고 기도로 그 말씀을 자신의 것으로 받아들이고, 그리고 증거를 통해서 확증 짓는 것이 영을 강하게 하는 단계이며 절차입니다. 이 세 가지가 어느 한쪽으로 일방적으로 치우치지 않고 균형을 유지해야 하며 어느 한 가지라도 결여되었다면 그 것은 온전하지 못한 것입니다. 우리는 하나님이 완전한 것처럼 완전해야 합니다. 완전하다는 말의 헬라어는 '텔레이오스'인데 '전체로 가득하다' 라는 뜻을 지닙니다. 이 세 가지 구성 요소 중 어느 것도 빠짐없이 다 들어있는 상태이지요. 우리의 영이 강해지는 것은 이 세 요소를 다 갖추고 있다는 것을 말합니다. 하나님은 우리가 이런 상태로 살아가기를 원하시는 것입니다.

31장 영적 감각을 예민하게 하는 법

(갈 5:17) "육체의 소욕은 성령을 거스르고 성령은 육체를 거스르나니 이 둘이 서로 대적함으로 너희가 원하는 것을 하지 못하게 하려 함이니라"

영이 약한 사람은 자신의 주변에서 일어나는 영적 현상에 대해서 감각이 없습니다. 하나님의 일은 대부분이 미세한 느낌과 일상적인 모습으로 우리에게 다가옵니다. 아주 사소한 것 같아서 예민한 감각이 없으면 제대로 파악하지 못하고 흘려 보낼 수 밖에 없고, 그런 일이 무슨 하나님의 역사하심이냐고 반문할 정도입니다. 그런데 이런 사소하게 보이는 일이 하나님의 역사하심의 대부분입니다. 사람들은 정말로 기적 같은 일이 일어나야 하나님이 역사하셨다고 생각하고 그런 간증을 듣거나 해야만 한다는 고정 관념을 가지고 있습니다. 영이 약한 사람은 마치 산들바람이 불면 바람으로 느끼지 못하고 태풍이 불어야 '아! 오늘 바람다운 바람이 부는 구나' 라고 말합니다.

산들바람은 언제나 불어오지만 태풍은 일 년에 한두 번 부는 이례적인 일입니다. 이렇게 이례적인 일을 고대하는 것은 참으로 어리석은 것입니다. 영이 약한 사람은 이렇게 이례적인 일만 하나님의 일로 생각하고 일상에서 겪게 되는 사소한 일에 대해서 관심을 가지지 않습니다. 그런데 이 사소하기만 한 일에 하나님이 자신에게 향하신 뜻을 포함시키고 있는 것입니다. 우리는 엘리야가 세미한 음성을 들었다는 사실을 알고 있습니다. 하나님의 음성은 현상을 포함합니다. 주님이 사람들에게 자신의 말을 믿지 못하겠거든 자신이 하고 있는 일을 보고 믿으라고 하시면서 기적을 보여주셨습니다. 하나님의 음성듣기에는 하나님의 하시는 일을 깨닫는 것을 포함합니다.

지금 자신의 주변에서 일어나는 일을 소홀히 하면 하나님에게 접근하는 것이 어려워집니다. 뿐만 아니라 사소해 보이는 일에 관심을 가지고, 그 속에서 하나님이 자신에게 전하고자 하는 의미를 찾아낼 수 있어야만 문제가 닥쳐올 때 그 해결법도 찾아낼 수 있게 됩니다. 그렇습니다. 정말로 문제를 해결하고 하나님의 역사하심을 이끌어낼 수 있는 능력은 세미한 것을 놓치지 않으려는 노력이 있어야 합니다. 영이 강한 사람은 이런 사소한 것에서 하나님의 움직임을 발견할 수 있지만, 영이 약한 사람은 아주 강한 자극이 없으면 반응하지 못하는 것입니다. 강한 현상들은 누구나 다 압니다. 나뭇가지가 흔들릴 정도의 바람이 불면 누구나 다 바람이 부는 줄 압니다. 그러나 꽃잎 하나 흔들릴 정도의 미세한 바람은 예민하지 않으면 느끼지 못하는 것처럼 영이 강하지 못하면 자신 곁에서 일어나는 대부분의 영적 현상을 이해하지 못하는 것입니다.

영적 경험은 우리의 지각의 문제와 연결되어 있습니다. 우리 주변에서 일어나는 모든 일을 하나님의 간섭하심으로 알고, 그 의미를 제대로 이해할 수 있느냐 없느냐에 따라서 능력의 수준이 결정되는 것입니다. 영이 약한 사람은 사소한 일에 대해서 그 의미를 알지 못합니다. 그러므로 감사하는 일이 적어집니다. 하나님을 일상에서 전혀 경험하지 못하는 채로 살아가기 때문에 책임을 느끼지 못하고 하나님은 하나님대로 자신은 자신대로 분리되어 살아갑니다. 하나님에 대한 느낌이나 감각이 없이 불신자들이 살아가는 것과 전혀 다를 바가 없이 일상을 그렇게 살아갑니다. 하나님에 대한 의식은 그저 주일에 교회에 가서 느낄 정도입니다. 하나님에 대한 기대도 없이 자연인적 그리스도인으로 살아갈 뿐입니다.

영이 약한 사람은 자신의 주변에서 일어나는 일에 대해서 세상의 관점으로 이해하려고 합니다. 세상의 기준과 가치를 먼저 생각합니다. 하나님의 말씀에 대한 지식이 부족해서 일어나는 현상에 대해서 적용할 하나님의 말씀을 찾지 못합니다. 그리고 찾으려고도 하지 않습니다. 일반 성도들이라면 이해할 여지도 있지만, 영적인 일에 책임을 져야 하는 목회자들 가운데도 이런 분들이 적지 않습니다. 하나님의 말씀을 적용하기 보다는 세속적인 기준으로 판단하려고 합니다. 이런 태도는 문제가 생겼을 때 하나님의 뜻을 찾기 보다는 상식과 일반적 기준을 먼저 떠올리는 결과를 만듭니다. 그래서 세속적 기준으로 행동하기를 권하게 되는 것입니다.

일상에서 일어나는 일들에 대해서 하나님의 뜻을 찾는 노력을 하지 않으면 적응력이 개발되지 않을 뿐만 아니라, 하나님이 일상을 통해서 하시고자 하는 말씀을 들을 수 없게 되는 것입니다. 우리의 일상은 평범합니다. 이 평범함 속에 감추어져 있는 하나님의 뜻을 찾아내는 일에 대해서 주님은 보화라는 비유를 통해서 우리에게 가르칩니다. 시장 물건 속에 묻혀 있는 보화를 발견하고 그 보화를 사는 비유를 통해서 우리의 삶 속에 무심코 흘려보낼 수밖에 없는 사소하게 보이는 귀한 하나님의 뜻을 발견하는 지혜가 있어야 하는 것입니다. 영적 경험이란 기이하고 신비한 것만이 아닙니다. 일상을 통해서 다른 사람들이 의미를 알지 못하는 것에서 귀중한 의미를 찾아내는 것입니다. 이런 사소한 내용들은 바로 잊기가 쉽습니다. 그러므로 이것을 기억해둘 필요가 있으므로 영적 일기를 쓰는 버릇이 있어야 합니다.

영이 약한 사람은 극적인 경험만을 고대하지만, 그런 기적 같은 경험을 하려면 일상적이지 않은 상태로 나아가야만 합니다. 죽을병이 걸려야 기적 같은 치유를 경험할 수 있습니다. 사업이 파산되어야 기적 같은 회복을 경험할 수 있습니다. 이런 극적인 경험을 구한다면 이런 극한의 상황에 내몰려야만 가능합니다. 그러면 모든 그리스도인들에게 하나님은 이렇게 극한으로 몰아가야만 할까요. 그렇지 않지 않습니까? 극적인 경험은 그래서 신비한 영적 경험으로 대치하는 것입니다. 신비한 경험은 우리가 일상에서 경험할 수 없는 극적인 역사하심을 대치하는 것이기 때문에 신비한 경험을 통해서 하나님의 능력이 크심을 인식하게 되는 것입니다. 그러므로 신비한 경험도 흔히 일어날 수 없는 것입니다 .극적인 상황을 대치하는 것이므로 일반적인 성도들은 이런 신비한 경험들을 일생에 한두 번 정도 경험할 뿐임을 이해해야 합니다. 그렇기 때문에 날마다 신비한 경험을 고대하는 것은 유익이 되지 못하며, 그런 생각에서 벗어나 이제는 자신의 일상에서 일어나는 사소한 일 속에서 하나님의 뜻을 찾는 노력을 해야 합니다. 이것이 영이 강해지는 비결입니다.

하나님의 백성뿐만 아니라 사람이라면 누구나 끊임없는 문제를 만나게 됩니다. 이것은 우리가 살아있다는 증거이며, 세상은 흘러가는 유기체이므로 그렇습니다. 그러므로 매일 만나는 크고 작은 문제 속에서 하나님의 인도하심을 이해하여야만, 우리는 문제를 문제로 보지 않고 일상으로 이해하게 되는 것입니다. 영이 약한 사람들은 일상의 경험을 소홀히 한다는 것입니다. 그래서 경험이 없다고 말합니다. 하나님에 대한 경험은 아주 사소한 것에서 만납니다. 이런 경험들은 다른 사람에게 자랑하려는 것이 아니라, 자신을 위한 것입니다. 이런 사소함 속에서 하나님과의 친밀함을 누리게 하기 위함입니다. 이것이 하나님이 우리에게 경험하게 하시는 이유이기도 합니다. 영적 경험이 풍성할수록 우리의 삶은 활기가 넘치게 되고 하나님으로 인해서 기뻐하게 됩니다.

지도자로 세워지기 원하는 사람은 이런 사소한 것뿐만 아니라

극적이고 신비한 경험들이 풍성해야 합니다. 그래서 사소한 것에서 많은 의미를 찾아내야 하고 남들이 모르는 보화를 찾아내는 비상한 눈과 감각을 갖추어야 합니다. 남들이 우습게 여기는 곳에서 문제 해결의 실마리를 찾아낼 수 있어야 하는 것입니다. 수사관은 아주 사소한 단서 하나라도 놓치지 않고 찾아내어 문제를 해결하지 않습니까? 영적 지도자도 역시 마찬가지입니다. 아주 사소한 것에서 해결의 실마리를 찾는 것입니다. 영적 능력은 막연한 태도에서는 나오지 않습니다. 아주 꼼꼼하고 면밀하게 일상에서 하나님의 뜻을 항상 찾으려는 끊임없는 노력이 있어야 능력 있는 사역자가 되는 것입니다.

영이 약한 사람은 노력이 부족한 사람입니다. 하나님을 알고자 하는 열심이 부족한 것입니다. 그렇기 때문에 본인이 싫어하더라도 영에 대한 지식을 배우고 경험하도록 권해야 합니다. 어린 아이가 공부를 싫어하지만 부모가 강제로 시켜서 배우게 하지 않습니까? 그래서 지성인으로 만들어져가듯이 영이 약한 사람은 자발적으로 영성으로 나아갈 생각을 하지 못하기 때문에 일정한 수준에 이르기까지 주변 사람들이 강권해야 합니다. 영이 강한 사람은 약한 사람을 위해서 그들을 도와야 합니다.

32장 영적으로 눌릴 때 조치하는 비결

(벧전 5:8)"근신하라 깨어라 너희 대적 마귀가 우는 사자 같이 두루 다니며 삼킬 자를 찾나니"

기도를 하려고 앉았지만 입이 열리지 않고 마음이 무거워 기도가 전혀 되지 않는 경우를 경험하였을 것입니다. 기도가 쉽게 풀리지 않고 힘들고 지금 이 기도를 주님이 받으시지 않는 것 같은 느낌을 받아 더욱 기도가 어려워집니다. 이러한 현상을 영적 눌림이라고 표현합니다. 이 현상은 "영적 침체"와 비슷한 것이지만, 영적 침체는 영적 눌림 현상이 해결되지 않고 계속되는 경우 생기는 것입니다. 그러므로 영적 눌림은 영적 침체의 가벼운 증상이라고 생각할 수 있겠습니다. 영적 눌림에 이르면 가슴이 답답하고 기도는 해야 하겠는데 막상 기도하려고 하면 아무런 생각도 나지 않고 힘이 빠져 기도할 마음이 사라집니다.

기도는 해야 하겠는데 기도할 기분이 들지 않아 몇 분을 지나지 못해서 자리에서 일어나게 됩니다. 이러한 영적 눌림이 일어나는 이유가 무엇이겠습니까? 이럴 때 우선적으로 생각해 보아야 할 것이 그릇된 행동의 문제입니다. 주님의 말씀을 어기고 그릇된 행동을 하여 양심에 가책을 받을 때 이러한 현상을 경험하게 되는 것입니다. 가벼운 죄일 경우 가벼운 눌림 현상이 나타나지만 죄가 큰 경우 무거운 눌림 현상이 나타납니다. 주님이 원하는 것은 하지 아니하고 원하지 않는 것을 행하여 성령을 근심케 하였을 때 이러한 현상을 경험하게 됩니다.

영적 눌림은 자주 경험하는 흔한 일입니다. 이는 우리가 잘못했을 때마다 주님이 우리에게 주님의 마음을 깨닫게 하시기 위해서 이런 일을 행하시는 것입니다. 주님의 간섭을 통해서 우리는 주님의 마음을 깨닫고 옳고 그른 것이 무엇인지 깨닫게 되는 것입니다. 사람의 생각에는 올바른 것 같을지라도 하나님의 시각에서는 올바르지 못한 것이 많습니다.

주님이 제동을 걸지 않으면 우리는 자신의 생각이 올바르다고 생각하고 그 행동을 계속하게 됩니다. 그러므로 주님이 영적 눌림을 사용하여 우리에게 말씀하시는 것입니다. 자신의 행동이 아무리 선한 의도로 행하였다 하더라도 주님의 뜻에 어긋날 수 있습니다. 이런 사실들을 일일이 점검 받음으로써 우리는 주님의 마음에 더 가까이 다가가게 되는 것입니다. 그리고 주님의 시각에서 사물을 보고 행동하게 되는 것입니다.

영적 눌림 현상은 자신의 행동을 살펴보고 교정하라고 보내는 신호입니다. 이를 무시하고 교정하지 않으면 서서히 영적 침체에 빠지게 됩니다. 영적 침체는 질병입니다. 그러므로 치유하기가 쉽지 않습니다. 영적 눌림이 영적 침체로 가기 전에 주님 안에서 교정 받아야 합니다. 기도가 되지 않는다고 해서 자리에서 일어나는 것은 오히려 성령을 근심케 하며, 주님을 실망

시키는 일이 된다는 사실을 기억하십시오. 이런 경우 억지로 기도를 하려하지 말고 조용히 묵상하십시오. 기도를 시작하면 먼저 말부터 하려는 사람들이 많습니다. 찬양부터 하십시오. 주변 환경 때문에 소리 내어 찬양하기가 어려운 사람들은 굳이 소리 내어 할 필요까지는 없습니다. 조용히 마음속으로 찬양하십시오. 그래도 마음이 답답하다면 교회로 가십시오.

그리고 마음껏 소리 내어 찬양하십시오. 찬양하려고 생각하면 부르고 싶은 찬양이 떠오를 것입니다. 그 찬양을 하십시오. 그리고 찬양의 가사를 묵상하십시오. 같은 주제의 찬양을 몇 곡 때로는 한 곡을 계속 찬양하게 되기도 합니다. 찬양이 되지 않는 사람은 조용히 묵상하십시오. 묵상의 방법은 제가 소개한 여러 가지가 있지 않습니까? 깊은 기도 체험하기를 보면 자세하게 나와 있습니다. 자신에게 맞는 묵상법을 가지고 묵상하십시오. 침묵기도도 활용하시기를 바랍니다.

자신이 최근에 행한 일들을 주님 앞에 내어놓고 주님의 말씀을 듣기를 사모하십시오. 그러면 어떤 일이 생각나고 그 일의 어떤 부분에서 주님의 뜻에 어긋났는지를 알게 됩니다. 이는 자연적으로 알게 되는 것입니다. 자연스럽게 떠오르는 내용을 마음에 간직하고 기도하기 시작하십시오.

그러면 기도가 자연스럽게 시작되면서 갑갑하던 마음이 풀어지고 기도에 힘이 들어가게 됩니다. 기분이 상쾌해지고 억눌렸던 기분이 되살아납니다. 기도가 다시 자연스럽게 이어지고 무겁턴 마음이 가벼워집니다. 이렇게 되면 영적 눌림은 사라진 것입니다. 주님의 가르침을 받아들이게 된 것입니다. 그러면 다음부터는 그런 실수를 하지 말아야 할 것입니다.

영적으로 눌릴 때 제일 중요한 것이 기도의 통로를 뚫어 성령으로 기도하는 것입니다. 배에서 올라오는 소리로 주여! 주여! 주여! 하면서 심령에서 성령의 역사를 일으켜야 합니다.

좌우지간 성령의 역사가 일어나야 영적인 눌림에서 벗어날 수가 있습니다.

33장 영적 식별력을 기르는 비결

(고전 12:10)"어떤 사람에게는 능력 행함을, 어떤 사람에게는 예언함을, 어떤 사람에게는 영들 분별함을, 다른 사람에게는 각종 방언 말함을, 어떤 사람에게는 방언들 통역함을 주시나니"

우리가 이 땅에서 살아가는 동안 모든 활동은 육신을 통해서 가능합니다. 생존하기 위해서 하나님은 육신 속에 모든 기능을 부여했습니다. 그리고 하나님과 의사소통을 위해서 그 육신 안에 영을 넣어주었습니다. 이 영은 하나님과 소통하는 유일한 기관이지만 이것이 보이는 것이 아니라는 점 때문에 보이는 것만을 실존으로 생각하게 되면 가장 중요한 하나님을 잃게 되는 것입니다.

원시인들은 오로지 보이는 것만을 실존으로 간주했지만 사람들의 지식이 증대됨에 따라서 보이지 않는 실존이 있다는 사실을 깨닫기 시작했고, 그래서 그 보이지 않는 세계를 향해서 탐험을 시작했습니다. 환상의 세계나 정신세계에 대한 탐구는 그렇게 해서 시작되었지만 아직도 미미할 뿐입니다. 보이는 물질세계에 대한 욕구가 더 강하기 때문에 보이지 않는 세계에 대한 연구는 상대적으로 약화되어 왔고, 그 중심에 있는 영에 대한 탐구는 아직도 멀기만 합니다.

이런 일을 앞서서 행하여야 하는 교회에서 마저도 영의 세계에 대한 탐구는 신비주의라는 오명을 씌워서 철저하게 외면했고 다수의 성도들은 맹목적으로 이런 태도에 휘말려 들어가 있는 것입니다. 우리가 영을 이해하지 못하면 하나님과의 교제는 온전할 수 없습니다. 영적 접촉이 없는 하나님의 이해는 종교적일 수밖에 없을 뿐만 아니라 심하게 말한다면 인본적일 수밖에 없을 것입니다. 그 대표적인 예가 바리세인들이며, 그들은 하나님을 직접 대면하면서도 전혀 알 수 없었고, 마침내는 죽이는 일까지 서슴없이 했습니다.

우리가 영이신 하나님과 교통하기 위해서는 우리 안에 있는 영을 통해서 가능합니다. 그런데 우리 안에 있는 영은 하나님과의 접촉에 대한 신호를 육신의 기관을 사용해서 행하게 되는 것입니다. 즉 육신의 많은 기관들은 육신적 삶을 위해서 사용될 뿐만 아니라 영적 삶을 위해서도 사용된다는 것입니다. 즉 육신인 자아와 영이 공유하는 기관인 것입니다. 그렇기 때문에 영에 관해서 특별한 관심을 가지지 않는다면 이 기관을 통해서 반응하는 일체를 육신의 작용으로만 이해할 뿐입니다.

하나님이 우리의 육신을 사용해서 신호를 보내는데, 그것을 육신의 작용으로만 이해하고 있는 것입니다. 간단한 예로 꿈을 들 수 있는데 꿈은 정신적 작용일 뿐만 아니라 성령의 인도하시는 정보를 담는 수단입니다. 이것을 어떻게 구분할 것인가 하는 문제는 우리들에게 숙제가 되어 있는 것입니다. 그래서 연구하고 공부해야 합니다. 우리는 성경이 하나님의 말씀임을 알고 열심히 읽고 공부합니다. 전문가가 되고자 하여 신학교에 가서 더 깊은 말씀 공부를 합니다. 그러나 꿈을 공부하려고 하지 않습니다. 영적 접촉으로 나타나는 여러 가지 증상에 대해서 공부하려고 하지 않습니다.

이것은 철저히 육신을 따르는 삶을 추구하는 행동입니다. 보이는 것만으로 모든 것을 추구하려고 하는 원시적인 태도에 기인하는 것입니다. 보이지 않는 세계에 대해서 우리는 알고자 하지 않는 것입니다. 그 보이지 않는 세계로의 접촉은 영의 작용을 제대로 이해할 때 가능한 것입니다. 그런데 그 모든 것이 육신의 기관을 통해서 우리들에게 전달되기 때문에 이 부분에 관한 지각이 부족한 사람은 모든 작용을 육신의 반영으로만 생각하는 잘못을 범하는 것입니다.

영의 작용은 육신의 기관을 통해서 전달된다는 사실을 인정한다면 우리는 이것을 구분할 수 있어야 할 것입니다. 육신의 기관을 통해서 전달되기 때문에 육신의 생각이나 영의 생각이나 같은 통로로 전달되는 것입니다. 즉 생각이라는 수단인데, 그 생각이 육신으로부터인지 성령으로부터인지를 구분하기 위해서는 많은 경험이 필요한 것입니다. 육신의 생각은 하나님과는 배반되는 것이지만 그 배반의 정도가 어떠하고 그 내용이 무엇인지를 우리는 정확히 알 수 없습니다. 육신의 생각과 성령의 생각은 분명히 차이가 있지만 그 차이를 우리는 결코 알지 못한다는 것입니다. 그러므로 원천적으로 우리가 이 생각의 차이를 구분하는 것은 불가능에 가까운 것입니다. 예를 들자면 명품 커피와 싸구려 커피를 구분할 수 있는 예민한 감정능력이 누구에게나 있는 것이 아닙니다. 오랜 세월동안 전문적인 공부를 하고 경험을 많이 쌓아야만 그 차이를 구분할 수 있는 전문가가 되는 것입니다. 커피 향을 코로 맡아보면서 질을 평가하는 감정사들은 그 방면에 관심을 가지고 경험을 쌓았기 때문입니다.

보석감정사는 일반인들이 전혀 구분하지 못하는 것을 한 눈에 구분해냅니다. 진품과 짝퉁을 구분해내는 감정사들의 실력은 하루아침에 이루어진 것이 아닙니다. 이처럼 영의 작용과 육신의 작용도 많은 노력을 필요로 하는 감별작용을 필요로 합니다. 이것을 영적 식별(spiritual discernment)이라고 합니다. 육신의 생각인지 성령의 생각인지를 구분하기 위해서는 과감하게 도전하는 용기가 필요합니다. 이 과정에서 많은 실수도 경험하게 될 것입니다. 그렇게 해서 점차로 진정도(眞精度)를 높여가게 될 것입니다. 우리는 실수를 용납할 수 있어야 합니다. 서로 미숙하다는 사실을 인정하고 미숙한 적용으로 인해서 생기는 실수를 서로 용납할 수 있어야 합니다. 그래야만 성숙한 식별을 할 수 있는 날이 올 것입니다. 생각을 분별하는 일은 많은 인내와 노력이 필요합니다. 기도와 묵상과 적용과 반추를 통해서 모호하던 구분점이 점점 더 확실해지는 것입니다.

어떤 일에 전문가가 되려면 적어도 10년의 세월이 필요합니다. 우리의 생각을 구분해낼 수 있는 능력을 기르려면 이와 같은 세월이 필요합니다. 많은 노력을 해야 얻을 수 있는 것이지 단번에 되는 것이 아니기 때문에 서로 격려가 필요합니다. 특히 지도자들은 이 점을 제대로 이해하고 성도들이 성숙한 식별을 할 수 있도록 격려해야 할 것입니다.

자신의 생각과 성령의 생각을 구분하는 능력은 오로지 개인적으로 터득해야 하는 것입니다. 보이지 않는 정신작용이므로 타인이 어떻게 도울 수 없습니다. 그러므로 경험을 통해서 하나씩 터득해나갈 수밖에 없습니다. 물론 원론적인 것은 있습니다. 그러나 그것을 개인이 자신의 것으로 하기까지 거쳐야 할 수고가 많은 것입니다. 끊임없는 노력을 통해서 식별력을 기르십시오. 그 과정에서 교회 공동체가 서로 의견을 나누면서 시행착오를 줄일 수 있을 것입니다. 영의 식별작용은 많은 갈등을 불러올 수 있습니다. 인내가 필요하기 때문에 성격이 급한 사람은 포기하고자 하는 유혹에 시달리게 될 것입니다. 이런 어려운 일을 하지 않아도 살아가는 데 불편이 없는데 왜 사서 고생을 할까라는 생각이 듭니다. 물론 하나님과 교제가 없이도 살아가는 데는 전혀 불편이 없을 것입니다. 하나님과 영적으로 단절된 상태로 살아가는 데도 불구하고 아무런 부담을 느끼지 않을 수도 있습니다.

그것은 종교 제도와 관습들이 우리를 안일하게 만들어놓았기 때문입니다. 아무런 의식 없이 주일에 한 번 교회에 출석하는 것으로 위안을 삼으면서 살 수 있는 제도가 우리 곁에 있습니다. 그래서 더욱더 안일하고자 하는 유혹에 쉽게 빠져 들어가게 되는 것입니다. 자신이 안일하게 지내는 동안 어떤 사람은 밤잠을 제대로 못자면서 고된 훈련을 자원해서 행하는 사람이 있습니다.

그들은 평안이 주는 즐거움을 모르기 때문일까요? 자신보다 더 무지하고 약지 못해서일까요? 결코 그렇지 않습니다. 바울이 그 고생을 한 것은 결코 어리석어서가 아닙니다. 하나님께 더욱 가까이 다가가고 하나님으로부터 오는 직접적인 은혜를 맛볼 수 있기 위해서 육신의 수고를 아끼지 않고 영적 식별 능력을 높이기 위한 피나는 노력을 하고 있는 것입니다. 육신의 유혹에 말려 잠든 제자들을 향해서 주님은 "잠시라도 깨어 기도할 수 없었느냐?"라고 측은해하십니다.

그러던 제자들이 주의 영광을 목격한 후에는 밤을 새면서 기도할 수 있었고, 그 누구보다도 더 강도 높은 영적 훈련을 마다하지 않았습니다. 모르면 나태해지고 게을러집니다. 그러나 그 세계를 알고 영의 비밀을 아는 사람은 육신을 쳐서 영에 복종케 하는 일을 하는 것입니다. 육신의 장막이 허물어져야 영의 장막이 세워집니다. 육신의 기능을 넘어서서 그것을 사용하시는 성령의 수단들을 이해할 때 영적 분별력은 더 온전해지는 것입니다. 그러므로 영의 훈련을 강하게 하십시오.

시간을 많이 투자하여 영성훈련을 하면 좀 더 빨리 하나님이 원하시는 수준에 도달할 수가 있습니다. 바르게 성령 사역을 하는 사역자를 만나 시간을 많이 투자하면서 하나하나 체험하는 것이 좋습니다.

34장 영적 충돌을 분별하는 비결

(벧전 5:8)"근신하라 깨어라 너희 대적 마귀가 우는 사자 같이 두루 다니며 삼킬 자를 찾나니"

우리가 중보기도를 할 때 어떤 사람은 기도가 잘 되는 데 어떤 사람은 전혀 기도가 되지 않는 것을 경험하였을 것입니다. 어떤 특정한 사람에게 기도가 되지 않아서 힘이 드는 것입니다. 묵상으로 기도하는 사람의 경우에도 묵상이 잘 되고 이미지도 잘 떠오르는 데 어떤 사람의 이미지는 떠오르지 않습니다. 몇 번을 시도해도 역시 잘 되지 않지요. 구송기도 또는 방언 기도에서도 다른 사람에게는 지식의 말씀도 임하고 기도제목이 제대로 떠올라 기도가 잘 되는 데 유독 어떤 사람에게만 전혀 감동이 오지 않고 기도의 말문이 막힙니다. 이런 경우를 우리는 영적 충돌(spiritual collision)이라고 부릅니다. 이는 어떤 특정한 사람과 자신 사이에 영적으로 충돌을 일으키기 때문입니다. 이런 영적 충돌을 일으키는 원인에 대해서 살펴보기로 하겠습니다. 일반적으로 중보 기도자가 경험하는 영적 충돌의 가장 흔한 까닭은 그 사람과의 영적 코드가 맞지 않기 때문입니다. 영적 코드의 불일치는 그 사람과의 영적 색깔이 다른 것으로부터 시작하여 영적 수준이 다른 것까지 포함하지만 수준이 다른 경우는 충돌에까지는 이르지 않습니다. 그러므로 영적 색깔 즉 영적인 성향이 다르기 때문입니다. 종교적 성향이 다르면 우리는 일상에서도 많은 마찰을 경험합니다. 서로 종교적으로 추구하는 바를 이해하지 못하기 때문에 대화가 제대로 되지 않습니다. 대화한다고 하더라고 피상적이고 깊은 공감을 피차 얻지 못하기 때문에 자연적으로 그 사람과 거리가 생깁니다.

종교적 성향이 다르다는 것에는 은사가 다른 것까지 포함합니다. 구체적인 일에 있어서 은사가 다르면 충돌을 일으킵니다. 특히 교회에서 봉사하는 경우 주어진 은사에 따라서 헌신해야 하는데 이런 은사를 무시당하고 은사와는 상관없는 부서에서 봉사하도록 강요당하는 경우 영적 충돌이 강하게 나타납니다. 이런 일로 인해서 영적 상처를 입게 되고 심하면 갈등으로 인해서 교회를 떠나는 경우까지 있게 됩니다.

둘째로 흔한 까닭은 죄와 연관이 있습니다. 이는 그 사람의 죄가 우선입니다. 그리고 다음이 그 사람과 자신과의 사이에서 발생한 죄로 인한 것입니다. 죄의 문제에 있어서 그 당사자의 죄가 심각하여 하나님의 징계가 임박한 경우 중보기도자의 기도가 힘을 잃게 되는 것입니다. 이는 반드시 징계에 들어가게 되며 어느 정도 죄에 대한 징계를 거쳐야 비로소 중보기도가 받아들여지게 됩니다. 당사자가 여러 사람의 중보기도와 하나님의 권유에도 불구하고 계속적으로 회개하지 않고 죄를 짓고 있는 경우 하나님은 그 사람에게 최후 수단으로 징계를 결정하게 되는 것입니다. 이렇게 되면 마귀는 그 사람을 괴롭힐 수 있는 합법적인 권리를 취득하게 되고, 그 사람은 극심한 마귀의 시험과 올무에 걸려 고통을 당하게 되는 것입니다. 이런 경우에 들어서게 되면 그 사람에 대한 일체의 중보기도를 하나님은 거부하시는 것입니다.

중보기도를 하는 사람과 그 사람 사이에 불편한 관계에 있을 경우 기도가 막힙니다. 이런 경우에는 그 불편함을 먼저 처리해야 합니다. 그 사람과의 오해나 다툼이 있는 경우 우리의 영은 상처를 입게 됩니다. 이 상처가 그 사람으로 인해서 계속 낫지 않고 고통을 주기 때문에 기도가 되지 않는 것입니다. 그러므로 그 문제를 해결해야 하는 것입니다. 육신적으로 생긴 마찰은 육신적인 방법으로 처리해야 합니다. 그 사람과 화해한 후에야 비로소 진정한 중보기도가 되는 것입니다.

셋째로 나타나는 원인은 아직은 그 사람에 대한 중보기도의 단계가 아니거나 자신에게 합당하지 못한 경우입니다. 자신과 구체적인 연관과 관련이 적은 대상에 대해서는 중보기도가 막연하게 이루어집니다. 막연한 대상에 대해서는 중보기도의 효율이 떨어지는 것입니다. 중보기도는 자신과 거의 직접적인 연관이 있는 사람들에 대해서 가장 효과가 큽니다. 그리고 그런 사람들에 대해서 중보 기도해야 하는 것입니다. 자신과 너무 막연한 관계에 있는 사람에 대한 중보기도는 일시적일 수밖에 없습니다. 그런 사람에 대해서 계속 중보기도를 하는 것은 별로 유익이 없습니다. 그러므로 실질적 연관이 있는 사람에 대해서 기도하는 것이 좋습니다. 막연한 대상에 대한 기도는 형식에 머무르기 때문에 그런 사람에 대한 기도는 한두 번에 그치고 말지요. 그리고 구체적으로 진행되지 못합니다.

자신이 그 사람에 대해서 중보할 수 있는 자격이 없거나 합당한 위치에 있지 못한 경우 중보기도가 되지 않습니다. 그 까닭은 자신이 알 수 있는 경우도 있지만 모르는 경우가 더 많습니다. 자신이 그 사람에 대해서 영적 도움을 줄 수 있는 자리에 있지 못하기 때문인데 그 원인 중에 하나는 자신의 처리되지 못한 죄와 그 사람의 처리되지 못한 죄가 일치하는 경우 그 사람에 대한 중보기도의 위치에 있지 못하는 것입니다. 처리되지 못한 죄는 우리의 기도를 약하게 만드는 가장 큰 원인이 됩니다. 자신의 죄의 유형과 그 사람의 죄의 유형이 같거나 비슷한 경우 그 사람에 대한 중보기도자로 합당하지 못합니다. 그 문제에 대해서 자신은 자격이 없는 것입니다. 등잔 밑이 어둡다는 말이 있듯이 자신이 범한 죄에 대해서 자신이 잘 모르는 경우가 많습니다. 다른 사람의 지적을 받아도 제대로 깨닫지 못합니다. 이런 까닭은 그 죄로 인해서 영적 양심이 무디어져 있기 때문입니다.

자신에게 심각한 죄가 있음에도 불구하고 여전히 중보 기도할 수 있는 것입니다. 자신의 죄와 구체적으로 연관되어있지 않은 부분에 대해서는 중보기도의 힘은 나타납니다. 그러나 죄와 관련된 부분에서는 전혀 힘을 쓰지 못하게 되는 것입니다. 영적 충돌의 또 다른 까닭은 앞에서 언급한 것들과는 다른 각도의 내용으로써 중보기도자의 영적 성숙을 위한 것입니다. 이런 경우는 어떤 특정한 사람에 대한 충돌이 아니라 중보기도 대상자 전체에 대한 것으로 나타납니다. 그러나 그 초기에는 부분적으로 충돌이 나타나기 시작하는 경우도 있습니다.

잘 되던 중보기도가 언제부터인지는 몰라도 서서히 기도 중에 충돌이 일어나는 것을 느끼게 됩니다. 예민한 사람은 즉시 느끼지만 대부분은 그렇지 못합니다. 왜냐하면 영적으로 배워가는 과정에서 나타나기 때문입니다. 중보 기도하는 사람이 막연한 기도를 하는 것에서 벗어나 구체적으로 기도해야 할 정도의 영적 성숙이 이루어지게 되면 이제부터는 성령의 인도하심에 따라 중보 해야 하기 때문에 변화를 일으키게 되는 것입니다.

영적 중보기도의 단계 즉 예언적 중보기도를 이루기 위해서는 반드시 지식의 말씀을 받아야 하는 데 그러려면 성령의 인도를 받는 기도를 할 수 있어야 하는 것입니다. 그렇기 때문에 이제부터는 성령께서 인도하기 위해서 중보기도자의 기도를 가로막는 것입니다.

육신적 기도를 가로막고 영적인 기도로 이끌기 위해서 영적 충돌을 광범위하게 일으킵니다. 모든 사람에 대해서 기도가 막히고 되지 않습니다. 분위기도 삭막해지고 힘이 들어 육성으로 기도하는 것이 어려워집니다. 방언으로 기도해도 답답합니다. 일반적인 기도는 잘 되는 데 중보기도는 되지 않습니다. 이러한 변화가 자신에게 나타나면 이것은 자신의 영적 수준이 한 단계

상승되는 징조로 받아들여야 합니다. 자신에 대한 기도를 마치고 중보기도에 들어가려는데 충돌이 일어나면 기도를 멈추고 하나님을 바라보십시오. 기도 대상이 되는 사람의 이름을 떠올리고 그 사람을 주님 앞에 내려놓고 기다리십시오. 이 기다림에 익숙하지 못한 사람은 그 짧은 시간이 지루하게 느껴질 것입니다. 그러나 기다리는 것이 성령의 인도하심을 받는 기도의 가장 기초적인 요소입니다.

잠시만 기다리면 자신의 생각 속에 지식의 말씀이 임하게 됩니다. 이 말씀을 가지고 중보기도를 하면 됩니다. 그러면 그 사람에 대한 하나님의 뜻을 알게 되고 이렇게 안 지식을 바탕으로 기도하는 것이 예언적 중보기도이며, 성령의 인도에 따른 중보기도가 되는 것입니다. 성령의 인도하심에 따른 기도를 하기 원하면 주님 앞에서 잠잠히 기다리는 법을 배워야 합니다. 우리가 능력 있는 삶을 살기를 원한다면 하나님을 바라보면서 기다려야 합니다. 기다림은 능력으로 나아가는 지름길입니다. 기다림을 통해서 우리는 하나님으로부터 은혜를 받습니다. 중보기도 역시 기다림을 통해서 능력 있는 길로 나아가게 되는 것입니다. 영적 충돌은 우리에게 기다림을 요구하시는 하나님의 신호이기도 합니다. 이런 신호가 오면 하나님 앞에서 잠잠하고 기다려야 합니다. 다윗이 하나님 앞에서 잠잠하고 참아 기다려 은혜를 받았던 것처럼 말입니다.

이 책을 읽는 영적 수준이나 성향도 다양할 것입니다. 그러므로 저는 이런 다양한 분들을 염두에 두고 이런 글을 씁니다. 그러므로 자연적으로 그 내용이 보편적일 수밖에 없습니다. 예를 들면 공교육은 학력 차가 있는 여러 학생을 대상으로 합니다. 그러나 학원교육은 최고의 수준을 겨냥하여 교육합니다. 그러므로 공교육이 사교육보다 구체적이지 못한 것은 당연합니다. 이와 비슷한 이치로 해서 이 글도 역시 그런 것을 염두에 두고 기록하고 있습니다. 그러므로 일정한 수준 이상으로 들어갈 수 없습니다. 그리고 포괄적으로 다루어야 하는 한계가 있다는 점을 이해하기 바랍니다. 더 깊고 구체적인 내용은 개별적으로 다루어야 하는 것입니다.

그러므로 더 깊은 내용을 알기를 원하시면 개인적으로 저에게 메일로 질문을 주기 바랍니다. 그러면 자신의 영적 수준에 맞는 맞춤식의 도움을 드릴 수 있게 됩니다. 이것이 공교육에서 오는 한계를 사교육으로 보충하는 원리와 같습니다.

그런 까닭에 영성 훈련하는 것입니다. 충만한 교회에서는 이론만이 아니라 실제적으로 훈련을 통해서 그 능력을 소유하게 됩니다. 자신의 영적 수준에 맞는 전문적인 교육과 훈련을 통해서 주님과 깊은 교제를 이루는 실질적인 길을 열어 보일 것입니다.

35장 자신의 영적상태를 분별하는 비결

(고전 2:13)"우리가 이것을 말하거니와 사람의 지혜가 가르친 말로 아니하고 오직 성령께서 가르치신 것으로 하니 영적인 일은 영적인 것으로 분별하느니라"

언제부터인지 확실하지는 않지만 자신에게서 능력이 나타나지 않고 기름부음이 사라져 사역하는 일이 힘들고 의욕도 생기지 않고 사역에 회의가 들기 시작합니다. 자신이 전하는 말씀에 회중이 은혜를 받아 집회에 기쁨이 넘치던 것이 지금은 그렇지 못하고, 맥없는 집회가 되고 말았습니다.

자신이 이제까지 해온 일이 허무하게 느껴지고 의욕이 사라지면서 사역에 깊은 회의감을 느끼기 시작하면서, 사역을 그만 두어야 겠다는 생각에 시달리기 시작합니다.

영적 침체는 자신의 사역의 원동력인 성령의 기름부음이 사라지면서 나타나기 시작합니다. 기름부음(anointing)이 사라지면 사역에 힘이 빠지고 능력이 나타나지 않습니다. 회중에게서는 즉각적인 반응이 나타납니다. 회중이 졸고 하품을 하며, 지루하게 느끼고 기쁨이 사라지고 집중이 되지 않고 산만해집니다. 모이는 사람의 수가 점점 줄어듭니다. 목사님 말씀이 예전 같지 않다는 말이 나옵니다. 기름부음이 사라지면 그 자리에 서서히 인본주의가 나타나기 시작합니다.

　이러한 영적 침체에 빠지는 까닭이 무엇일까요? 가장 큰 이유는 사역자가 주님의 뜻대로 행하지 않고 있기 때문입니다. 사역자가 하나님으로부터 능력을 받아 사역하기 시작하면서 주어진 은사와 능력에 대한 이해가 부족하여 주님의 영광을 드러내기보다는 자신의 출세를 위해서 능력을 사용하거나 사람들의 비위를 맞추기 위해서 하나님의 뜻을 서서히 저버리기 시작했기 때문입니다.

　성령의 능력을 받아 사역하는 사역자에게 있어서 가장 경계해야 할 부분이 사람의 비위를 맞추는 태도입니다. 사람의 소리를 듣고 사역을 하는 것입니다. 이는 성경에서 넘어지게 하는 것이라고 표현하고 있는 것으로써 헬라어로 'stigma'라는 말입니다. 이는 거침돌이라고 표현되는 말로써 유대인들이 주님의 은혜로부터 멀어지게 된 요인이 이 '스티그마'입니다.

　우리 전래동화 팔러가는 나귀에서 나오는 것처럼 두 부자가 주변의 사람들을 의식한 나머지 마침내는 나귀를 어깨에 메고 장에 가게 되지 않습니까?

　사역자가 부닥치는 문제도 이와 같습니다. 성령의 사역은 우리의 상상을 초월하며, 우리의 고정관념으로써는 전혀 이해하기 어려운 일들을 행하십니다. 사역자에게 나타나는 역사가 사역자 자신도 이해하기 어려운 일을 행하시는 경우가 많습니다. 이런 경우 주변의 사람들은 자신들이 느끼는 대로 이런말 저런말을 하게 됩니다. 저도 사람들로부터 수많은 오해와 도전을 받았습니다. 지금까지도 그렇습니다. 이는 앞으로도 그럴 것입니다.

우리의 교회사에서 볼 때 능력 있는 사역을 행하는 사람들은 예외 없이 이단이라는 말을 들었습니다. 사람들로부터 이런 비난의 소리를 듣게 되면 자신의 사역에 대해 커다란 갈등을 겪게 됩니다. 이런 과정에서 사역자는 필수적으로 세 가지 중 하나를 선택하게 됩니다. 사람들로부터 받는 평가를 두려워하여 그들의 요구에 복종하려는 마음과 그들의 말을 무시하고 자신의 입장을 고수하려는 생각과 이 두 가지를 적당히 혼합하려는 태도입니다. 필연적으로 이 세 가지 중 어느 하나를 선택하게 됩니다.

사람들의 비판의 소리에는 여러 가지 의미가 있을 것입니다. 정말로 관심을 가지고 비판하는 사람이 있고, 사역자를 시기하는 마음에 비난하는 사람이 있으며, 무지로 인해서 자기 멋대로 판단하는 사람이 있습니다.

사역자는 이들의 비판에 대해 충분한 고민을 해야 할 것이지만, 그보다도 더 중요한 것은 주님의 뜻을 헤아리는 것입니다. 사람들이 이해하지 못하는 현상이 나타났다고 해서 그 현상을 거부하는 것은 올바르지 못한 태도이며, 이것이 자신의 기름부음을 심각하게 훼손할 수 있다는 점을 먼저 기억해 두어야 합니다.

성령의 기름부음을 통해서 나타나는 모든 현상은 전능하신 하나님, 인격적이신 하나님이 행하시는 일입니다. 주님의 주권적인 일은 사람의 동의를 요구하지 않습니다. 오직 순종만을 요구할 뿐입니다.

주님의 주권적인 일은 흔한 일은 아니지만 그렇다고 희귀한 것도 아닙니다. 특히 새로운 시대를 열어갈 때에 집중적으로 나타납니다. 이 현상은 처음 나타나는 것이기 때문에 사람들은 놀라워하고 이상하게 생각하는 것입니다. 새로운 것을 경험할 때 누구나 그렇습니다.

지금 자신을 통해서 나타나는 현상에 대해 사람들이 판단하는 것은 그것이 생소하기 때문입니다. 전혀 보지 못한 것에 대한 이해가 부족하기 때문이지요. 사역을 행하는 자신조차 처음 보는 현상이 아닙니까? 그렇다면 사람들이 의아해하는 것은 당연합니다.

주님은 자신을 통해서 이 현상을 세상에 처음 드러내는 것입니다. 그렇기 때문에 자신에게 그 현상을 받아들일 충분한 기름부음을 주신 것입니다. 그 누구보다도 자신에게 나타나는 이 현상을 옹호하고 사람들에게 충분히 납득이 되도록 설명하고 이 입장을 옹호해야 할 책임이 자신에게 있는데 이러한 입장을 버리고 사람들의 비위에 맞추기 위해 그 사역을 적당히 얼버무리고 포기한다면 성령의 뜻을 심각하게 훼손하는 결과가 되며, 그 때문에 기름부음이 사라지고 주님으로부터 부적격자로 인정되어 사역에서 제외되는 것입니다.

쉬운 예를 들자면 자신이 인도하는 집회에서 사람들이 마구 넘어지거나 엉엉 소리를 내어 울거나 마구 웃는 현상이 나타났는데 그런 사람들의 행동이 전혀 절제되지 않아서 다른 사람들에게 방해가 되는 경우에 사람들은 사역자가 적당히 통제하고 절제시켜야 한다고 생각합니다. 인도자가 절제를 시키지 않고 그대로 둔다면 사람들은 그 인도자가 성숙치 못하다고 비난하기 시작합니다.

이런 소리를 사역자가 듣게 되었고 다음부터 그런 현상이 나타나면 절제시켜야겠다고 생각하고 그 다음 집회에서 그러한 현상이 나타나면 절제하라고 당부합니다. 그리고 실제로 그러한 현상이 나타나면 회중의 반응을 살피고 적당하다고 생각되는 시점에서 절제를 시킵니다.

이 행동은 매우 세련되고 바람직한 행동이라고 생각하겠지요. 그러나 여기에는 사역자가 모르는 치명적인 실수가 있다는 사실을 알아야 합니다. 집회 중에 성령의 임재로 인해서 절제할 수 없도록 심하게 우는 사람이 있다고 합시다. 그 울음소리로 인해서 다른 사람들이 방해를 받아 집회가 제대로 이어지지 못하게 되었지요. 그래서 그 우는 사람을 통제한다면 이는 주님을 무시하는 결과가 됩니다. 그렇게 심하게 울어 집회가 방해된다는 사실을 주님이 모르고 그런 강한 기름부음을 주셨을까요? 그리고 지금 심한 울음소리 때문에 집회가 방해를 받고 있다는 사실을 모르고 계실까요? 아니지요. 모를 리가 없습니다. 그러한 은혜를 부어주신 분이 주님이십니다.

지금 그 사람에게는 이런 강한 기름부음이 필요한 것입니다. 우리는 그 사람의 사정을 모르지만 주님은 아시고 그에게 강한 기름부음을 주시고 계시는 것입니다. 그런데 이것이 자신의 입장에서 방해된다고 해서 절제시키는 것은 주님의 일에 간섭하는 것입니다.

주님은 오늘 이 집회를 바로 이 사람을 치유하기 위해서 또는 위로하기 위해서 열고 있을지도 모릅니다. 이 한 영혼을 어루만지기 위해서 이 집회를 열었다면 어떻게 해야 할 것입니까?

수많은 사람이 간음한 한 여인을 에워싸고 돌로 치려는 현장에 주님이 오셨습니다. 그리고 그 여인을 구원하셨습니다. 이 현장에 주님이 오신 까닭은 그 여인을 구원하기 위해서입니다. 많은 회중은 그곳에서 주님의 가르침을 받았지만, 그러나 그 현장에서 주님은 오직 한 여인에게 관심이 있었고 그 여인을 구원하시는 일만 하셨듯이 지금 이 집회를 오직 이 사람을 위해서 열고 계실 수 있다는 사실입니다. 다른 사람들은 그날의 집회를 세월이 가면 잊어버리겠지만 그 사람은 그 날을 결코 잊지 못할 것입니다.

사역자는 이 사실을 회중에게 이해시켜야 할 의무가 있는 것입니다. 한 사람에게 중요한 이 집회 그리고 여러분은 이 사람을 함께 축복하기 위해서 이 자리에 초청된 하객들일 수 있다는 점입니다. 마치 혼인잔치에 초대된 하객들처럼 오늘 이 사람의 영혼을 위해서 내려주시는 은혜의 기름부음에 초대되어 함께 그

즐거움을 맛보고 있는 것입니다. 그러므로 우리는 이 사람 때문에 우리에게도 은혜를 부어주신 주님을 찬양합시다, 라고 증거해야 할 것입니다.

주님의 일은 사람들에게는 넘어지게 하는 걸림돌입니다. 그런 걸림돌을 오히려 모퉁이 돌로 이해시켜야 할 의무와 책임이 사역자 자신에게 있음에도 불구하고 그것을 걸림돌로만 보아 빼어버린다면 주님은 다시는 그를 통해서 이런 일을 행하지 않을 것입니다. 이것이 사역자에게는 영적 침체로 나타납니다.

많은 사역자들이 주님으로부터 능력을 받아 사역을 시작하였지만 몇 년이 못되어 그 능력을 상실하게 되는 경우를 봅니다. 그들은 자신에게 사라진 능력에 대해 올바른 이해를 하지 못하고 변명을 합니다. 그런 사역자들이 주로 하는 변명은 이런 것들입니다.

말씀이 들어오니까 능력은 사라지더라.

능력은 말씀 사역자로 세우기 위해서 자신을 이끈 수단이다.

능력보다 더 중요한 것은 말씀이다. 능력은 한때 잠시 주시는 것이며, 목회는 말씀으로 해야 한다. 능력으로 영혼을 구원하는 것이 아니다. 오직 말씀으로 구원해야 한다. 이런 등등의 말로 자신을 변명합니다. 이 주장을 옹호할 수 있는 성경 말씀이 어디에 있습니까? 오히려 이 주장을 반박할 수 있는 성경 말씀은 너무나 많습니다.

영적 침체에 빠진 사역자가 취한 또 다른 태도는 적당히 혼합하는 것입니다. 자신에게 주어진 능력도 포기하지 않고 사람들의 비난도 받지 않는 수준을 유지하려고 하는 태도를 취합니다.

이러한 태도도 역시 주님에게는 용납되지 못합니다. 사람들의 비난을 일부는 수용하고 일부는 거부하는 태도는 주님의 능력을 어느 정도 시점까지는 유지할 수 있을지 모르지만 결국에는 기름부음이 사라지고 맙니다.

수많은 능력 사역자가 부르심을 입어 사역으로 나아옵니다. 그럼에도 불구하고 처음의 기름부음을 끝까지 유지하는 사람은 많지 않습니다. 이는 걸림돌에 걸려 넘어졌기 때문입니다. 사람들의 눈에 거슬리면 안 될 것 같은 두려움 때문입니다. 이는 걸림돌을 다루는 배척의 학교를 통과하지 못하였기 때문입니다. 주님은 사역을 행하는 당사자조차 이해할 수 없는 이상한 일을 행하십니다.

그 일은 자신을 통해서 나타나므로 그 진정성(verity)은 누구보다도 자신이 잘 압니다. 이 현상이 지금 주님의 기름부음을 통해서 나타나고 있다는 점을 말입니다. 그러므로 누가 이단이니 귀신의 일이니 하고 말해도 이에 굴복하지 않고 이를 무지한 회중에게 이해시켜야 할 책임 또한 자신에게 있음을 알아야 합니다.

영적 침체는 이러한 의무와 책임을 다하지 못함으로써 주님의 기름부음이 서서히 사라지는 과정에서 오는 경고의 신호입니다. 계속 기름부음을 거부하고 사람의 눈치를 본다면 주님이 버리겠다는 강력한 경고입니다. 그런데 이 경고를 무시하면 결국은 버려지게 되고 기름부음은 사라집니다. 기름부음이 사라졌다고 해서 그가 사역을 하지 못하는 것은 아닙니다. 일반 목회자로 목회의 사역을 하게 됩니다. 그러나 주님 앞에서는 아주 부끄러운 일꾼이 되고 만 것입니다. 사울은 이러한 불순종으로 왕위에서 버림을 받았지만 그가 죽는 날까지 이스라엘의 왕이었습니다. 사람들의 눈에는 여전히 이스라엘의 왕이었던 사울이 하나님에게는 어떤 사람이었습니까? 버림을 받은 사람이었습니다. 우리도 자칫 사울과 같이 될 수가 있습니다. 그러므로 자신을 정확하게 보는 눈을 개발해야 합니다.

충만한 교회에서는 하나님의 군사를 양성하기 위하여 매주 집회를 하고 있습니다. 충만한 교회는 특색이 있는 교회로써 본 교회에 소속된 교인들의 영성유지를 위하여 주일날 성령의 강력한 역사가 일어나는 예배를 드립니다. 대부분 직장생활로 평일에는 은혜를 받지 못하므로 주일날 성령의 체험과 치유, 영성을 유지하기 위하여 주일을 이용하여 성령 충만한 예배를 드립니다. 집중적으로 진행하는 집회는 매주 화,수,목요일에 11시부터 16시 30분까지 성령능력 기적치유 집회를 매주 다른 과목을 가지고 진행하고 있습니다.

매주 목요일 밤에는 성령의 불세례를 체험하는 집회가 19시 30분부터 22시까지 있습니다.

이 책을 통해 예수님이 땅끝까지 전파 되기를 소원합니다.
(출판으로 인한 이익금은 문서선교와 개척교회 선교에 사용합니다.)

하나님의 복을 전이 받는 법

발 행 일 l 2013.06.27초판 1쇄 발행

지 은 이 l 강요셉

펴 낸 이 l 강무신

편집담당 l 강무신

디 자 인 l 강은영

교정담당 l 원영자/최옥희

펴 낸 곳 l 도서출판 성령

신고번호 l 제22-3134호(2007.5.25)

등록번호 l 114-90-70539

주   소 l 서울 서초구 방배천로 4안길 20(방배동)

전   화 l 02)3474-0675/ 3472-0191

E-mail l kangms113@hanmail.net

유   통 l 하늘유통. 031)947-7777

ISBN l 978-89-97999-11-8 부가기호 l 03230

가   격 l 18,000원

이 책의 내용은 저자의 저작물로 복제,복사가 불가합니다.
복제와 복사시 관련법에 의해 처벌을 받게 됩니다.